本书得到四川省社科联基地重大项目"内陆自贸区法治建设研究"（SC18EZD015）经费资助。

中澳自贸区贸易救济制度及其争端解决机制研究

蒲杰　著

西南财经大学出版社
Southwestern University of Finance & Economics Press

中国·成都

图书在版编目(CIP)数据

中澳自贸区贸易救济制度及其争端解决机制研究/蒲杰著.—成都:西南财经
大学出版社,2022.11
ISBN 978-7-5504-5334-0

Ⅰ.①中… Ⅱ.①蒲… Ⅲ.①自由贸易区—保护贸易—研究—中国、澳大
利亚②自由贸易区—国际贸易—国际争端—处理—研究—中国、澳大利亚
Ⅳ.①F752.761.1

中国版本图书馆 CIP 数据核字(2022)第 072592 号

中澳自贸区贸易救济制度及其争端解决机制研究
蒲杰 著

责任编辑:植苗
责任校对:廖韧
封面设计:何东琳设计工作室
责任印制:朱曼丽

出版发行	西南财经大学出版社(四川省成都市光华村街 55 号)
网　　址	http://cbs.swufe.edu.cn
电子邮件	bookcj@swufe.edu.cn
邮政编码	610074
电　　话	028-87353785
照　　排	四川胜翔数码印务设计有限公司
印　　刷	四川煤田地质制图印刷厂
成品尺寸	170mm×240mm
印　　张	13.5
字　　数	348 千字
版　　次	2022 年 11 月第 1 版
印　　次	2022 年 11 月第 1 次印刷
书　　号	ISBN 978-7-5504-5334-0
定　　价	78.00 元

摘要

中澳两国虽然国体、政体不同，但同为世界上发挥重要影响力的大国。《中华人民共和国政府和澳大利亚政府自由贸易协定》（Free Trade Agreement Between the Government of Australia and the Government of the People's Republic of China）（以下简称"中澳自由贸易协定"或"中澳自贸协定"）的签订对两国而言，是两国经济合作发展史上具有里程碑意义的大事。澳大利亚是西方老牌资本主义大国中第一个与中国建立自由贸易区的国家。中澳自由贸易区的建立，给未来中国与其他西方主要发达国家建成自贸区提供了宝贵的借鉴经验。众所周知，贸易救济法律制度是自贸区所有制度中与政治、经济、法律等因素联系最为紧密的法律制度，中澳自由贸易区贸易救济法律制度也不例外。

中澳自由贸易协定自 2015 年 12 月 20 日生效以后 6 个月内，澳大利亚当局仍然对中国发起了两次反倾销、反补贴调查。中澳自由贸易协定第 7 章"贸易救济"机制和第 15 章"争端解决"机制在澳大利亚对中国发起的反倾销、反补贴调查中发挥了怎样的机制作用？如何完善中澳自由贸易区贸易救济法律制度？中澳自由贸易协定生效后的 6 个月时间内，为何澳大利亚对中国发起的反倾销、反补贴调查案件多达 4 起？如何在中澳自由贸易协定第 7 章和第 15 章框架下，解决澳大利亚对中国发起的这些贸易救济措施？要回答这些问题，我们就必须从中澳自由贸易区贸易救济法律制度条文出发，研究澳大利亚对中国发起的反倾销、反补贴案件涉及的利益指向，包括与之相关的政治、民主、经济以及其他对自贸区贸易救济制度有影响的因素。这既包括贸易救济措施程序法问题，也包括涉及贸易救济措施最终利益指向的实体法问题。如中澳同为成员的中澳自由贸易区与 WTO（世界贸易组织）的贸易救济法律制度、贸易区贸易救济争端解决机制之间的关系，中澳自由贸易区反倾销、反补贴措施与争端解决机制以及与利益实质指向关系等。让笔者最感兴趣的是，到底哪些因素在影响贸易救济法律制度呢？进而吸引笔者对影响贸易救济制度各个因素利益指向进行深入分析、研究，以求获取促进中澳自由贸易区贸易救济制度完善的因素和建议。

本书由导论、贸易救济的理论基础与现实根由、贸易救济的法律制度模式、CHAFTA保障措施法律制度、CHAFTA反倾销和反补贴法律制度、CHAFTA贸易救济争端解决机制以及完善CHAFTA贸易救济法律制度的构想七部分构成。

第1章导论，主要说明了本书的研究目的、研究内容、国内外研究状况、研究方法、创新点与不足之处。

第2章贸易救济的理论基础与现实根由，重点对贸易救济的古典贸易保护主义和现代国家干预主义等理论进行了详细介绍，并详细论证了一国制定贸易救济法律制度之所以采取某种贸易救济理论，是由该国的国家利益需要决定的。决定贸易救济的国家利益的两个关键因素是政治因素和经济因素。因此，该部分还详细论证了政治因素和经济因素是如何影响贸易救济制度的。此外，现有贸易救济理论起源于两个多世纪前德国、美国为对抗英国强大的自由贸易"入侵"。而世界贸易经两百多年发展，其贸易范围已远远超出18世纪世界以货物为主的贸易，存在对现有贸易救济理论调整和完善的现实需求。该部分还对贸易救济理论产生的现实根由进行了详尽分析，并对现有贸易救济理论进行了反思，发现所有贸易救济理论的背后都存在一个"隐形"的国家利益理论。因此，研究决定国家利益的因素对贸易救济制度的完善起到决定性作用。

第3章贸易救济的法律制度模式，介绍了当今世界贸易救济的主要模式分为保障措施和特殊保障措施模式、反倾销和反补贴模式。在反倾销措施实践中，还存在对反倾销措施抵消和规避的现象，有学者称之为"吸收和反吸收"模式和"规避和反规避"模式①。"吸收和反吸收"模式和"规避和反规避"模式严格来说不是一种贸易救济模式，而是对执行反倾销中出现的抵消和规避反倾销措施现象的再救济。本章的第二部分还分析了中澳两国的政治、经济、文化、法律因素和中澳自由贸易协定最终保留贸易救济模式之间的应然关系。

第4章CHAFTA保障措施法律制度，首先对保障措施法律中容易被混淆的"保障措施"和"保障条款"两个概念进行了厘清，其次用法律解释方法对中澳自由贸易区全球保障措施制度和双边保障措施制度的内容进行了分析、归

---

① 苑涛. WTO贸易救济措施 [M]. 北京：清华大学出版社，2007：137-140.

纳。该部分还详细分析了中澳自由贸易区双边保障措施制度与WTO制度相比存在的特殊规定，如中澳自由贸易区缔约方只能在过渡期内采取双边保障措施和临时双边保障措施，过渡期一般情况下最长三年，特殊情况下双边保障的过渡期最长期限为关税减让结束时止等，表现出对双边保障措施的抑制趋向。此外，如果中澳自由贸易区成员一方采取全球保障措施，就会与中澳自由贸易区双边保障措产生冲突。怎样解决两者之间的冲突？中澳自由贸易区没有规定，笔者还在该章进行了详细论证，并提出了自己的观点。

第5章CHAFTA反倾销和反补贴法律制度，主要研究了中澳自由贸易区反倾销和反补贴制度，其中不仅研究了中澳自由贸易协定反倾销和反补贴条文本身，还研究了它的产生背景、存在的问题和需要完善之处。中国目前还未与其最主要的贸易伙伴——美国、日本、欧盟等老牌资本主义国家（或国际组织）开展自由贸易区建设，也未能找到与其他老牌发达资本主义国家减少贸易摩擦的其他有效路径，也许与之达成自由贸易区建设是个不错的次优选择。中澳自由贸易区反倾销制度是完全援引WTO反倾销制度，反补贴制度则在主要内容援引WTO反补贴制度的基础上进行了一定的特别补充。为此，本章的主要研究任务有两个：一是用法律解释方法确定中澳自由贸易区反倾销和反补贴法律制度的具体制度内容；二是从影响贸易救济法律制度的因素出发，用利益工具等分析方法分析论证中澳自由贸易区反倾销和反补贴法律制度在促进两国经贸发展过程中存在的利弊。

第6章CHAFTA贸易救济争端解决机制，主要介绍了TRDSM的管辖权、TRDSM的主要内容，并对TRDSM进行了评价。中国与澳大利亚不仅是中澳自由贸易区的缔约方，还同为WTO成员。中澳自由贸易区贸易救济法律制度分布在第2章和第7章。第2章涉及"农产品特殊贸易救济"，第7章涉及保障措施、反倾销措施、补贴与反补贴措施的实体法和程序法内容。中澳自由贸易协定未专门规定贸易救济争端解决机制（trade remedy dispute settlement mechanism，TRDSM）。中澳自由贸易区成员如果因贸易救济发生争端，到底是提交世界贸易组织附件DSU框架下的DSB解决，还是提交TRDSM解决？这存在争端管辖权冲突问题。WTO框架下的DSB和中澳自由贸易区框架下的TRDSM有何异同，以及它们各自的主要内容，本章均做了详细论证和研究。

第7章完善CHAFTA贸易救济法律制度的构想。澳大利亚等老牌资本主义国家之所以选择与中国建立自贸区，无非是利益驱使所致。澳大利亚看重的是中国市场，中国看重的是澳大利亚等西方国家对中国工业转型换代升级及对实现"中国梦"的推动作用。本章分为三个部分对此进行论述：一是对中澳自由贸易区现有贸易救济制度进行一个总体评价；二是借鉴学习现有一些重要自由贸易协定中有关贸易救济的制度；三是从利益工具分析方法出发提出对现有中澳自由贸易区贸易救济制度进一步完善的构想。

第7章对现有中澳自由贸易区贸易救济法律制度进行评价。相比 WTO 贸易救济制度而言，中澳自由贸易区贸易救济制度更有亮点，如双边保障措施对过渡期的规定长于 WTO 标准，补贴与反补贴措施制度的"正当性规则"对随意采取反补贴措施存在一定的抑制作用等。但其也存在明显需要改善之处：一是在中澳自由贸易区反倾销、反补贴制度中，没有对产品正常价值计算标准做出专门约定；二是对 TRDSM 选择解决争端管辖场所的约定存在不完善之处，以及没有常设解决争端专门机构；三是没有按照协定惯例设立贸易救济委员会，缺乏推动中澳自由贸易区贸易救济制度完善的专门机制条款。针对前述问题，笔者在对中澳自由贸易区影响最大的两个自由贸易协定——CPTPP[①] 和中韩自贸协定的贸易救济制度分析的基础上，提出了完善中澳自贸区贸易救济制度的如下构想：一是对中澳自由贸易区保障制度增加有利于人类发展的新技术和环保产品推广的原则，对这部分产品的进口原则上不采取保障措施；二是对反倾销的正当性、成员产品正常价值标准的建议；三是对 TRDSM 的完善提出建议，如对 TRDSM"场所选择"的修订建议构想、争端解决程序改革构想和设立贸易救济机制条款的构想。

关键词： 中澳自由贸易协定；贸易救济法律制度；反倾销；反补贴；保障措施；争端解决机制

---

① CPTPP 即"全面与进步跨太平洋伙伴关系协定"（comprehensive and progressive agreement for trans-pacific partnership），是亚太国家组成的自由贸易区，是美国退出跨太平洋伙伴关系协定（trans-pacific partnership agreement，TPP）后该协定的新名字。2017 年 11 月 11 日，由启动 TPP 谈判的 11 个亚太国家共同发布了一份联合声明，宣布"已经就新的协议达成了基础性的重要共识"，并决定将协定改名为"跨太平洋伙伴关系全面进展协定"。2018 年 3 月 8 日，参与"全面与进步跨太平洋伙伴关系协定"谈判的 11 国代表在智利首都圣地亚哥举行协定签字仪式；同年 12 月 30 日，"全面与进步跨太平洋伙伴关系协定"正式生效。

Abstract

Although China and Australia have different state and government systems, they both are major influential countries among the world. " FREE TRADE AGREEMENT BETWEEN THE GOVERNMENT OF AUSTRALIA AND THE GOVERNMENT OF THE PEOPLE'S REPUBLIC OF CHINA" (Hereinafter referred to as "China-Australia FTA") is of milestone significance in the history of bilateral international economic cooperation Australia was the first western old powerful capitalist country that established FTA with China. The establishment of FTA between China and Australia provides valuable references for China's future FTA agreements with other major western countries. As known to all, trade remedy legal system is one which most closely associated with political, economic, legal and other factors in all FTA systems. The trade remedy legal system in CHINA-AUSTRALIA FTA does not fall into exceptions.

Since CHINA-AUSTRALIA FTA came into effect on December 20, 2015, China has encountered 2 anti-dumping countervailing investigations and 2 individual countervailing duty investigations initiated by Australia in six months. Do the chapter 7 of CHINA-AUSTRALIA FTA "trade remedy" mechanism and the chapter 15'sdispute settlement mechanism play a cricial role in Australia's anti-dumping and anti-subsidy investigations against China? How to improve the CHINA-AUSTRALIA FTA trade remedy system? Why there already have 4 cases of Australia's anti-dumping and anti-subsidy investigations against China while the CHINA-AUSTRALIA FTA just has entered into effect for six months? Is it possible to solve the trade remedy measures problems under the framework of the chapter 7 and 15 of CHINA-AUSTRALIA FTA? To deal with this problem, we have to start on researching the legal systems of the CHINA-AUSTRALIA FTA trade remedies as well as looking deeply into the interest that motivated Australia to file cases against China, including the factors concerning politic, democracy, economics and those having impacts on the development of free trade zone.

Those factors include procedure issues of trade remedy as well as substantive legal issues in trade remedy measures pointed by fundamental interests. Examples could be found in the relationship between CHINA-AUSTRALIA FTA trade remedy dispute settlement mechanism and the framework of the WTO dispute settlement mechanism, between anti-dumping and countervailing measures and dispute resolution mechanisms, and the substantive legal issues pointed by fundmental interests, and so on. I was most interested in analyzing how these factors affect trade remedy system, and conducting further research on the roles CHINA-AUSTRALIA FTA's trade remedy systems play.

The whole CHINA-AUSTRALIA FTA trade remedy legal system research consists seven parts, including introduction, theory and reality of trade remedy, CHINA-AUSTRALIA FTA, trade relief system safeguards the legal system, anti-dumping and countervailing legal system, CHINA-AUSTRALIA FTA trade remedy dispute settlement mechanism, and improving the CHINA-AUSTRALIA FTA trade remedy legal system in China.

Part I: Introduction。 This part describes the subject, purpose, research content, innovations, weakness of this reaserch, and research methods.

Part II: Theory Bases and Practicial Causation of the Trade Relief。 This section focuses on and introduces the classical trade remedy protectionism and to the modern theories of state interventionism in detail. It will also introduce the fact that a country developing the legal system of trade remedy is mostly motivated by the country's national interests. There are two key factors in determining national interests of trade remedy: political and economic factors. Therefore, this part will also demonstrate how political and economic factors affect the trade remedy system in detail. In addition, the existing trade remedy theory originated two century ago in both Germany and the United States for the purpose of combatting the "powerful intrusion" by the free trade with United Kingdom. Since the world trade has developed for more than 200 years, the scope of trade far exceed the scope in the eighteenth century which basically was trade of goods. Thus, it is practically needed to adjust and improve the theory of trade remedy. This chapter will also raise reflections on the existing trade remedy theory, and reveal the "hidden" national interest theory behind all trade remedies. Therefore, the study of the factors that determine the national interest plays a decisive role in the perfection of the trade remedy system.

Part III: Models of Trade Remedy Legal System。 At first, the section introduces the main modes of the world trade remedy, which are the safeguard & special safeguard measures, and anti-dumping & anti-subsidy mode. In the practice of anti - dumping measures, there are some phenomena of counteraction and avoid of anti - dumping. Some scholars call it "absorption and anti - absorption" mode and "evasion and anti - evasion" mode. To be strict, the mode of "absorption and anti absorption" and "evasion and anti evasion" mode are not trade remedy models, but re-relief to the counteraction and avoid of the implementation of anti-dumping measures. The second part of this chapter will analyze the real cause of trade remedy theory is discussed in detail, and the relationship between factors, which concerns politics, economics, culture and law, and the trade remedy measures in CHINA-AUSTRALIA FTA agreement .

Part IV: CHAFTA Safeguard System。 This part will firstly clarify the confusing concepts of "safeguard measures" and "safeguard clause" in the implementation of law -. Then it will analyze and conclude the content CHINA - AUSTRALIA FTA global safeguards system and bilateral safeguard measures by the legal interpretation method of. This part will also analyze in detail the special rules in CHINA - AUSTRALIA FTA bilateral safeguard measure system, comparing to the WTO system. For example, the CHINA-AUSTRALIA FTA parties may take bilateral safeguard measures and temporary bilateral safeguard measures only during the transition period of three years while under special circumstances the maximum period of transition of bilateral security is to the end of tariff concession. These could show the trend of suppression of bilateral safeguard measures. In addition, if one of the CHINA-AUSTRALIA FTA member states takes a global security measures, it will conflict with the CHINA-AUSTRALIA FTA bilateral safeguard measures. How to solve the conflict between the two? CHINA-AUSTRALIA FTA is slient on this point., The author will discuss in detail in this chapter, and put forward his own point of view.

Part V: CHAFTA Anti-Dumping and Anti-Subsidy Legal System。 To research the CHINA-AUSTRALIA FTA anti-dumping and anti-subsidy system, we have to not only study the CHINA-AUSTRALIA FTA anti-dumping and anti-subsidy provisions itself, but also to study the background, existing problems, and their possible improvement. China has not yet built up free trade zone with its main trading partners like the United States, Japan, Europe and other old capitalist countries (or international organizations). Nor has China found other effective ways to reduce trade friction with those countries. Therefore it may be a good suboptimal choice to develop free trade zone. The CHINA-AUSTRALIA FTA anti-dumping system basically treats WTO anti-dumping system as blueprint, while the anti-subsidy system only added some special conventions to the WTO version. For this purpose, this chapter has two main task. The first is using the method of legal interpretation to determine the specific content of the system of anti-dumping and anti-subsidy legal system CHINA-AUSTRALIA FTA. The secondis analyzing and demonstrating the advantages and disadvantages of CHINA AUSTRALIA FTA anti-dumping and anti-subsidy legal system in promoting the bilateral economic and trade development by the method of interest tools form the perspective of the influencing factors of the trade remedy system.

Part VI: CHAFTA Trade Remedy Dispute Settlement Mechanism。 China and Australia are not only the parties to the CHINA-AUSTRALIA FTA, but also members of the WTO. CHINA-AUSTRALIA FTA trade remedy legal system is distributed in the second chapter and the seventh chapter. The second chapter relates to the "special trade remedy for agricultural products" while the seventh chapter covers the substantive law and procedural law of safeguard measures, anti-dumping measures, subsidies, and countervailing measures. CHINA-AUSTRALIA FTA did not specifically set up trade remedy dispute settlement mechanism (Remedy Dispute Settlement Mechanism Trade, hereinafter referred to as "TRDSM"). When disputes about trade remedies between CHINA - AUSTRALIA FTA members come into reality, should them submit them to the World Trade Organization annex DSB framework under the DSU settlement, or to TRDSM? There is a dispute over the jurisdiction of the conflict. What are the similarities and differences between TRDSM and DSB under the framework of WTO and CHINA-AUSTRALIA FTA, and what are their respective "main contents"? This chapter will crack this nut.

Part VII: Perfect the Legal System of CHAFTA Trade Remedy. It is interest that motivated Australia and other capitalist countries to establish free trade areas with China. Australia targets Chinese market while China hope to upgrad its industrial transformation and ignite the "Chinese dream" by the cooperation with western countries like Australia. This chapter is divided into three parts in order to discuss these issues. First, it will reveal an overall evaluation of the existing CHINA-AUSTRALIA FTA trade remedy system. Second, it will describe experience of some important existing free trade agreements and the relevant trade remedy system. Third, it will raise the idea presumption of how to improve the existing CHINA-AUSTRALIA FTA trade remedy system by the method of interest-tools-analysis.

First of all, this chapter will evaluate the existing legal system of CHINA-AUSTRALIA FTA trade remedy. Comparing to the WTO trade remedy system, the CHINA-AUSTRALIA FTA trade remedy system has more highlights. For example, the the transition period of bilateral security measures on is longer than the WTO standard. The "legitimate rule" of subsidies and anti-subsidies may inhibit the use of anti-subsidy measures at will. However, there are obvious areas for improvement. Firstly, there has no special convention about product normal value and method of calculation in the CHINA-AUSTRALIA FTA anti-dumping and anti-subsidy legal system. Secondly, there isn't rule for TRDSM's determination of the jurisdiction of of the settlement of disputes Thirdly, it lacks special terms and conditions in mechanisms to promote CHINA-AUSTRALIA FTA trade remedy system and the trade relief committee which accords to the custom of trade. In response to these problems, The author will give some ideas to improve the China-Australia FTA trade remedy system based on the analysis of the trade remedy system of the two free trade zones — CPTPP and China-South Korea FTA, which are the most influential models to the FTA between China and Australia The author proposes the following ways. First, adding human development of new technologies and products to promote the principles of environmental protection in the CHINA-AUSTRALIA FTA protection system. generally, safeguard measures will not be taken on the import of some products. The second suggestion is the legitimacy of anti-dumping measures and the standard of the normal value of member states'product. The third one is about the perfection of the TRDSM: ① concept of amendments of the TRDSM "site selection", ② reformation of dispute settlement procedures, and ③ idea of establishing terms of trade relief mechanisms.

Key words: China-Australia Free Trade Agreement; Trade Remedy Legal System; Anti-dumping; Countervailing; Safeguard Measures; DSU

本书缩略语

缩略名	英语全文	代表中文
CHAFTA	Free Trade Agreement Between the Government of Australia And the Government of the People's Republic of China	《中华人民共和国政府和澳大利亚政府自由贸易协定》或《中澳自由贸易协定》《中澳自贸协定》
TRDSM	Trade Remedy the Dispute Settlement Mechanism	CHAFTA 贸易救济措施争端解决机制
DSU	Understanding on Rules and Procedures Governing the Settlement of Disputes	WTO《关于争端解决规则与程序的谅解》
DSB	the Dispute Settlement Body	DSU 项下的争端解决机构
WTO	World Trade Organization	世界贸易组织
GATT (1994)	General Agreement on Tariffs and Trade (1994)	关税与贸易总协定（1994）
FTA	Free Trade Area, Free Trade Agreemen	自由贸易区①，自由贸易协定
RTA	Regional Trade Agreements	区域贸易协定
SCM 协定	Agreement on Subsidies and Countervailing Measures	WTO《补贴与反补贴措施协定》
NME	Non Market Economy	非市场经济
NAFTA	North American Free Trade Agreemen	北美自由贸易区

---

① 中国商务部旗下的"中国自由贸易区服务网"将 FTA 称为自由贸易区。

目录

1 导论

1.1 问题的提出、研究对象及研究意义

1.1.1 问题的提出

1.1.1.1 为什么要研究自由贸易区贸易救济法律制度争端解决机制

首先，加快自由贸易区战略是中国共产党第十八届三中全会确立的重要战略任务，而研究自由贸易区有利于完成自由贸易区战略任务。WTO 多哈谈判回合受阻后，各国纷纷从促进 WTO 多边谈判转向寻求进行双边自由贸易区谈判。截至 2016 年 11 月 7 日，在 WTO 申报的已建成的自由贸易区数量高达 284个。中国虽然建立自由贸易区的时间不长，但是在 2001 年 12 月 20 日加入WTO 后，就充分利用 WTO 允许建立自由贸易区的特别规定，根据自身经贸发展需要，在短短十几年时间就签署了 14 份自由贸易协定，建成 13 个自由贸易区。此外，目前正在与中国谈判的自由贸易区有 8 个，正在研究的自由贸易协定有 5 个。中国共产党第十八届三中全会公报第二十四条明确提出"加快自由贸易区建设"，因此建立双边或多边自由贸易区已经成为我国的一项基本国策，对自由贸易区的研究具有现实的战略意义。

其次，研究自由贸易区中的贸易救济法律制度，有助于解决中国被频繁发起贸易救济措施调查的问题。各国建立自由贸易区的目的，就在于以此促进成员之间各生产要素的自由贸易。而贸易救济法律制度的科学合理程度，直接关系到自由贸易区贸易的自由化程度。因此，对自由贸易区贸易救济法律制度的研究，有助于解决中国与他国建成自贸区后不再被频繁发起贸易救济措施调查的问题。中国是近年来在全球遭受贸易救济措施调查最多的国家，除中国自2013 年开始成为世界第一货物贸易大国的因素外，现有国际贸易救济规则应是另一个重要因素。目前，中国对外遭受贸易救济措施调查所依据的国际贸易

救济法律规则有两个：一是 WTO 贸易救济法律规则；二是中国与他国建立自由贸易区中的贸易救济制度。要想改变中国频繁遭受他国贸易救济措施调查的不利状况，除加快国内市场建设等经济手段外，改变不利于中国的国际贸易救济法律规则是另一条有效路径。由于 WTO 成员对多哈回合谈判分歧太大，在相当长的时间内难以对包括贸易救济制度在内的 WTO 规则调整达成一致意见。因此，寄希望通过 WTO 成员谈判意见达成一致来改变不利于中国的贸易救济法律，在相当长的时期内都难以实现，只剩下通过自贸区建设对中国与贸易伙伴之间的贸易救济法律规则一条路可走。因此，对我国而言，加快自由贸易区建设战略不仅是我国对外战略组成部分，也是调整自贸区的贸易救济制度改变我国频繁遭受贸易救济措施调查的重要契机。

最后，研究自由贸易区中贸易救济法律制度，对确立中国与贸易伙伴国良性贸易秩序具有现实意义。从实证角度来看，我国已经达成的自由贸易协定中的贸易救济制度并未解决我国频繁遭受贸易伙伴贸易救济措施调查的现状。因此，研究中国与外国签订自由贸易协定中的贸易救济法律制度，对确立中国与伙伴国良性贸易秩序具有现实意义。

1.1.1.2 为什么要以研究中国与澳大利亚自由贸易区贸易救济法律制度及其争端解决为切入点

第一，自由贸易区建成的时间层面：最新达成的中韩或中澳自由贸易协定更具有代表性。中国已经达成 14 份自由贸易协定，建立了 13 个自由贸易区。这 14 份自由贸易协定中的贸易救济法律制度有诸多相似之处，但是也存在差别。应当说，最新达成的中韩和中澳自由贸易协定，是建立在协定双方此前已签订其他贸易协定的经验得失基础之上的，会吸收此前协定双方有关自由贸易区建设的包括贸易救济制度建设在内的经验。因此，选择最新的中澳或中韩自由贸易协定的贸易救济法律制度进行研究，更具有代表性。

第二，自由贸易区建成的实践层面：对减少对中国贸易救济措施调查具有指导意义。虽然中澳自由贸易协定（以下简称"CHAFTA"）和中韩自由贸易协定（以下简称"CKFTA"）同为中国对外建成的最新的自由贸易协定，但是在两个自由贸易协定正式达成后的 6 个多月时间内，却发生了 4 起澳大利亚对华贸易救济措施调查：2 宗"双反"、2 宗反补贴。其中，3 宗调查为企业（2 家企业）申请发起，1 宗为澳大利亚主管当局依职权发起。在中澳自由贸易区建成后，澳大利亚单方面发起密集的对中国贸易救济措施调查，说明中澳自由贸易区中有关贸易救济法律制度存在不利于中国的地方。而相同时间内，在中韩自由贸易区内仅发生 1 宗韩国对中国金红石型钛白粉发起的反倾销调查。

第三，澳大利亚的国家特殊性层面：为中国同西方主要发达国家达成自由贸易协定提供经验。中澳通过平等协商达成自由贸易协定，开创了中国同老牌发达资本主义国家达成自由贸易协定的先河，为中国未来同主要贸易伙伴中的美、英、日、欧盟、加拿大等西方发达国家及组织达成自由贸易协定提供了宝贵的借鉴经验。截至2015年年底，中国已成为澳大利亚第一大进口来源地和第一大出口目的地，具体来说：

首先，澳大利亚作为传统资本主义国家，其社会制度、民主制度、经济发达程度与美国、欧盟、日本等发达资本主义国家及组织类似，而美国、日本、欧盟等传统资本主义国家及组织一直是我国的主要经济合作（含贸易）伙伴。因此，我们有必要对中澳自贸区相关法律制度进行研究和完善，这对中国未来与其经济合作伙伴中的传统资本主义国家进行自贸区谈判起到了很好的借鉴作用。

其次，澳大利亚还是重要的英联邦国家成员，为中国未来与英国、印度、加拿大等英联邦成员进行自贸区谈判提供了借鉴。

最后，澳大利亚也是英美法系国家，与其他英美法系国家具有相似的法律习惯和法学逻辑。如能就中澳两国经贸分歧制定有利于两国的法律制度，为中国未来与其他英美法系国家进行相应谈判提供了范例支持。

综上所述，本书选择对中澳自由贸易区贸易救济法律制度进行研究更具有重要的现实与借鉴意义。

1.1.2　研究对象

基于以上对自由贸易区贸易救济制度相关问题的分析，本书以中澳自由贸易区贸易救济法律制度为蓝本，结合中国与澳大利亚同为成员的其他贸易协定贸易救济法律制度，以贸易救济的理论和模式分析为研究起点，考察影响制度的因素，剖析启动贸易救济措施调查的核心因素，最后提出完善中澳自由贸易区贸易救济法律制度的构想。因此，本书的研究对象有以下四个：

第一，影响贸易救济措施的因素是什么，其中到底什么因素在发挥核心作用？中国和澳大利亚之间短时间内频繁发生贸易救济措施调查的根本原因是什么？

第二，梳理目前影响贸易救济法律制度的理论，考察这些理论的利益导向，中澳两国之间贸易救济制度应当遵循或改进哪些贸易救济法律的理论？

第三，对中澳两国同为成员的贸易救济条约中的贸易救济法律规则进行梳理，结合贸易救济理论和利益导向分析，找出其中有待完善之处。

第四，通过对贸易救济的理论、影响贸易救济法律制度的核心因素进行分析，对中澳自由贸易区贸易救济法律制度进行完整梳理，提出完善中澳自由贸易区贸易救济法律制度的构想。

1.1.3 研究意义

贸易救济最早是进口国当局为了解决两国因自由贸易给进口国带来的严重损害问题，而采取的贸易保护措施。随着 WTO 的建立，成员之间的贸易救济措施进行了制度构建。但是任何制度都不应是一成不变的，必须满足各国经贸发展的客观需要。中国在成为世界第一货物贸易大国后，如何减少贸易伙伴国对其发起贸易救济措施的数量，是一个亟待研究的问题。本书从现有国际贸易救济制度的起源及其理论基础出发，以利益分析的导向作为研究方法，系统地对中澳自由贸易区现有贸易救济制度的理论基础和制度内容进行了完整分析，提出了中澳自由贸易区贸易救济法律制度的根本目的和中澳自由贸易区贸易救济法律制度的构建问题，思考中澳自由贸易区贸易救济制度应"如何"发现其制度背后支撑的要素，然后思考中澳自由贸易区贸易救济法律制度应当"是什么"，探寻完善的路径，以此期待对中澳自贸区发展做出良好回应。

因此，对中澳自由贸易区贸易救济法律制度的研究，作为完善国际贸易救济规则的一个组成部分，对中国具有极其重要的意义。

1.2 国内外研究现状综述

1.2.1 国内外研究现状

1.2.1.1 国内研究现状

（1）对救济制度理论框架及应然状态的研究。

此类研究侧重于梳理贸易救济制度的构成、法律文本和历史演变的过程，以及与 WTO 相关法律制度之间的比较研究等，但是各个研究侧重点又有区别。

第一，大多数学者则是从数学模型分析着手，分析自由贸易区的经济效应。如宏结（2009）在《实施贸易保障措施的动因及经济影响研究》中从贸易政策的收入效应和公共选择学派的利益集团理论入手，对贸易政治经济学进行了分析，并得出结论：发展中国家特别是国际贸易额小的国家，才是运用保障措施的主力军。

第二，更多的学者则是对 WTO 贸易救济的实证、具体措施和贸易救济制度的改革进行了研究，对 WTO 贸易救济措施的适用条件和程序规则进行了详解，并在此基础上提出了针对中国对外贸易的立法建议。如肖伟（2006）的《国际反倾销法律与实务（WTO 卷）》、苑涛（2007）的《WTO 贸易救济措施》和郭双焦（2006）的《WTO 贸易救济法律制度改革研究》。

第三，部分学者则是从贸易救济的一般理论、贸易救济的规则体系、进口救济要件比较分析、进口救济中各方行为的法律控制和出口救济介绍的角度出发，着重对国际服务贸易救济进行了较为详细的评析并提出应对策略，在此基础上还提出了对中国贸易救济制度的完善建议。如赵生祥（2005）的《贸易救济制度研究》。

第四，有的学者则是从贸易救济的概念和性质入手，提出了贸易救济的二重性，即贸易救济这一公平贸易政策的范畴具有自由贸易和贸易保护的双重性质，并在此基础上对这个二重性进行了理论与政策研究。如褚霞（2015）的《贸易救济性质研究》。

第五，有的学者则是对贸易救济制度中的某一具体法律制度的理论框架、具体法律制度进行研究。如单一（2007）的《WTO 框架下补贴与反补贴法律制度研究》。

第六，还有学者则是从某个特定视角对贸易救济制度的某个特定规则进行研究。如陈力（2006）的《国际贸易救济法律制度中的非市场经济规则研究——美国欧盟为视角》。

（2）对特定贸易救济措施的研究。

此类研究着重分析具体贸易救济措施的实践状况和中国频繁遭受贸易救济措施调查的原因。

第一，有的学者从保障措施概念出发，通过对保障措施与反倾销和反补贴的比较，找出保障措施和特殊保障措施的适用条件和程序。如莫世健（2005）的《贸易保障措施研究》。

第二，有的学者则是从经济学角度研究分析美国对中国的反倾销调查措施，认为美国对中国实施反倾销的实质是贸易保护、进行市场分割、抑制外来贸易竞争的一种手段，进而提出了六大对策，如加强中美合作共赢、积极开拓其他国际市场等。如沈国兵（2013）的《美国对中国反倾销的贸易效应及非贸易效应研究》。

第三，有的学者则是从某个特定贸易救济措施涉及的利益出发，对 WTO 的补贴和反补贴制度进行研究。如蒋奋（2011）的《WTO〈补贴与反补贴措施协定〉中的"利益"问题研究》。

（3）对特定自由贸易区贸易救济制度的研究。

目前，对特定自由贸易区贸易救济法律制度进行系统研究的文献不多。完整研究自由贸易区贸易救济法律制度的仅有一篇史晓丽（2007）的博士论文。部分学者对贸易救济制度中的反倾销和反补贴的运行效果、制度的构成、对制度的借鉴与完善方面进行了研究。

第一，对自由贸易区贸易救济法律制度进行完全研究的学者是史晓丽博士，史晓丽（2007）通过对世界最大的自由贸易区——北美自由贸易区的贸易救济制度的运行状况进行实证分析，在此基础上找出北美自由贸易区贸易救济制度的模式和适用条件，以及它对北美自由贸易区运行的贡献，试图找出对中国对外自由贸易区建设过程中建立贸易救济制度的启示作用。

第二，有的学者则是从贸易救济制度中的反倾销制度和竞争法比较研究入手，从实证出发，通过对区域贸易协定贸易救济制度中的反倾销法律制度的法理分析、对 NAFTA 和澳新协定的反倾销规定的分析，找出中国洽签自由贸易协定的反倾销制度安排问题。如何艳华（2012）的《区域贸易协定中的反倾销制度研究》。

第三，有的学者则是从贸易救济制度中的补贴定义与补贴分类出发，探讨反补贴规则的关键问题——补贴的损害及补贴与损害之间的因果关系，并从法学和经济学的角度探讨反补贴税法的公平价值，最后提出建立适合中国的补贴和反补贴制度的建议。如甘瑛（2003）的《国际货物贸易中的补贴与反补贴法律问题研究》。

1.2.1.2　国外研究现状

笔者通过以"Sino Australian free trade agreement"（中澳自由贸易协定）、"Trade remedy system"（贸易救济制度）、"Trade remedy"（贸易救济）为关键词，在 WestLaw、中国国家图书馆、四川大学图书馆外文数据库搜索有关外文文献。截至本书统稿结束时①，笔者搜集到关于"中澳自由贸易协定""贸易救济制度""贸易救济"的外文文献不多，总共只搜集到 5 篇相关外文文献。在这 5 篇文献中，澳大利亚南昆士兰大学法学院何玲玲讲师就占了 2 篇。

何玲玲分别于 2013 年和 2015 年撰文介绍了中澳自由贸易协定的艰难谈判历程。何玲玲（2013）指出，中澳双方在谈判过程中均对己方优势部分予以保留，加之两国贸易中不可避免的争议点，使得未来中澳自由贸易协定在执行中势必会遇到阻碍。何玲玲（2015）还指出，中澳通过近 9 年的艰难谈判终于

---

① 截止时间为 2016 年 11 月 4 日。

达成协定，双方基本在协定框架下实现各自利益。最终确立的协定似乎满足了中国的谈判利益，以及澳方希望在协定框架下保持的对华贸易利益，从矿产输出国转向农产品输出国、优质教育与旅游目的地提供国的愿望。See Howe 等（2015）认为，中澳自由贸易协定的确会给两国经济发展带来巨大影响，这一问题也同样备受澳大利亚以及希望与中国建立自贸关系的国家的学者关注。中澳自由贸易协定生效后，也有学者讨论了中澳自由贸易协定对于未来中国与其他英联邦国家，如加拿大发展自贸关系的重要借鉴价值。See Dawson 等（2016）则认为，中澳自由贸易协定的示范效力也是目前尚待与中国发展自贸关系的各国在国际贸易研究领域的共同热点。澳大利亚西悉尼大学法学院教授Razeen Sappideen（2011）以当时正在谈判过程中的中澳自由贸易协定为样本，讨论了自贸协定中的争端解决机制。该文同时参照了世界主要自由贸易协定讨论了自由贸易协定中争端解决机制与 WTO 体制下的争端解决机制的差异，哪些争端解决机制应被纳入中澳自由贸易协定，以及这些机制被纳入后可能对世界既存自贸区产生的影响等。还有学者曾以中国与澳大利亚各自已有的自由贸易协定中贸易救济的规定出发，讨论了当时正处于谈判中的中澳自贸区协议可能会采纳的具体贸易救济制度。

1.2.2　既有研究的评价

1.2.2.1　国内外尚未发现对自由贸易区贸易救济制度系统完整、有效的研究文献

（1）对国外有关研究自由贸易区贸易救济制度的文献的评价。

无论是国内还是国外都没有较为系统地对中澳自由贸易区贸易救济制度进行研究的文献。目前搜集到的外文文献也仅限于对中澳建成自由贸易区以前的谈判样本和协定收益、争端解决机制方面的研究，这些研究对中澳尚未完成自由贸易区建设谈判之前具有一定的现实价值；但是在中澳自由贸易区已经建成后，其研究成果便失去了现实基础。目前还尚未发现有对现有中澳自由贸易区生效法律文本进行研究的外文文献。

（2）对国内有关研究自由贸易区贸易救济制度的文献的评价。

目前对自由贸易区贸易救济法律制度完整研究的仅有史晓丽（2007）博士的《北美自由贸易区贸易救济法律制度研究》，那么史晓丽博士对自由贸易区的研究成果可以作为中国对外自由贸易区贸易救济制度所用，并解决中国遭受自由贸易区合作伙伴频繁发起贸易救济措施调查的现状吗？

从实证的角度来看，答案应是否定的。首先，史晓丽（2007）的博士论

文时间稍显久远，其研究的资料时间必定在2007年以前（甚至更久）；其资料的背景与当下国际市场情况相比已物是人非。对于任何研究结果，采用前提是必须具有相似的研究基础，因此从时间上看，史晓丽博士关于北美自由贸易区贸易救济法律制度的研究成果难以复制到中澳自由贸易区贸易救济法律制度上。其次，该研究并未从理论角度（甚至没有理论专章）对NAFTA贸易救济制度的理论基础和现实根由进行分析，也未从理论上找出其贸易救济制度和美国等成员的国家利益之间的应然关系，从而不能深入分析找出影响贸易救济制度的核心因素是什么等关键借鉴点，不能不说是一个遗憾。最后，该研究虽然是从北美自由贸易区经过十多年的运行后因贸易救济争端产生的多宗案例的实证分析出发，在此基础上对NAFTA贸易救济的法律制度形成的历史背景、内容进行详细介绍、论证、分析，内容详尽，但是该研究的材料均是以NAFTA所有争端解决机构在1994年1月至2007年3月受理的案件（众所周知，在NAFTA成员中，美国和加拿大均为判例法国家），即新的不同的判例取代旧的判例。笔者无法确认2007年3月至今NAFTA所有争端解决机构无受理新的案件，有无新的判例法产生。此外，NAFTA成员已经全部加入新的TPP谈判，说明NAFTA机制本身已经不能满足其成员经贸发展需要。因此，史晓丽（2007）博士的研究成果对笔者的研究借鉴作用甚微。

1.2.2.2 多数学者在研究贸易救济制度时习惯以WTO贸易救济制度和欧美对华贸易救济措施调查作为研究对象

在贸易救济领域另一篇重要的研究文献是赵生祥（2005）的《贸易救济制度研究》，该研究以传统的贸易救济中的贸易救济与公平贸易理论为主要研究理论，在介绍了美国等少数国家的贸易救济法律演变过程后，以进口和出口为视角重点对WTO贸易救济制度内容中的贸易救济措施规则、贸易救济措施程序进行整理和归纳，并对国际服务贸易救济进行了介绍，最后提出了对中国贸易救济法律制度完善的建议。该研究一方面和史晓丽（2007）的论文一样，时间稍显久远；另一方面并没有突破传统理论，内容以WTO贸易救济制度为研究主体，其创新点在于研究WTO贸易救济制度的视角是以进口和出口出发，并试图在WTO贸易救济制度基础上提炼出标准的国际贸易救济制度。其内容对笔者研究的中澳自贸区贸易救济制度借鉴作用不大。

其余学者大多数是从经济学角度研究贸易救济制度中的某一个具体贸易救济措施出发，如对反倾销或反补贴或保障措施进行研究。研究大多数也是以实证角度或数学模型出发，试图以此找出中国频繁遭受反倾销、反补贴等的原因，继而提出中国应完善国内贸易救济措施制度，或者实施贸易救济报复等手段，以减少中国遭受贸易救济措施调查的次数，具有一定合理性。但它们的问题是缺乏系统性，研究成果零星分散于各个期刊的数篇论文之中。从相关文献的研究过程来看，有的缺乏对利益的分析，有的缺乏对理论的概括和深化分析，有的缺乏法律规范分析，有的缺乏对影响法律的因素分析等。

因此，本书通过对贸易救济的理论、CHAFTA 贸易救济法律规范的梳理探析，试图找出影响中国与澳大利亚两国贸易救济措施调查包括制度性在内的各种因素，并提出完善中国与澳大利亚自由贸易区贸易救济法律制度的构想，为与中国与澳大利亚具有相似性的国家建立自由贸易区的贸易救济制度做出贡献，具有十分重要的现实意义。

1.3 研究思路、主要研究内容和研究方法

本节将重点说明本书的研究思路、主要研究内容和研究方法。在介绍本书的研究方法时，笔者除了介绍比较研究方法、逻辑思维研究方法、解释法学研究方法、法政治学研究方法外，还着重介绍了本书重点采用的利益工具分析研究方法。

1.3.1 研究思路

首先，笔者对贸易救济制度的理论进行梳理，找出影响贸易救济制度理论形成的因素。在此基础上，笔者找出影响中澳贸易救济法律制度的理论基础和现实根由。

其次，笔者从法律条文上用解释法学研究方法和法政治学研究方法厘清中澳自由贸易区贸易救济法律制度内容，并与中澳两国之间已有的贸易救济制度内容进行比较分析，找出其中共通之处，运用贸易救济理论分析其合理性。

再次，笔者从法律制度完善的另一个路径——争端解决机制入手，运用逻辑思维研究方法和利益工具分析研究方法，分析中澳自由贸易区贸易救济措施争端解决机制存在的有待完善之处。

最后，笔者根据贸易救济理论，针对中澳自由贸易区贸易救济法律制度和争端解决机制中存在的有待完善之处，提出完善中澳自由贸易区贸易救济法律制度的构想。

1.3.2 主要研究内容

对中澳自由贸易区贸易救济法律制度的整个研究，由导论、贸易救济的理

论基础与现实根由、贸易救济的法律制度模式、CHAFTA 保障措施法律制度、CHAFTA 反倾销和反补贴法律制度、CHAFTA 贸易救济争端解决机制以及完善 CHAFTA 贸易救济法律制度的构想七部分构成。

第 1 章导论，主要说明了本书的研究目的、研究内容、国内外研究状况、研究方法、创新点与不足之处。

第 2 章贸易救济的理论基础与现实根由，重点对贸易救济的古典贸易保护主义和现代国家干预主义等理论进行了详细介绍，并详细论证了一国制定贸易救济法律制度之所以采取某种贸易救济理论，是由该国的国家利益需要决定的。决定贸易救济的国家利益的两个关键因素是政治因素和经济因素。因此，该部分还详细论证了政治因素和经济因素是如何影响贸易救济制度的。此外，现有贸易救济理论起源于两个多世纪前德国、美国为对抗英国强大的自由贸易"入侵"。而世界贸易经两百多年发展，其贸易范围已远远超出 18 世纪世界以货物为主的贸易，存在对现有贸易救济理论调整和完善的现实需求。该部分还对贸易救济理论产生的现实根由进行了详尽分析，并对现有贸易救济理论进行了反思，发现所有贸易救济理论的背后都存在一个"隐形"的国家利益理论。因此，研究决定国家利益的因素对贸易救济制度的完善起到决定性作用。

第 3 章贸易救济的法律制度模式，介绍了当今世界贸易救济的主要模式分为保障措施和特殊保障措施模式、反倾销和反补贴模式。在反倾销措施实践中，还存在对反倾销措施抵消和规避的现象，有学者称之为"吸收和反吸收"模式和"规避和反规避"模式。"吸收和反吸收"模式和"规避和反规避"模式严格来说不是一种贸易救济模式，而是对执行反倾销中出现的抵消和规避反倾销措施现象的再救济。本章的第二部分还分析了中澳两国的政治、经济、文化、法律因素和中澳自由贸易协定最终保留贸易救济模式之间的应然关系。

第 4 章 CHAFTA 保障措施法律制度，首先对保障措施法律中容易被混淆的"保障措施"和"保障条款"两个概念进行了厘清，其次用法律解释方法对中澳自由贸易区全球保障措施制度和双边保障措施制度的内容进行了分析、归纳。该部分还详细分析了中澳自由贸易区双边保障措施制度与 WTO 制度相比存在的特殊规定，如中澳自由贸易区缔约方只能在过渡期内采取双边保障措施和临时双边保障措施；过渡期一般情况下最长三年，特殊情况下双边保障的过渡期最长期限为关税减让结束时止；等等，表现出对双边保障措施的抑制趋向。此外，如果中澳自由贸易区成员一方采取全球保障措施，就会与中澳自由贸易区双边保障措施产生冲突。怎样解决两者之间的冲突？中澳自由贸易区没有规定，笔者还在该章进行了详细论证，并提出了自己的观点。

第 5 章 CHAFTA 反倾销和反补贴法律制度，主要研究了中澳自由贸易区反倾销和反补贴制度，其中不仅研究了中澳自由贸易协定反倾销和反补贴条文本身，还研究了它的产生背景、存在的问题和需要完善之处。中国目前还未与其最主要的贸易伙伴——美国、日本等老牌资本主义国家（或国际组织）开展自由贸易区建设，也未能找到与其他老牌发达资本主义国家减少贸易摩擦的其他有效路径，也许与之达成自由贸易区建设是个不错的次优选择。中澳自由贸易区反倾销制度是完全援引 WTO 反倾销制度，反补贴制度是在主要内容援引 WTO 反补贴制度的基础上进行一定的特别补充。为此，本章的主要研究任务有两个：一是用法律解释方法确定中澳自由贸易区反倾销和反补贴法律制度的具体制度内容；二是从影响贸易救济法律制度的因素出发，用利益工具等分析方法分析论证中澳自由贸易区反倾销和反补贴法律制度在促进两国经贸发展过程中存在的利弊。

第 6 章 CHAFTA 贸易救济争端解决机制，主要介绍了 TRDSM 的管辖权、TRDSM 的主要内容，并对 TRDSM 进行了评价。中国与澳大利亚不仅是中澳自由贸易区的缔约方，还同为 WTO 成员。中澳自由贸易区贸易救济法律制度分布在第 2 章和第 7 章。第 2 章涉及"农产品特殊贸易救济"，第 7 章涉及保障措施、反倾销措施、补贴与反补贴措施的实体法和程序法内容。中澳自由贸易区未专门规定贸易救济争端解决机制（trade remedy dispute settlement mechanism，TRDSM）。中澳自由贸易区成员如果因贸易救济发生争端，到底是提交世界贸易组织附件 DSU 框架下的 DSB 解决，还是提交 TRDSM 解决？这存在争端管辖权冲突问题。WTO 框架下的 DSB 和中澳自由贸易区框架下的 TRDSM 有何异同，以及它们各自的主要内容，本章均做了详细论证和研究。

第 7 章完善 CHAFTA 贸易救济法律制度的构想。澳大利亚等老牌资本主义国家之所以选择与中国建立自贸区，无非是利益驱使所致。澳大利亚看重的是中国市场，中国看重的是澳大利亚等西方国家对中国工业转型换代升级及对"中国梦"的推动作用。本章分为三个部分对此进行论述：一是对中澳自由贸易区现有贸易救济制度进行一个总体评价；二是借鉴学习现有一些重要自由贸易协定中有关贸易救济的制度；三是从利益工具分析方法出发提出对现有中澳自由贸易区贸易救济制度进一步完善的构想。

第 7 章对现有中澳自由贸易区贸易救济法律制度进行评价。相比 WTO 贸易救济制度而言，中澳自由贸易区贸易救济制度更有亮点，如双边保障措施对过渡期的规定长于 WTO 标准，补贴与反补贴措施制度的"正当性规则"对随意采取反补贴措施存在一定的抑制作用等。但其也存在明显需要改善之处：

一是在中澳自由贸易区反倾销和反补贴制度中，没有对产品正常价值计算标准做出专门约定；二是对 TRDSM 选择解决争端管辖场所的约定存在不完善之处，以及没有常设争端专门机构；三是没有按照协定惯例设立贸易救济委员会，缺乏推动中澳自由贸易区贸易救济制度完善的专门机制条款。针对前述问题，笔者在对中澳自由贸易区影响最大的两个自由贸易协定——CPTPP 和中韩自贸协定的贸易救济制度分析的基础上，提出了完善中澳自贸区贸易救济制度的如下构想：一是对中澳自由贸易区保障制度增加有利于人类发展的新技术和环保产品推广的原则，对这部分产品的进口原则上不采取保障措施；二是对反倾销的正当性、成员产品正常价值标准的建议；三是对 TRDSM 的完善提出建议，如对 TRDSM "场所选择"的修订建议构想、争端解决程序改革构想和设立贸易救济机制条款的构想。

1.3.3　研究方法

贸易救济制度是所有自贸区所有制度中与政治、经济、法律因素联系最为紧密的，贸易救济制度直接反映了两国间在政治、文化、法律、经济等领域的关系情况，无论是货物贸易、服务贸易还是投资、知识产权转让，最终都必须通过市场来分配两国企业的利润。贸易救济制度对两国贸易市场的发展具有直接约束力，其约束程度直接关乎自贸区的市场水平。因此，对自由贸易区贸易救济制度的研究深浅，关乎自贸区市场的维护程度，更是关系到自贸区能否促进两国经济的关键因素之一。为了更好地研究中澳自由贸易区贸易救济法律制度，我们必须对影响贸易救济制度的政治、经济、文化、法律等因素及其利益导向进行研究，还必须对具体法律制度内容进行厘清，同时还应对贸易救济制度的利益导向分析其争端解决机制的完善进行系统研究。因此，我们对中澳自由贸易区贸易救济法律制度的研究必须采取多种研究方法，如利益工具分析研究方法、比较研究方法、解释法学研究方法等。

1.3.3.1　利益工具分析研究方法

利益是一个广泛而综合的概念，涉及领域几乎包括人类生活的全部，可以分为国家利益、集体利益和个人利益。国家利益涉及政治、经济、法律、军事等各个部门；集体利益涉及我们日常生活的各个群体，如家庭利益、单位利益、团体利益等；个人利益则包罗万象，如政治利益、道德利益、法律利益、经济利益、情感利益等个人的心理需要。其中，集体利益还可以分为集体政治利益、集体经济利益等其他个体的集体心理需要。从前述利益分类来看，利益实际上是一种满足国家、集体、个人的需要，这种需要既可以是物质利益，也可以是非物质利益。物质利益包括各种经济利益。非物质利益包括各种形而上范畴的心理需要，如个人对宗教信仰、权势、荣誉、名气、地位等来自心里的满足感需求；一个国家在国际上的政治利益，如对国家的国际地位、领土完整、历史追求、主权独立、领土安全、经济安全、谋求区域或世界霸权等方面的需要；一个集体对政治统治地位或对统治者的影响的需求；等等。

应当说，任何一个法律行为除了必须考虑公平和正义外，还应当一并考虑它的成本、有效性或效率。换句话说，就是研究任何一个法律行为或事件的时候，除了研究它们本身的法律属性外，还必须研究它们背后的价值导向。这里所说的价值导向就是利益导向。在国际冲突法律界提出完整利益分析理论的第一人是雷纳德·柯里（Brainerd Currie，1912—1965），柯里被誉为20世纪中叶最有影响的冲突法学者之一，他的利益分析理论被认为是美国冲突法的转折点。柯里的利益分析理论是建立在对美国各州法院在审理美国各州之间冲突案件的分析总结之上的，关于法院地州有利益和没有利益时怎样选择实体法的理论。柯里认为，对真实冲突的解决，应当区分法院地州有利益和法院地州无利益的情形，对于法院地州有利益的真实冲突的解决，主张适用法院地法；对于法院地作为无利益的第三州时，柯里早期仍然坚持适用法院地法，在其后来的总结中，发现如果法院地州无利益，则可能导致当事人挑选法院及判决不一致的问题，而改为主张此时把选择法院应适用的法律权力交给国会来解决，由国会来决定哪个州应该让步。应该说柯里是最早用利益作为工具解决冲突的冲突法先驱，但是柯里将利益作为一种分析工具，并未对其做出准确定义，也没有说清怎样使用利益分析工具来分析解决冲突问题，仅以为其是在虚拟冲突分析的一种假设。此外，柯里的利益理论仅是在州与州冲突的时候，选择管辖法院时以拟选择的管辖法院与冲突之间存在怎样的国家利益来确定管辖法院，其对利益作为工具的范围的论述极其狭窄。

笔者认为，在国际贸易领域的利益主要是国家利益中的经济利益和政治利益，其中政治利益包括国内政治需要和国际政治需要。从本质上说，国际政治是为本国国内政治服务的。本书所指的利益工具方法就是指把利益导向作为一种分析工具，通过分析国际贸易救济过程中国家各种行为的最终政治、经济利益指向，来揭示该国采取贸易救济法律行为内因的方法。

若要对中澳自由贸易区贸易救济法律制度研究，必须搞清该制度最终利益导向要符合双方建立自由贸易区的目的。如果该制度的利益导向与自贸区根本目的相违背，势必阻碍自贸区的发展。如果与自贸区目标一致，必然成为自贸区发展的助推器。揭示一国国际贸易过程中贸易救济活动的内因，并以此寻求解决贸易冲突最适当的方法，是本书提出利益工具方法的出发点，也是本书一个最重要的创新点。

1.3.3.2 比较研究方法

由于 CHAFTA 贸易救济制度的很大一部分制度内容援引 WTO 相关的贸易救济制度，笔者必须通过比较方法找出构成 CHFTA 和 WTO 成员政治、经济条件之间的异同，论证分析 CHAFTA 贸易救济制度大部分援引 WTO 的根由，试图以此分析 CHAFTA 贸易救济制度完善趋向。在中国与澳大利亚达成自贸区（CHAFTA）建设的同期，中国还与另一个 G20 成员——韩国开展自贸区（CKFTA）建设；在此期间，中国的这两个自贸区谈判国——澳大利亚、韩国还参与了世界上影响面最大、经济总量世界第一的 CPTPP 谈判。在中澳自由贸易协定生效时，CPTPP、CKFTA 也同期结束谈判。显而易见，CKFTA、CPTPP 的谈判过程必然对 CHAFTA 谈判产生影响，CHAFTA 贸易救济制度也不例外。因此，用比较分析方法对 CPTPP、CKFTA、CHAFTA 贸易救济法律制度进行论证分析，对确立和搞清影响 CHAFTA 贸易救济法律制度的关键因素，以确立影响中澳贸易救济发展的可能趋势，进而找出对 CHAFTA 贸易救济法律制度完善的借鉴之处至关重要[①]。

1.3.3.3 解释法学研究方法

CHAFTA 协定生效后的 6 个多月，澳大利亚就对中国发起了 4 宗贸易救济调查，显然 CHAFTA 贸易救济法律制度存在不利于中国的因素。因此，我们必须运用解释法学研究方法对 CHAFTA 贸易救济法律制度进行详细解释分析，从制度上找出不利于中国的法理因素，结合其他研究方法提出完善 CHAFTA 贸易救济法律制度的方法。

1.3.3.4 法政治学研究方法

从某种角度来讲，任何法律制度都是政治的产物。这里是对贸易救济法律制度特殊性而言的，贸易救济法律制度包括国内有关贸易救济的法律法规，以及本国对外签署的贸易条约中的贸易救济法律条款赋予了一国主管机构对外国什么样的进口结果可以采取什么样的贸易救济措施，本质上是一国当局对外国

---

① 还是国内，任何国际贸易协定的谈制都是由于本国者者对该协定的实际需求为基点进行的谈判，因此谈判的过程实际上就是本国需求反映的过程。TPP 和中韩自贸协定、中澳自贸协定一样，都属于自由贸易协定，其贸易救济的谈判就是其成员对贸易救济的发展国家需要。韩国和澳大利亚是 TPP 谈判参与国，中国和韩国是中韩自贸区成员，因此笔者认为，对中韩自贸区和 TPP 的自由贸易形成的背景和法律制度本身折射出来的中澳两国各自对国际贸易救济制度的需求，对中澳自贸区贸易救济制度的进一步完善必定产生重要影响。

进口行为的一个调控行为，是一种公权力对私人间贸易的干预。因此，在国际条约中对贸易救济条款约定比贸易协定中其他任何条款都受到本国政治经济集团的压力。贸易条约中的贸易救济制度的形成过程，一定是本国政治经济集团与外国政治经济集团双重作用的结果。因此，对贸易救济制度的研究我们必须运用法政治学研究方法对法律文本进行剖析，结合法解释学研究方法和利益工具分析方法找出国际贸易协定中贸易救济条款形成过程中的背后支撑因素，为完善贸易协定中的贸易救济条款提供支持。

1.3.3.5 逻辑思维研究方法

对 CHAFTA 贸易救济制度的研究，我们还必须运用逻辑思维方法进行研究。CHAFTA 贸易救济制度大量援引 WTO 贸易救济制度，而且在争端解决机制中又赋予了争端的起诉方享有选择争端管辖场所的权利。CHAFTA 贸易救济法律制度内容由 WTO 相关协定和 CHAFTA 第 2 章、第 7 章和第 15 章相关内容组成。因此，确立 CHAFTA 贸易救济法律制度我们必须运用逻辑思维方法对分散在不同地方的制度进行归纳、整理分析，从逻辑上找出现有 CHAFTA 贸易救济法律制度与 CHAFTA 发展不相适应的地方，为完善 CHAFTA 贸易救济制度提供另一条路。

1.4　研究的创新点与不足

1.4.1　研究的创新点

第一，本书系统完整地论述了中国与澳大利亚自由贸易区贸易救济制度和贸易救济争端解决机制，提出了完善中澳自由贸易区贸易救济法律制度的构想。

第二，本书通过采用利益工具分析方法和法学逻辑推理，对中国与澳大利亚自由贸易区贸易救济法律制度文本进行交叉分析和完整论证，找出中澳贸易救济纠纷的现存法律制度根由以及其本质因素所在，从而找出解决中国未来与其他传统老牌发达资本主义国家建立自由贸易区过程中的贸易救济法律制度障碍和完善的借鉴路径。

第三，本书的研究方法新颖、科学。由于自由贸易区法律制度属于跨政治、经济、法律学科，已经超出了单纯法学所追求的公平公正领域，因此本书将利益作为一种工具对贸易救济法律制度和贸易救济理论进行分析，找出了贸易救济法律制度的核心价值就是一国的国家利益所在。在此基础上，本书还结

合中澳两国特点，提出了解决中澳自贸区贸易救济争端的新思路，即发生
CHAFTA 贸易救济措施争端时，先由贸易救济利害关系方向发起救济措施所在
地法院诉讼解决，对终审不服时，有条件再向笔者设计的中澳自贸区专门争端
解决机构上诉。笔者也详细论证了该机制的现实可行性和科学性。

1.4.2 研究的不足

本书最大的不足之处在于研究的资料获取难度较大：一是研究条约正式文
本无法获取；二是由于 CHAFTA 于 2015 年 12 月 20 日生效，尚未有中澳两国
贸易救济争端的案件实例，为实证分析带来一定的困难。这也是笔者后续研究
将要关注的方向，期望通过资料的不断完善，可以更深入地探索该领域的
问题。

2 贸易救济的理论基础与现实根由

2.1 贸易救济的理论基础

贸易救济就是指外国产品在本国市场流通过程中采取了不公平的贸易手段，如接受外国政府补贴，为了控制本国市场、挤垮本国相关产业低价倾销，或进口过量，给国内产业造成实质损害或损害威胁。本国政府主管对外贸易的部门通过国内产业受损害的实际情况，而对外国产品选择反倾销、反补贴和保障措施中一种或几种进行立案调查，最后决定在一定时间范围内加大调查产品关税的力度，给予本国受损害产业的救助过程。这个过程实质是对国内受到损害威胁的产业部门贸易保护的过程。因此，贸易救济和贸易保护从结果上看是相同的，都是为了保护本国产业利益，对外国进入本国市场的产品提高关税。但是贸易保护和贸易救济并不完全是一回事：①它们的出发点不同，贸易救济的目的是维护公平的贸易秩序，只能在本国相关产业因外国产品的大量涌入造成本国产业严重实质损害或威胁时，通过反倾销、反补贴、保障措施立案调查，根据立案调查结果决定采取怎样的贸易救济以及救济程度；纯粹的贸易保护就是实行限制进口，保护本国商品在国内市场与外国产品竞争中保持优势地位，除了包括贸易救济措施保护外，还包括其他贸易保护措施，如进口许可、进口限额等。②两者采取的措施也不完全相同，贸易救济只能采取关税措施；贸易保护除了可以采取贸易救济关税措施外，还包括货币管制、实行进口许可等非关税壁垒措施。

在 WTO 多哈回合谈判受阻后，各国纷纷转向寻求区域自由贸易协定谈判，倡导自由贸易、反对贸易保护主义，世界经济一体化势头悄悄以区域经济一体化方式深化、发展。截至 2016 年 11 月 7 日，各国在 WTO 登记备案的数量有 284 个。在国际政治和学术层面上，非关税壁垒的纯粹贸易保护主义成了"人人喊打的过街老鼠"。历次的 G20 峰会，从华盛顿到伦敦再到匹兹堡，虽然会议地点在改变，但是反对贸易保护主义的议题不变，然而各国贸易保护主义行动仍然在贸易救济掩护下悄然进行。因此，要研究中澳自贸区贸易救济法律制度，我们除了从法律制度机制本身进行研究外，还不得不厘清贸易救济与贸易保护理论之间的关系。

2.1.1　贸易救济理论的萌芽——古典贸易保护理论学说

就贸易理论而言，西方古典经济学（17 世纪中叶—19 世纪中叶）的代表人物是英国的亚当·斯密（Adam Smith）①，其创立了绝对优势理论②。大卫·李嘉图（David Ricardo）③对亚当·斯密的绝对优势理论进行了重要补充，创立了比较优势理论。然而，当时德国和美国的国力都不敌当时的世界霸主大英帝国，对自由贸易采取抵制策略，都不约而同地采用了亚历山大·汉密尔顿（1791）和弗里德里希·李斯特（1841）提出的贸易保护理论作为国策。

任何贸易理论的产生都离不开理论产生的国际国内经济形势。亚当·斯密在 1776 年提出绝对优势理论，其主要观点是：一切贸易应当遵循市场规律进行自由贸易，市场规律像"一只看不见的手"对市场的生产、贸易进行指引，进行生产要素的分工，这样不仅会大大提高劳动生产率，还将淘汰不合时宜的产能，最终让国家变得更加富强。英国经工业革命后，国内生产力得到极大发展，国内市场与生产严重过剩之间的矛盾，促使英国急切打开国际市场。亚当·斯密的自由贸易理论立即成为英国对外贸易的理论工具，英国的商品大量进入当时还不发达的德国、美国，给这两个后发国家国内产业造成极大的压力，并阻碍了国内相关产业的发展，两国对亚当·斯密的绝对优势理论采取抵制措施。针对亚当·斯密的绝对优势理论，李嘉图在 1817 年出版的《政治经济学及赋税原理》④中提出了著名的比较优势理论（也称"相对优势理论"），成为后世各国对外贸易的理论基础。但是对经济能力相对弱小的国内产业而

---

①　亚当·斯密（1723—1790），英国经济学家，被世人尊为"现代经济学之父"和"自由企业的守护神"，是自由贸易理论的奠基者。其主要代表作有《国富论》《道德情操论》等。

②　斯密. 国富论：下 [M]. 郭大力，王亚南，译. 上海：上海三联书店，2009：37-42.

③　大卫·李嘉图（1772—1823），英国政治经济学家，成功商人，投机家，和亚当·斯密一样是古典贸易理论的代表人物，都强调自由贸易。李嘉图与亚当·斯密的不同之处在于，亚当·斯密的自由贸易理论基础是建立在两国之间的，而李嘉图的自由贸易理论基础是建立在多国之间的。李嘉图提出的比较优势理论具有跨时代性，在任何年代各国都会具有各自的比较优势，因而成为后世坚持自由贸易理论的基石。其主要代表作是《政治经济学及赋税原理》。

④　李嘉图. 政治经济学及赋税原理 [M]. 丰俊功，译. 北京：光明日报出版社，2009：95-103.

言，无论是亚当·斯密的绝对优势理论，还是李嘉图的比较优势理论，都无法解决其面临大量国外相同产品进入本国市场，甚至导致本国产业倒闭的问题。对任何一个国家而言，大量工人失业都将给其社会的稳定带来极大隐患。因此，当时的后发国家德国、美国在坚持自由贸易的同时，分别采纳了本国的亚历山大·汉密尔顿①和弗里德里希·李斯特②的贸易保护理论，使得两国经济得到了空前的发展，美国经济甚至一举超过当时的霸主英国。从此，汉密尔顿、李斯特的贸易保护理论和李嘉图的比较优势理论成了国际贸易领域的自由贸易理论和保护贸易理论的两条主线，并行发展。

纵观整个国际贸易发展史，近代以来，特别是第二次世界大战结束以后，国际上基本没有一个坚持亚当·斯密的绝对优势理论的国际经济体。几乎所有的国家（含独立关税区）在国际贸易领域都在坚持李嘉图的比较优势理论为基础的自由贸易理论的同时，保持汉密尔顿和李斯特的贸易保护理论。只是各国在不同时期根据各国综合国力和国内经济状况的不同，选择的侧重点也不同。比如，美国在金融危机前奉行自由贸易为主的多边贸易体系，金融危机后改为奉行高标准的坚持保护知识产权和促进国内产业发展的区域自由贸易体系，对外采用大量的贸易救济措施保护国内产业，甚至促进就业。因此，可以说古典贸易保护理论是现代贸易救济法律制度的理论基础。

自由贸易假设的前提是国际市场和国内市场处于完全自由、公平竞争状态，但这种状态在现实中并不存在。与之相反，在现实中由于国家的存在，各国在追求本民族利益最大化的同时，往往采取损害他国利益的贸易保护主义政策。与他国优势产业相比，本国产业就处于相对劣势地位，任何一个国家总会有不具备比较优势的产业。因此，出于本国利益的角度考虑，贸易保护主义理论始终明里或暗里为各国决策者所拥护，不自觉地执行贸易保护主义政策。汉密尔顿的"贸易保护主义"③和李斯特的"保护幼稚工业论"成为各国应对经济贸易冲击的主要理论，至今仍然是一国在谈判签订双边或多边国际贸易协

---

① 亚历山大·汉密尔顿（1757—1804），美国开国元勋之一，美国的首任财政部部长，是美国货币金融体系的奠基人，也是美国三权分立的设计者，同时还是国际贸易保护主义理论奠基人之一。汉密尔顿关于贸易保护主义理论的主要内容是：在美国还没有强大到可以和英国自由竞争的时候，必须实行贸易保护主义，发展本国的幼稚工业。

② 弗里德里希·李斯特（1789—1846），著名的幼稚工业保护学说的奠基人，其主要的观点是：以生产力论和国家经济学说为基础，充分论证贸易保护的必要性、阶段性和具体措施，具有极大的历史意义和现实意义，深刻影响当时德国的经济生活和经济理论的发展，为德国工业迅速崛起提供了理论保障。其代表作是《政治经济学的国民体系》。

③ 亚历山大·汉密尔顿于1791年向国会提交《关于制造业的报告》，报告包括建议政府应吸引商人投资制造业以及保护"幼稚产业"，禁止进口对国内产品构成竞争威胁的制成品等贸易保护主义的内容。

定、制定贸易救济法律制度的重要理论依据。因李嘉图的比较优势理论和汉密尔顿、李斯特的保护主义理论至今仍然是国际贸易救济的重要理论，本节重点对李嘉图的相对优势理论和汉密尔顿、李斯特的贸易保护主义理论进行分述。

2.1.1.1　大卫·李嘉图的相对优势理论

18 世纪 60 年代开始，英国本土开始了工业革命，并率先成为当时最发达的工业化国家，在世界经济中居于霸主地位。巨大的工业生产力需要从世界范围内获得廉价原料和一个更加自由的世界贸易市场，以实现产能需要。国内市场的巨大销售压力使英国把自由贸易作为其外交目标，废除不合时宜的对外贸易管制政策成为对外扩张的必然选择。因此，英国古典经济学应运而生。

亚当·斯密认为，国民财富是一个国家生产的商品价值的总量，任何一个部门的劳动都是财富的源泉。自由贸易能够促进生产的发展和产量的增加，通过国际分工使两个国家的生产要素从生产能力低的行业转移到生产能力高的行业，实现资源再配置，提高生产效率。亚当·斯密极力反对英国当时执行的国家贸易保护和补贴政策，认为通过国家政策人为干预保持贸易顺差的行为，对经济发展以及国家增加财富而言是徒劳无益的，贸易保护政策绝对不会增加资本数量，只能使一部分资本转入此前没有的或欠发达的产业而已。市场这只"看不见的手"会自动协调各方利益。每一个国家都有自己的自然条件、传统特色产品和自然资源产品，这种产品由于其特殊生产工艺、特殊功能或其他特别技术，相对于其他国家而言具有比较优势，交换比较优势产品对交换国都是有利的，自由贸易不仅不会使一国破产，反而会促进它变得更加富裕和强大①。

亚当·斯密主张对内采取自由放任的经济政策，对外实行自由贸易政策，并主张解除国家对贸易的管制，包括关税征收、出口补贴和奖励金。该主张符合当时英国打开其他国家市场的经济需求，因此得到了官方的支持和宣传。亚当·斯密提出的绝对优势理论为自由贸易学说奠定了理论基础，第一次从生产领域阐述了各国之间通过各自绝对优势，进行分工和专业化生产，提高效率获得经济利益，进而增加社会财富的理论。亚当·斯密明确地指出国际贸易的基本原因和利益所在，以及分工对提高劳动生产率和促进生产力发展的巨大意义，从而为建立科学的国际贸易理论奠定了良好的基础。其成名作《国富论》更是明确提出了经济自由主义思想，对贸易保护观点进行了系统评判，论证了国与国之间开展自由贸易的必要性。

---

① 斯密. 国富论：下 [M]. 郭大力，王亚南，译. 上海：上海三联书店，2009：57.

亚当·斯密的自由贸易理论有它的先进性和合理性，但仍无法回答一个现实问题：两国在做贸易，但在任何产业均无优势，是两国均能获益，还是没有优势的国家净损失，另一国净受益？英国工业资产阶级的代言人大卫·李嘉图作为古典经济学的集大成者，在1817年发表的《政治经济学及赋税原理》中系统回答了这个问题。他提出相对于"绝对优势理论"而言的"比较优势理论"，认为各国之间不可能具有绝对的优势，所有的优势都是相对的。在自由贸易条件下，只要两国选择各自在成本上具有比较优势较大的产品参与国际分工，进行专业化生产，然后参与国际交换，可使资源配置更加合理，节约社会劳动，提高劳动生产率，两国都从国际贸易中获得利益。

大卫·李嘉图认为，自由贸易对于英国而言，如果外国认识到了自由贸易主义的原则，那么英国从这一规则所获得的利益将数倍于任何国家。但最能保障整体利益的莫过于把总资本做最有利的分配，也就是实行普遍的自由贸易。李嘉图的比较优势理论认为，任何两个国家一定都有相对具有比较优势的产业，即便是最弱的国家与他国开展自由贸易，在发挥比较优势的情况下都会有利可图①。比较优势理论将亚当·斯密基于绝对优势的自由贸易理论向前推进了一大步，解释了当今世界经济技术发展水平和层次不同的国家之间进行贸易的基础。这一学说被当时大部分经济学家接受，并为后世的经济学家所推崇，

① 李嘉图在他的《政治经济学及赋税原理》一书中举例说明极弱国家在具有相对比较的产业与他国的贸易是如何获益的，并举例说明：甲国是一个工业能力极弱的国家，其劳动生产率是花500个工时可以生产1辆汽车，花5个工时可以生产1件衣服。乙国是一个工业强国，其劳动生产率是花100个工时可以生产1辆汽车，花4个工时可以生产1件衣服。这时候甲、乙两国贸易会提高双方的生产率吗？答案是肯定的。虽然乙国无论生产汽车还是衣服都比甲国生产能力更强，但是让我们来做一笔简单的计算，在甲国和乙国不做贸易的条件下，甲国人花505个工时可以得到1辆汽车和1件衣服。但是在贸易的情况下，又该如何呢？如果甲国把这505个工时都用来生产衣服，很显然可以生产101件。这个时候，在乙国市场上是25件衣服换1辆汽车，甲国就可以拿101件衣服中的100件去和乙国人做生意。假设甲国商人和乙国达成共识——50件衣服换1辆汽车，乙国人觉得有利可图答应了条件，于是甲国换回2辆汽车在贸易的条件下，甲国人花同样的505个工时得到了2辆汽车和1件衣服，而在不和乙国做贸易的条件下甲国人只能得到1辆汽车和1件衣服，显然做贸易对甲国有利。让我们再来看看乙国的情况，现在乙国人有200个工时，在不和甲国做贸易的情况下，其中100个工时用来生产1辆汽车，另外100个工时用来生产25件衣服，在和甲国做贸易的条件下，乙国决定把所有的精力用来生产汽车，于是用所有的200个工时生产了2辆汽车，乙国决定出售其中的1辆给甲国。在甲国的市场上，1辆汽车可以换100件衣服，乙国给出的条件是"1辆乙国汽车换50件甲国的衣服"，甲国觉得有利可图答应了。这样在做贸易的情况下，同样是200个工时，乙国得到了1辆汽车和50件衣服，而在不和甲国做贸易的情况下，乙国只能得到1辆汽车和25件衣服。我们可以看到，乙国和甲国之间通过"1辆汽车换50件衣服"这样来交易都取得了实惠。所以只要在贸易中把精力放在自己相对更为擅长的产业上，就能够提高交易双方的生产率、竞争力和人民的福利。

特别是以此为基础经过赫克歇尔和俄林的"生产要素比例说"（又称为"新古典贸易理论"）、雷蒙德·弗农的产品周期理论等学说的不断完善和发展，成为国际自由贸易理论的核心理论。这些理论都认为实行自由贸易可以改善一国的资源配置状况，使有限的资源相对集中在比较具有优势的行业，获得最大的产出，提高国民的福利水平，揭示了国际贸易产生的原因及开放市场的积极效果。"比较优势理论"和"自由贸易理论"学说成为英国贸易政策的理论基石，这两位代表性的经济学家和他们的自由贸易理论也得到了政府的认可和推崇，为当时英国资产阶级向外扩张、建立世界霸权提供了理论工具。

笔者认为，李嘉图的观点是建立在静态地观察各国劳动生产效率不同基础之上的，结论是正确的，但是得出结论的过程有待完善。因为，任何一个国家的劳动生产率都不是静态不变的，是处于随时的变化之中的，因此各国的比较优势也是不断变化的。今天可能甲国某个行业对乙国而言具有比较优势，也许明天乙国就开始逐步缩小这种优势，甚至反超甲国。

2.1.1.2 汉密尔顿、李斯特的保护幼稚工业论

与英国情况相反，18世纪美国独立之后采取了同英国一样的政策，法律、经济政策均借鉴英国。当时英国的大多数产业相对于美国而言其性价比处于绝对优势地位，极大地限制了美国工业的发展，并制约了美国经济的进一步发展，客观上要求必须对国内弱势工业进行贸易保护。

美国第一任财政部长亚历山大·汉密尔顿认为美国国情与英国不同，其1791年在美国国会演讲时提出：美国应奉行与英国自由贸易政策相反的经济政策，应当建立雄厚工业基础，大力发展自己的制造业，而不是用现有产品在与英国的贸易中获利。为了应对英国产品的冲击，美国必须采取贸易保护主义，对英国产品提高关税，对其产品进入美国市场进行限制，如禁止进口或限制进口、禁止原材料出口、实行出口补贴或出口奖励制度、对以进养出者实行进口免税或退税等。汉密尔顿的上述主张对美国政府的经济政策产生了深远影响，美国的工业在高度保护条件下迅速发展，美国于20世纪初取代了英国成为世界头号工业强国。直至20世纪30年代经济大萧条后，为刺激经济复苏，美国才放弃了关税保护政策，转向自由贸易政策。汉密尔顿的保护幼稚工业的贸易保护学说为大多数经济相对落后产业进行贸易保护提供了理论依据，但是其给贸易发展带来的弊端也是非常明显的。正如前面笔者所言，没有一个国家在所有领域处于永远的领先优势，因此每一个国家都有相对落后的产业，导致每一个国家都有可能对他国采取贸易保护主义，这也就是为什么只要经济增长稍微放缓，贸易保护主义就有所抬头的重要原因。

与此同时，19 世纪初，德国在纺织、采矿、冶金、机械制造等行业都有所发展，但与英国相比还相当落后①，受英国廉价工业品的冲击很大。德国贸易保护学派的代表人物弗里德里希·李斯特于 1841 年在《政治经济学的国民体系》中提出了"保护幼稚工业论"。李斯特认为，坚持自由贸易的前提必须是本国的民族工业已经发展到一定阶段，具备一定的国际市场竞争力。李斯特一针见血地指出，对工商业已经具有国际竞争力的英国来说，提倡自由贸易是可取的。英国根据本国产品对他国的超级优势，当然要求他国也应当采取自由贸易策略，不过是利用自己在工业产品上相对于他国的国际市场强大竞争力，使本国与他国在市场竞争中获取更大好处罢了，其真实目的是通过自由贸易政策理论来扼杀其未来的竞争对手。李斯特认为，当时的德国经济状况类似于英国经济发展的早期阶段，应该对本国刚刚起步的各种幼稚工业，至少是对未来在国际市场中有竞争力的产业进行贸易保护。本国刚起步的幼稚产业根本无法与英国历史悠久、发展迅猛的工业展开自由竞争，这种对本国幼稚工业的保护是所有国家在发展过程中必须经历的阶段。应当说，德国在该理论的指导下，于 19 世纪末成为欧洲高度贸易保护的国家，德国工业产业在保护政策的扶持下迅速成长起来。李斯特的"国家在不同经济发展阶段采取区别对外贸易政策"的观点，为德国在市场经济起步初期制定符合国情的经济政策提供了理论支持，建立了国际贸易理论体系中的贸易保护理论，与贸易保护学派和自由贸易学派共同成为国际贸易理论的重要组成部分，为英、美、德、法等国家的经济增长提供了长期的理论依据，也为农业国家等发展中国家提供了工业化思路。

　　直到今天，汉密尔顿、李斯特的贸易保护主义理论仍然是各国制定国内贸易救济制度的理论基础。因为在全球范围内，由于地理因素②、科技实力③、民族特性④、政治制度⑤、经济基础的不同，不可能存在全部产业都在国际市

---

　　① 冯宗宪. 国际贸易理论·政策与实务 [M]. 张文科，编. 西安：西安交通大学出版社，2005：178.

　　② 两个地理相邻的国家，因地理位置相近，运输成本相对较低，而且由于语言等生活文化习惯相似，交易成本总体较低，因而具有成本比较优势。

　　③ 在当今社会，科技实力已经悄然成为第一生产力，很多资源匮乏的国家由于科技实力雄厚，逐步成为世界经济大国，如日本。特别是后现代对知识产权的保护已经成为老牌资本主义国家对外贸易规则的核心内容。

　　④ 在整个世界多民族中，每个民族特性都不尽相同，有的民族以勤劳为美德，有的民族追求自由奔放……对于视勤劳为美德的民族，如中华民族、日本的大和民族、德国的日耳曼民族等，在相同劳动要素下，它们的劳动力成本就相对较低，因而具有劳动力成本比较优势。

　　⑤ 政治制度的不同对经济因素的影响是显而易见的，这也是国际上反补贴发起的根源。

场上具有绝对优势的国家。对发达国家而言，虽然其在资金、技术、贸易规则等方面具有巨大优势，但是在劳动力成本上，特别是劳动密集型产业与广大发展中国家相比处于相对劣势。高科技产业利润高，但是就业率低；劳动密集型产业虽然利润低，但是能够解决大量人群的就业问题，对维护社会稳定起到重要作用。同时各国都担心本国在某一领域被他国控制，几乎都保持了全套工业体系，只是在规模上大小不同而已。这些本国的弱势产业在客观上为各国贸易保护提供了可能。

笔者认为，按照马克思主义的经济基础决定上层建筑，上层建筑反过来又要作用于经济基础的理论，经济在任何时候都不可能和政治截然分开，一国国策往往是该国在经济和政治的两个方面的内外在需求。贸易救济措施怎样为本国政治服务？如何发展本国民族工业而不受外国产业的巨大冲击？汉密尔顿、李斯特的保护幼稚产业理论为各国在国际贸易中利用贸易保护主义实现本国政治、经济目标提供了理论依据支撑。

贸易保护学说和保护幼稚工业论被统称为古典贸易保护理论，其核心思想是国家应该通过保护性关税和配额，或者其他手段如补贴等，来保护发展早期产业尤其是制造业，直到幼稚产业发展壮大到一定规模并在国际市场上具有比较优势，能够与国际市场上同类产品竞争时，就逐步取消贸易保护政策。目前没有幼稚工业的明确定义，但是学者们通常把 GATT（1994）第 18 条 A 节和 C 节中规定的"允许具有发展中国家身份的缔约成员，为其国内尚不具备竞争能力的工业，实施数量限制和关税保护措施"视为国际贸易领域幼稚产业的定义。

2.1.2　现代贸易救济理论

第二次世界大战前，国际贸易受早期古典贸易保护主义理论的影响，无论是贸易额还是影响力都很小。从世界范围来看，根本谈不上贸易全球化，更谈不上全球经济一体化，贸易救济仅是国际贸易领域的零星枝节。第二次世界大战结束以后，出于经济复苏需要，客观上建立的以美元为主导的国际结算和关税与贸易总协定对国际贸易起到了促进作用，国际贸易高速发展催生了现代贸易救济理论的发展。现代贸易救济理论发展出现了三个阶段：第一个阶段为"维护公平贸易，抵制不正当竞争"；第二个阶段为"特殊保护职能"；第三个阶段为"国家间的一种'战略行为'职能"[①]。以反倾销为例，随着倾销概念

---

① 胡少华. 反倾销理论的演化和发展趋势分析 [J]. 安徽农业大学学报（社会科学版），2009（1）：36.

经过掠夺性定价—价格歧视—公平价值或正常价值的扩展，逐步失去了经济学理论依据。在传统经济学理论已经无法对反倾销做出合理解释的情况下，政治经济学、博弈论理论被反引入反倾销领域，这样，反倾销理论由"维护公平贸易"经过"特殊保护"，发展到现在的"战略行为"阶段。反补贴和保障措施的理论变化趋势与反倾销大同小异，均从早期的维护公平贸易、消除不正当竞争①到特殊保护，最后成为国家战略行为的手段之一。第二次世界大战结束以后，东欧、中国等 NME（非市场经济）社会主义国家出现，由于 NME 国家实行计划经济，商品的价格是政府依照政治需要进行定价的，其商品价格已经无法体现商品本身的市场属性，此时商品价格已经衍变为一国对外贸易的工具。如果此时奉行自由贸易的国家仍然用李嘉图的比较优势理论作为基础，与 NME 国家进行自由贸易，则有违市场本身的公平法则。美国的约翰·杰克逊、威廉·莫克等人从本国利益出发，提出了与 NME 国家进行贸易过程中的接合理论和经济优势理论，实际上是美国对 NME 国家的贸易救济理论。经过笔者对整个国际贸易理论的梳理，目前主导国际经济贸易救济的理论主要是凯恩斯主义理论、政治经济学理论、接合理论和经济优势理论。

2.1.2.1 凯恩斯主义

凯恩斯②主义对贸易救济理论的贡献是隐形的，不像汉密尔顿和李斯特古典贸易保护理论，其主要内容就是在国际贸易中保护本国工业。凯恩斯主张国家对经济进行干预，研究了商品供应和就业、货币、利息之间的关系，以及它们对经济发展的影响。国家干预商品的供应实际上就预示着包括对外国产品进入本国市场的干预，这个干预的过程在某种程度上就是贸易保护或贸易救济的过程。

随着工业革命的到来，资本主义各国的产品大量涌入世界市场。各个国家经济发展水平不同，在各个行业的比较优势不同。出于利润最大化和产能过剩市场需要，每个国家都希望对自己国家在国际市场具有优势地位的行业实行自由贸易政策，对优势不足的行业实行保护贸易政策。但是毕竟大多数国家优势产业都很有限，而且这种产业优势也可能是在一定时期内具有相对优势；于是，各国竞相在自己处于弱势的产业采取贸易保护措施，关税壁垒与非关税壁垒大量出现，本就脆弱的国际自由贸易市场受到沉重的打击。19 世纪末 20 世

---

① 乔小勇. 反补贴政策决策：理论与方法体系 [J]. 经济与管理研究. 2016, 37 (2)：93.

② 约翰梅纳德·凯恩斯（1883—1946），现代西方经济学最有影响的经济学家之一，宏观经济学之父，提出了"边际消费倾向递减规律""资本边际效率递减规定"和"流动性偏好陷阱"三大理论，与弗洛伊德的精神分析法和爱因斯坦发现的相对论并称为人类 20 世纪最伟大的三大革命。其代表作有《就业、利息和货币通论》。

纪初，美国和德国的经济迅速发展，英国的世界霸主地位岌岌可危，为了保持在与美国和德国的抗衡过程中的领先地位，英国掀起技术革命。然而，技术革命在给英国带来繁荣的同时，也导致大量工人失业，社会矛盾激化。面对当时的社会情况，剑桥大学的经济学教授庇古在 1920 年出版的《福利经济学》中指出，政府应该对资源配置进行干预，通过补贴，鼓励那些边际私人纯产值大于边际社会纯产值①的产业发展，实现社会福利最大化。各国自身的经济危机无法通过外部市场进行调节，逐步发展成为世界范围的经济危机。三次世界范围的经济危机及因之而来的两次世界大战，使一度在西方国家占主流地位的古典经济学理论受到了严重的质疑。因为古典经济学理论（包括后来在其基础上由阿尔弗雷德·马歇尔发展而来的新古典经济学）无法解释经济危机的现象，无法找到发生世界经济危机的根源，也没有解决世界经济危机的办法和理论依据。各国政府迫切需要一种新的经济理论来摆脱经济危机，因此凯恩斯理论适时而生。

凯恩斯认为，社会的就业量取决于有效需求，当总需求价格大于总供给价格时，社会对商品的需求超过商品的供给，资本家就会增雇工人，扩大生产；反之，总需求价格小于总供给价格时，就会出现供过于求的状况，资本家或者被迫降价出售商品，或者让一部分商品滞销，因无法实现其最低利润而裁减雇员，收缩生产。因此，就业量取决于总供给与总需求的均衡点，生产成本和正常利润波动不大，因而资本家愿意供给的产量不会有很大变动，总供给基本是稳定的。这样，就业量实际上取决于总需求，这个与总供给相均衡的总需求就是有效需求②。在有效需求处于一定水平上的时候，非自愿失业可能性降低，但增加了主动失业的可能。凯恩斯主义的主要内容是通过研究就业与社会总需求之间的关系，扩大社会有效总需求，解决生产力过剩，增加就业，提高国民整体收入水平，达到充分就业。在对外贸易政策方面，凯恩斯主义主张通过国家政府干预来扩大出口，限制进口。但同时凯恩斯也认为，顺差过大也可能不利于本国的经济，会增加工资成本影响竞争力，会造成国内利率降低使贵金属外流，给其他国家造成损害而发生毫无意义的国际竞争。这一理论为 GATT

---

① 边际在经济学中指的是每一单位新增商品带来的效用，该就是生产或消费的边际。边际社会纯产值是一个经济学概念，是指社会增加一个单位生产要素或社会资源所得到的纯产值，等于边际社会纯产品，即社会每增加一个单位的生产要素或社会资源所增加的社会产品或劳务数量乘以价格。

② 邢军伟，荣鸿庆. 领导干部要增强把握宏观经济形势的能力 [J]. 党政干部学刊，2013（9）：57.

（1947）① 的存在提供了理论依据。

20世纪二三十年代，世界经济大萧条依然困扰着各国经济的复苏，国际货币体系崩溃，国际贸易金融秩序一片混乱，资本市场乱象丛生，国家间贸易面临高关税壁垒，各国普遍推行贸易保护主义维护本国经济复苏。第二次世界大战结束后，各国经济情况比大萧条时期更糟，都在尽快实行国家重建，恢复社会生产力。在国际贸易领域，没有一个国家愿意在所有领域对他国敞开大门，普遍采取贸易保护主义作为国策，当时恢复世界贸易所要面对的问题主要是竞相贬值的汇率政策和各国间的关税及非关税壁垒。

受凯恩斯主义的影响，同时也是为了改变整个国际贸易市场的混乱状态，1946年，世界贸易和就业会议成立了组建国际贸易组织的筹备委员会，讨论并于1947年10月审议通过美国提出的《国际贸易组织宪章》（《哈瓦那宪章》），但由于美国国会的反对，最终导致国际贸易组织的"流产"。1947年10月，23个国家进行了关税减让谈判，并最终达成了GATT（1947），并自1948年1月1日起临时生效。GATT（1947）和《布雷顿森林协定》一道在建立新的国际贸易秩序、促进国际贸易发展和解决国家间分歧、推动就业、推动世界经济复苏方面起到了非常重要的作用。GATT（1947）原本是想作为世界贸易组织的一个临时协定，但由于超级大国——美国没有批准世界贸易组织成立的缘故，这个临时生效的协定竟一直"临时"了近50年。《布雷顿森林协定》在金融领域也起到了相同的作用，这两项应运而生的世界经济协定对世界经济发展产生了深远影响，并由此形成了第二次世界大战结束后的国际贸易体制和国际货币体制。

通过研究凯恩斯理论，我们可以得出结论：既然各国国情不同，在不同时期利益需求不同，始终有通过贸易救济措施实行贸易保护主义的冲动就在所难免。每个国家都希望其他国家实行自由贸易政策，自己国家可以实行贸易保护政策，这在现实中并不可行。古典经济学希望通过市场的自动调节来使各国实行合适的贸易政策，无法满足国际贸易市场本身的需要。最佳的解决国际贸易障碍的办法就是凯恩斯提出的通过国家干预的办法，贸易国之间进行贸易规则谈判，建立包括相对公平有序的贸易救济制度在内的协定，确保成员之间国际贸易能有序进行。

2.1.2.2　政治经济学理论

随着凯恩斯主义的崛起，国家逐渐成为国际贸易规则的主导。各种区域贸

---

① GATT（1947）即关税与贸易总协定（1947）。

易协定、多边贸易协定不断涌现，其中影响最大、范围最广的多边贸易协定属WTO。WTO 在建立货物贸易、服务贸易，以及与贸易有关的投资、争端解决机制协定的同时，特别保留了 GATT（1994）中的《反倾销协定》（Anti-Dumping Agreement）、《补贴和反补贴措施协定》（Agreement on Subsidies and Countervailing Measures，SCM 协定）和《保障措施协定》（Agreement on Safe-guards），作为 WTO 的贸易救济措施规则，允许成员采取贸易救济应对影响国际贸易的行为，维护国际贸易正常秩序。WTO 允许的贸易救济措施实际上是一种"特殊保护"。所谓特殊保护，就是在贸易自由化的原则下，在国内产业受到进口产品竞争冲击时，只要在 WTO 协定的允许范围内就可以采取贸易救济措施保护本国产业。WTO 贸易救济措施协定作为自由贸易协定的一个部分，实际上是允许成员在一定范围内实行贸易保护主义的，但这与 WTO 本身坚持的自由贸易宗旨并不矛盾：一是众多成员为了达成协定而相互妥协；二是贸易救济的目的是规范市场，并且对贸易救济措施进行了诸多限制，其最终目的是促进自由贸易。

之所以在一个以自由贸易为宗旨的多边自由贸易协定中出现以贸易保护主义为核心的 WTO 贸易救济措施附件，其本质原因是贸易救济已经从单纯的经济学范畴转为与一国国内经济、政治、法律习惯紧密相连。国家在对外谈判和签订对外贸易协定的过程中，一定受到国内利益集团和国内法律的压力。相比于消费者松散的利益联盟，产业集团由于其组织的严密性在国家政治生活中更具有影响力，可通过捐助、组织专家论证、通过媒体对公众舆论导向达到影响政府的作用。此外，正如前面笔者所言，随着经济的发展，任何一个国家的任何产业的优势地位并不是一成不变的，都可能存在与外国进口产品的竞争过程中处于劣势地位的可能性。因此，当国际贸易成为一国经济重要组成部分以后，政治、经济因素就不可避免地成为一国对外国产品采取贸易救济措施的重要考量因素。实施贸易救济措施的过程实际上就是一国对外政治、经济政策的特殊表现过程，此时政治经济学理论已经在事实上成为一国采取贸易救济的重要理论。

2.1.2.3 接合理论

接合理论（interface theory）[①] 是由美国著名的国际法教授约翰·杰克逊在

---

① "接合"一词对应的英文为"interface"。中文译文最初见于复旦大学法学院张乃根教授所翻译的美国著名教授约翰·杰克逊（国际贸易法学者，乔治城大学法律中心教授）的著作《世界贸易体制——国际经济关系的法律与政策》（*Law and Policy of International Economic Relations*，复旦大学出版社 2001 年版）。

1978 年根据美国当时的国家利益需要提出来的贸易救济理论。出于对抗苏联威胁，自美国尼克松总统 1972 年访华后，中美两国为建立外交关系积极准备，由于中国是当时典型的实行计划经济的社会主义国家，中美两国确定商品的价格要素完全不同，如何与中国这样的 NME 国家进行经济贸易，是摆在美国的研究国际贸易专家们面前的一个重要课题。杰克逊教授提出在与中国这样的 NME 国家进行贸易时，用一个中间因素将美国的市场因素接合起来，使中国这样的 NME 国家的产品跟美国市场的其他符合市场元素的产品看起来完全一样，和美国其他产品一同公平地进入美国市场。杰克逊教授所称的这个用来接合 NME 国家产品的中间因素，就是美国的反倾销、反补贴等贸易救济措施。贸易救济的目的不仅是维护公平，国家的政治目的也是贸易救济的目标价值之一。接合理论的目的在于证明美国对中国等 NME 国家采取反倾销措施等贸易救济措施的正当性。

接合理论的具体内容是杰克逊教授根据美国为了和 NME 国家进行经济贸易的明确目标，从美国的国家利益和当时美国市场具体情况出发，在他的《世界贸易体制——国际经济关系的法律与政策》一书中提出的 22 个与 NME 国家进行国际经济贸易时应该解决的问题。杰克逊教授并没有给出解决上述 22 个问题的具体答案，但是他的观点为美国政府以此为基础设计了美国与 NME 国家开展贸易的所谓"最佳接合方案"，制定以反倾销、反补贴、保障措施为主要内容的贸易救济制度提供了理论支持。杰克逊教授的接合理论实质是通过贸易救济措施对 NME 国家商品价格中的非市场因素进行抵消，使 NME 国家的商品"公平"地参与美国市场竞争，同时还可以实现美国其他国家利益目标。

用利益工具分析方法对杰克逊的接合理论进行分析，它实际上是以美国的最大战略利益为目标采取的贸易救济措施，为美国本国消费者提供低价商品的机会的同时，还提升了 NME 国家的国际政治优势，使国家间紧张局势最小化；通过同中国等 NME 国家的贸易接触，鼓励中国等 NME 国家加入 WTO 等多边贸易组织，对其国有贸易型国家进行足够的"市场导向"，让其逐步从内部的计划经济演变为完全的市场经济体，企图将中国等 NME 国家纳入其可控的国际经济贸易体系，沿着其设定的线路前进。

2.1.2.4　经济优势理论

美国人威廉·莫兑认为，杰克逊的接合理论只解决了美国和 NME 国家贸易的问题，没有解决美国在和这些 NME 国家贸易中怎样获取最大利益的问题。莫兑从美国的国家利益出发，在 1989 年提出了针对美国与中国等 NME 国家贸易实际情况的贸易救济理论——经济优势理论（theory of economic advantage）。

莫克认为，传统的国际贸易理论体系中的比较优势理论和古典贸易保护理论只适用于完全市场经济国家，因为 NME 国家起作用的经济因素并不是"市场"，而是非市场因素，在与 NME 国家贸易时，如果再用传统的国际自由贸易理论对完全市场经济国家而言是不公平的，在这种情况下，建立在市场条件下传统的比较优势理论和公平贸易要素禀赋理论就变得毫无意义。杰克逊教授的接合理论仅解决了美国和 NME 国家贸易的问题，但是没有解决美国怎样获取最大利益的问题。

为此，莫克结合美国与 NME 国家的贸易实践，发现美国在与中国等 NME 国家贸易过程中常常是贸易净福利受益方，当出现 NME 国家对美国经济"经济扰乱"和"工业掠夺"时，美国则采取反倾销、反补贴和贸易保障措施予以抵消。美国与 NME 国家的贸易救济规则的设立过程，实际上是美国根据自身的经济优势地位而设立的一种贸易救济法律制度。为此，莫克提出了"经济优势"理论，其核心论点是：美国在与 NME 国家贸易过程中，可以根据不同贸易情况，最大限度地利用美国对 NME 国家因政府干预所产生的经济优势，并从这种经济优势中获取正常贸易所不能获取的净福利。具体而言，如果 NME 国家劳动生产效率高，则美国与之贸易时为美国提供其能够承受的竞争则是对美国有利的；但是当 NME 国家高效率生产的产品与美国国内同类产品进行竞争时，美国产品完全占据下风，甚至出现了经济扰乱① (economic disruption)、工业掠夺② (industry predation) 和非经济因素的国家安全③ (national security) 等

① 按照莫克的观点，经济扰乱实际上就是市场扰乱。由于 NME 国家很容易依赖计划体制对产品产量和价格进行快速转换，当这种转换发生时，进口国的生产商为了适应这种转换，不得不付出一定的调整成本。即使利用 NME 增加的低效益的收益总体而言大于支付的成本，这种获益也不可能被精确地分配以抵消这种成本。最简单的例子是，进口国某一产业因此受益（最终也可能使全社会受益），而另一产业却必须支付所有的调整成本。NME 国家产品产量和价格的转换越快，进口国进行调整的成本就越大。如果调整成本较低的话，进口国只要实施一项贸易调整援助计划就可以保证承担调整成本的产业不至于负担过重。而如果调整成本相对过高的话，援助计划就不充分了。在这种情况下，进口国为了维护国内经济的稳定性而对 NME 产品征收附加关税、实施配额或者采取其他措施禁止其进口就是充分合理的。

② 工业掠夺实际上就是一种不正当竞争行为，它主要发生在 NME 国家产品瞄准进口国某一产业或部门的情况下。NME 国家持续地以低于市场的价格进入进口国市场将会把同行业的竞争者逐出市场，而当产品重新进入或者新进入进口国的壁垒很高的情况下，NME 国家就可以通过垄断地位或者垄断价格攫取高额利润。在这种情况下，进口国就可以合理地对 NME 产品实行高关税，为了防止长远的经济损失而拒绝短期的经济收益。

③ 由于市场经济国家和 NME 国家是不同层次上的战略竞争者，因此为了防范 NME 国家对 ME 国家安全的威胁，在 NME 国家可能成为美国某一军事或者国家战略部门（如原材料、技术或者商业机密）的主要供应商的情况下，没有任何经济利益可以弥补可能对国家安全造成威胁所带来的损失。

情况时，美国产业已经没有经济优势，美国政府则应立即果断采取贸易救济手段对美国产业进行保护。如果 NME 国家相对于美国行业是低效率的生产运作，则美国产业对它拥有经济优势，当它将向美国等国际市场提供高价商品时，由于自身的低效率生产力，对美国而言没有任何威胁；如果它对美国等国家供应低价产品，则唯 结果只能是净福利向美国等国家转移，更不可能对美国造成任何不利影响。在这种情况下，美国没有理由不接受这种福利的转移。对 NME 国家而言，这种净福利的转移也终将促使 NME 国家做出更加理性的、以市场为导向的国际贸易决策。从长远来看，这对于 NME 国家来说也是有利的。这样通过市场的力量，在美国获得正常贸易不能获取的利益之外，通过市场给这些 NME 国家不断的教训，也会为低效率的 NME 国家带来市场经验方面的福利，最终迫使这些国家政府放弃对生产要素的过分干预，朝着符合美国利益的"合理"的生产要素分配，并保持向美国具有持久经济优势的全球贸易体制方向前进。

2.1.3 当代贸易救济理论存在的问题

倾销最早的概念是国际掠夺性定价，意思是国外垄断厂商使用战略性低价而使其他竞争对手的生产受到损害的状态①。掠夺性定价是外国垄断行业的厂商利用自己的优势地位，为了将国内竞争对手逐出市场采取低价倾销的手段，其目的是获得长期垄断高价，对国内厂商生存和发展产生威胁，是一种追求垄断地位行为，最终会使整个行业丧失竞争力、生产效率降低、总福利水平下降。这种建立在防止行业垄断、进行低价销售基础上的措施，属于早期反倾销行为，也是早期反倾销的主要目的，有人称之为反倾销的最早期功能。

不过，随着国际贸易的发展和 NME 国家加入国际贸易体系的新情况，以美国为首的西方发达国家从本国利益出发对倾销概念进行了政治化拓展，反倾销职能也随之发生了偏离。随着苏联的轰然倒塌和东欧的巨变，社会主义国家的数量越来越少，中国等社会主义国家纷纷由计划经济转型为市场经济，对外贸易不再坚持社会主义意识形态，纷纷取消原来与国际贸易规则不符的国内政策，逐步融合到整个世界贸易体系中。

随着中国等 NME 国家逐步融入国际贸易体系，现代的倾销逐步由工业掠夺转向正常价值概念。在经济全球一体化过程中，高度发达的运输网络和信息

---

① TIVIG T. Dumping and Predatory Pricing in An International Duopoly, In Trade, Growth, And Economic Policy In Open Economies [C]. Essays In Honor OfHans- Jeurgen Vos Gerau, 1980 (2): 83-92.

传播速度使各国产品的材料成本差异已经不大，除了人力成本、技术优势和税收差异外，简单推导经济学理论就可以发现，掠夺性定价已经很难发生。事实上，根据 WTO 统计，也几乎没有类似案例。即使在国际贸易领域发生极少的掠夺性定价销售，也仅是掠夺者承受损失，消费者受益。掠夺性定价从理论上就是一种非理性的商业行为，在现代社会也只能是一种假定存在的商业行为。加拿大学者 Hutton 和 Trebilcock（1990）通过对加拿大 1984—1989 年征收反倾销税的 30 宗案例进行比较发现，没有一例得到掠夺性定价理论的支持①。早期的倾销概念已经失去了市场实践的支持。

Jacob Viner② 在其《倾销：国际贸易中的一个问题》一书中认为反倾销必须符合经济学原理，在反倾销过程中不能以价格作为确定倾销能够成立的唯一因素，只要商品低于成本销售就是倾销——没有合理的经济理论基础。至此，仅从是否低于成本价格销售来确定是否为倾销行为的反倾销理论已经没有任何说服力了。如果仍然仅以外国商品的价格是否低于成本销售来确定其是否为倾销行为，维护公平贸易，抵制不公平竞争，只是贸易保护主义的借口而已。在实际贸易中，对新产品或在新市场投放产品进行低价或者变相低价促销，而且在不同季节不同厂家促销策略不一样，促销是一种正常的商业行为。

现代贸易也不是都对低价进口采取贸易救济措施，通常只有进口商品因其价格低于进口国同类产品平均价格、进口的低价是导致其占有大量市场份额的主要因素，并因此导致进口国本国同类产业的市场份额因此下降，此下降的幅度和进口低价同类商品的市场占有份额正相关的情况下，发现进口产品在其本国市场的价格加上合理的费用（如运输费用、保险费、关税等）应远远高于其在进口市场的价格。此时，应由进口国行业代表申请，进口国主管机关按照程序对该进口产品的相关企业发起反倾销调查。这个过程是目前公认非歧视的反倾销程序，看似合理地保护了本国相关产业，其实不过是保护主义的另一种表达，因为在高度发达的商品经济社会，任何情况下的商品经营活动都是各自

---

① HUTTON S, TREBILCOCK M. An empirical study of the application of Canadian anti-dumping laws: A search for normative rationales [J]. Journalof World Trade, 1990（4）：123.

② 雅各布·维纳（Jacob Viner）又称为雅各布·瓦伊纳，加拿大经济学家，芝加哥经济学派早期代表人物之一。在 1923 年出版了《倾销：国际贸易中的一个问题》一书，是国际上最早研究"倾销"和"反倾销"问题的一部系统性的论著，是引用率高、具有权威性的著作。作者最早给"倾销"下了明确的定义，系统分析了不同类型的倾销及其动机，分析了当时各国的倾销与反倾销斗争，对倾销错综复杂的经济利益分析和对各国早期反倾销立法的利弊分析尤其鞭辟入里。若想认识倾销及其历史，理解其中的经济利益关系，了解各国反倾销立法及至关贸总协定——世界贸易组织反倾销规则的渊源，这便是一部不可不读的著作。

理性的决定结果。但是基于各种情况，谁也无法预料瞬息万变的各种市场情况，完全可能存在大量因决策失误进货错误的情况。如果不及时处理这些情况，可能会造成更大亏损，在此情况下商家决定以"跳楼价"进行超低价处理，这是一种正常市场行为。不仅是商户，生产厂家也同样可能面临这种情况。因为，当今世界任何一个市场参与主体在进行市场行为时，不仅会关注商品的差价利润，更重要的是还要考虑资金占用利息和资金回笼周期。当生产者或商家判断一个产品已经背离市场，可能造成积压甚至被市场淘汰，它会毫不犹豫地做低价变现处理。因此，仅以低价作为核心标志对反倾销或反补贴调查恰恰是旧的贸易救济理论的局限性所在。

笔者认为，一个正义的贸易救济理论，应当是追求尽可能地维护整个市场参与者的共同利益，以及维护整个社会总福利上升的理论。毫无疑问，任何垄断行为的最终目的都是获取高额利益导致效率降低以及人们的福利降低。旧的贸易救济理论抵制的是企图通过低价挤垮竞争对手从而获取垄断地位的贸易行为。但是，如果借用保护知识产权获取高价市场垄断，和低价垄断一样，都是使社会总福利下降的行为，能不能对此采取贸易救济措施？现代贸易救济理论对此持否定态度，因为现代贸易救济理论都是西方国家提出来的，是从充分保护本国利益出发的。应当说，西方发达国家无论是早期反对低价倾销，还是现在高举超级保护知识产权大旗，都不过是为了本国企业尽可能获取最大利润。

严格说来，通过对知识产权深度保护让生产者获取高额利润，比低价倾销对社会民众更有害。面对低价倾销，社会百姓还可以享受一部分低价净福利，而高价垄断除了高价，还因为知识产品的保护而禁止从相似研究中获取技术。不仅如此，对知识产权的超级保护时间更长，更不利于技术的革新，总体而言对社会是负福利。因此，笔者建议在对知识产权保护的同时，对其过度保护进行一定限制，包括销售价格和成本之间的比例、保护的期限等，当然这些都需要各国进行认真磋商谈判。如何解决新型贸易垄断行为，现有贸易救济理论已经无法解决这个问题。

2.2 贸易救济制度的现实根由

贸易救济制度之所以产生，一定有它的现实根由。具体而言，贸易救济制度的模式、内容除了与在一国占主导地位的贸易救济理论有关外，还由一国在对外贸易过程中本国现实的政治因素和经济因素所决定。

2.2.1 贸易救济制度的政治因素

2.2.1.1 贸易救济制度是国家政治的现实需要

2015 年世界 GDP 排名前 20 的国家的数据统计如表 2.1 所示①。

表 2.1　2015 年世界 GDP 排名前 20 的国家的数据统计

单位：亿美元

排名	国家	GDP 总量	所在地区
1	美国	181 247.3	北美洲
2	中国	112 119.3	亚洲
3	日本	42 103.6	亚洲
4	德国	34 134.8	欧洲
5	英国	28 533.6	欧洲
6	法国	24 695.3	欧洲
7	印度	23 080.2	亚洲
8	巴西	19 039.3	南美洲
9	意大利	18 428.4	欧洲
10	加拿大	16 154.7	北美洲
11	韩国	14 350.8	亚洲
12	澳大利亚	12 522.7	大洋洲
13	墨西哥	12 319.8	北美洲
14	西班牙	12 302.1	欧洲

---

① 南方财富网. 我国 GDP 世界排名 2015 最新世界各国 GDP 排名 [EB/OL]. (2016-03-10) [2021-10-07]. http://www.southmoney.com/hkstock/ggxinwen/201603/514750.html.

表2.1(续)

排名	国家	GDP 总量	所在地区
15	俄罗斯	11 760.0	欧洲
16	印度尼西亚	8 956.8	亚洲
17	土耳其	7 525.1	欧洲
18	荷兰	7 493.7	欧洲
19	瑞士	6 884.3	亚洲
20	沙特阿拉伯	6 489.7	亚洲

表2.2 分别比较了中国和美国在 2003 年、2009 年和 2015 年的 GDP。中国的 GDP 经过 12 年时间从 1.4 万亿美元上升到 11.2 万亿美元，年增长率为 58.33%（包含人民币升值和美元贬值）；而美国从 10.9 万亿美元上升到 18.1 万亿美元，年增长率为 5.5%。通过表 2.2 可以发现，2003—2015 年中美之间的 GDP 差距逐渐缩小，中国的 GDP 于 2015 年已经达到世界霸主美国的 61.88% 以上。

表 2.2　中美两国 GDP 部分年份对照

年份	2003	2009	2015	年增长率/%
美国 GDP/万亿美元	10.9	14	18.1	5.5
中国 GDP/万亿美元	1.4	5	11.2	58.33

注：笔者根据国际货币基金组织官网（http://www.imf.org/external/data.htm.）整理所得。

中美之间的 GDP 差距不断缩小早已引起了美国的警惕。在 2009 年，中国 GDP 数据才 5 万亿美元，而美国此时的 GDP 数据已达 14 万亿美元，中国 GDP 仅占美国的 35.71%。当时的美国刚刚爆发了金融危机（2008 年），国家经济严重下滑，美国还是在 2009 年 6 月对产自中国的轮胎提出特殊保障措施调查。

通过表 2.2 的数据可以得知，就 GDP 总量而言，中国与美国仍然有巨大差距，更不用说人均 GDP 绝对量和人均 GDP 科技含量了。从某种角度来讲，中国面临的压力比美国更大。美国等西方老牌资本主义国家的经济再怎么下滑，人均 GDP 也比中国高出几倍，而当今世界是现代化的世界，各国人民的心理需求并不会因为经济发达程度而有所降低，因此中国经济增长压力远大于美国等西方国家。既然如此，美国等西方老牌资本主义国家为何对中国经济发展感到不安，"中国威胁论"① 的声调不绝于耳？奥巴马政府 2009 年提出了"跨太平洋伙伴关系协定"（Trans-Pacific Partnership Agreement，TPP），2012 年提出了"亚太再平衡战略"时就辩称是为了应对中国的挑战。无论是鼓吹的"中国威胁论"还是 TPP 战略，以及军事上的所谓"亚太再平衡"，都是美国出于国家利益需要对其潜在竞争对手的战略选择，也都是美国为了维护其世界霸主地位，对中国产品采取的贸易救济手段。美国对中国发起的特保案、"双反"② 案更是不胜枚举。正如美国莫克教授所言，当中国等 NME 国家效能低下时，就不必发动贸易救济措施，享受净福利收益；当中国等 NME 国家不是效能低下国家甚至给美国带来威胁时，这时就不再是净福利收益，而变成了工业掠夺，必须采取各种贸易救济措施，阻止其产品进入美国市场。由此可知，与美国进行贸易必须符合美国的国家利益、服从于美国的政治需要；否则，美国就要用贸易救济这个工具来维护其政治利益。

因此，贸易救济不单纯是一国为了维护本国经济贸易秩序公平的工具，已经被美国等发达资本主义国家滥用为实现国际政治目标的工具之一。

2.2.1.2 选举政治的需要

美国等西方民主制国家的贸易救济措施，往往是出于西方国家国内的民主选举政治需要。西方国家的利益集团都不同程度通过操控舆论、引导选情、变相控制选举的手段，让自己的意志通过选举出来的政党在本国的贸易救济制度的制定，甚至贸易救济措施是否采取、怎样采取的过程中发挥重要作用。以美国为例，美国拥有当今世界上数量庞大而且实力雄厚的全球战略和外交政策的决策机构，为美国政府和国会维护国际霸权提供多种战略方案及其决策。在美国众多的战略智库帮助下，无论是美国政府还是国会，其对外经济政策的决策基本上都是一致的，都是从美国国家利益角度出发的结果，唯一不同的是这些全球战略的利益倒向国内哪个利益集团。

---

① "中国威胁论"是指以美国为首的西方国家随着中国经济持续的高速增长，"中国崛起""强国战略"等字眼充斥媒体，其主要内容有军事威胁论、经济威胁论、粮食威胁论和网络威胁论。最先提出"中国威胁论"的是 20 世纪初德国威廉二世的"黄祸论"。20 世纪 50 年代，新中国成立之初，美国第一次提到"共产主义黄祸论"。在 20 世纪 60 年代，中苏关系紧张的时候，苏联也提出过"中国威胁论"。1992—1993 年，美国民族主义学者芒罗、亨廷顿和哈克特鼓吹"中国威胁论"，把中国说成是一个新的邪恶帝国，儒家文明与伊斯兰文明的结合将成为西方文明的天敌。1995—1996 年，由于李登辉提出"两国论"后，中国围绕中国台湾问题发生军事对峙后，美国媒体鼓吹"中国威胁论"。1998—1999 年，亚洲经济危机爆发后，中国经济逆势崛起，引起中国经济"威胁论"。进入 21 世纪，以美国为首鼓吹中国黑客威胁论、食品安全威胁论、环境威胁论为主要内容的新版"中国威胁论"不时出现在西方媒体上。

② "双反"是指反倾销和反补贴措施调查。

在美国的选举过程中，各个利益集团通过政治捐献或控制的媒体引导选情，选举出符合自己利益的国会议员或总统。由于美国是典型的两党制国家，有的利益集团为了确保自身利益，甚至出现两边下注的情况。这也是为什么无论是民主党上台还是共和党上台，美国国家利益总是倾向于罗斯柴尔德家族、高盛集团、洛克菲勒家族、摩根大通集团、通用公司、波音公司、英特尔公司、洛克希德马丁公司等这些老牌经济巨头。虽然美国也诞生了微软、苹果、脸书等新贵，但毕竟成长不久，还存在政治利益分配问题。因此，在发生结构性危机时，美国往往以政体三权分立逃避国际义务，但是涉及美国与外国巨额经济利益时，美国会竭尽所能使利益最大化。

2.2.2 贸易救济制度的经济因素

2.2.2.1 经济危机的影响

2007 年 8 月，美国"次贷危机"① 引发全球金融危机，全球最大市场和经济火车头——美国遇到自"大萧条"时期以来最严重的经济困境。欧洲大陆的欧盟以及亚洲的日本和韩国都不同程度出现了经济下滑，国际市场需求低迷。在此情况下，传统出口商为了刺激消费，往往采取更大的促销手段，以更低的价格销售已经滞销的出口产品。由于整个传统国际市场的需求都在下滑，各国都在采取促销手段销售产品，竞相杀价，如此恶性循环，给各国采取贸易救济措施带来了口实。此外，各国的经济持续下滑，为了转移国内矛盾，纷纷采取新贸易保护主义保护本国企业，频繁对外国产品采取贸易救济措施。本书以 2006—2010 年上半年国外对华贸易救济案件为例，分析经济危机对贸易救济措施的影响。

---

① 全称"次级抵押贷款危机"，由美国次级抵押贷款市场动荡引起的金融危机。引起美国次级抵押贷款市场风暴的直接原因是 2004 年到 2006 年 6 月，美国联邦储备委员会连续 17 次提息，将联邦基金的利率从 1% 上升 5.25%，然而，自 2005 年第二季度以来美国住房市场持续大幅降温，房价持续下跌。购房者在还贷负担增大的同时，又难以将房屋高价出售或者通过抵押获得融资，造成无法按期归还借款，并逐步呈现愈演愈烈之势，继而引发次级房屋信贷行业违约剧增、信用紧缩。最初，美国联邦储备委员会相信市场的力量能够自行修复房地产领域出现的信贷风险，2007 年夏天开始席卷全球，并引发国际金融市场的震荡后，美国政府才不得不宣布耗资 8 500 亿美元救市方案进入金融市场进行干预，但为时已晚，投资者开始对按揭证券的价值失去信心，引发流动性危机。多国中央银行多次向金融市场注入巨额资金，也无法阻止这场金融危机的爆发。直到 2008 年 9 月 9 日，这场危机开始失控，并导致多间相当大型的金融机构倒闭或被政府接管，至此，全球进入自大萧条以来的经济危机。

从表 2.3 可以看出，在金融危机爆发前很少有国家对华采取保障措施，而金融危机爆发后对华保障措施明显增多。根据 WTO 数据统计，发达国家是早期对中国出口产品实施贸易救济措施的主要国家，但是随着中国产品在国际市场的占有率不断上升以及金融危机的影响，发展中国家已经取代发达国家成为对华实施贸易救济措施最主要的国家①。

表 2.3　2006—2010 年上半年国外对华贸易救济案件种类　　单位：种

年份	反倾销	反补贴	保障措施	特殊保障措施	合计
2006	72	2	0	0	74
2007	62	8	0	0	70
2008	79	11	14	3	107
2009	73	13	23	7	116
2010 年 1—6 月	50	9	13	7	79

数据来源：笔者根据中国贸易救济信息网数据整理。

从世界经济贸易发展史来看，各国在本国生产力得到解放特别是产能过剩的时候，极力推行自由贸易政策。而在国内经济发展压力过大、经济下滑导致失业率攀升时，往往倾向于在对外贸易过程中采取保护政策。以美国为例，发生金融危机后美国人口失业率上升，2010 年 4 月美国人口失业率升至 9.9%，社会购买力下降。从经济上讲，如果失业率持续增加，不仅复苏无望，还可能导致整个美国社会动荡，进入一个极不稳定的社会状态，甚至出现美国引以为傲的高度信用体系的崩溃。也可以说，由于次贷危机引发的大面积金融违约，公司和个人的银行信誉度将会大幅度降低。对公司而言，企业融资变得困难，经营出现资金危机；对个人而言，社会信用度下降，信用消费持续下降，市场持续萎缩。因没有市场，企业不得不减产、裁员。此时，因本国市场需求总量已经下降，国内所有受到市场萎缩影响的行业寡头们都会向美国政府和国会施加压力，迫使其采取使用贸易救济等手段实施贸易保护主义，来保护国内产业复苏。由于美国是第二次世界大战以来一直提倡自由贸易的国家，人们把美国出现的贸易保护主义称为新贸易保护主义。

---

　　① 刘爱东，杨轩宇. 国外对华贸易救济案件聚焦分析及应对 [J]. 会计之友，2012（11）（下）：9.

2.2.2.2 外国产能过剩是发起贸易救济的外部因素

托马斯·罗伯特·马尔萨斯①在《政治经济学原理》一书中提出,人类生产能力持续扩大,从而导致生产过剩并引起大规模失业,因此政府应该养活一些不干活但会大把花钱消费的人,让他们去消费掉过剩的产品。从理性角度分析,生产过剩实质上是一种生产能力大于消费能力的现象,当供过于求时,商品应当降价甚至减产,对本国民众会形成福利效应;但是在美国主导建立国际贸易体系和国际金融体系后,推动了全球贸易的空前发展,特别是 WTO 建立以后,更是促进全球经济逐步一体化。市场早已超出国界,各种形态的自由贸易区更是比比皆是。因此,从理论上讲,一国供大于求的产能过剩现象可以通过国际市场消化。从经济学角度分析,由于是产能过剩,为了消灭库存,势必在出口产品的定价上采取比进口市场上同类产品尽可能低的价格,因而在进口国市场上具有价格上的优势地位。在产品基本同质的情况下,价格是销售商品的所有因素中具有决定性的因素②,进口产品的价格过低,必然会对进口国市场上本国同类产品造成冲击。这种冲击达到了一定程度,也就是国际贸易所说的"损害"。换句话说,进口产品的低价虽然不是贸易救济的必然因素,但一定是一个引发贸易救济的非常关键的因素。

2.2.2.3 国内利益集团是发起贸易救济的主要推手

凯恩斯在《就业、利息和货币通论》一书中论述道:"在通常情况下,收入的绝对量越大,收入与消费之间的差额也就越大……我们认为任何现代社会都适用这样一条基本心理规律,即当实际收入增加时,其消费量不会以同一绝对量增加。"③

利益集团在国内外学术界并没有一个统一的概念,不同学科的不同学者从不同的角度对之进行了界定。据统计,目前西方学术界关于利益集团的定义多达上百种④。字面意思解释利益集团,就是具有相同利益需求的组合体。利益集团广泛存在于当今世界各国之中,据其目标指向与受益的对象不同,利益集

---

① 托马斯·罗伯特·马尔萨斯(1766—1834),牧师,人口学家,经济学家,提出了著名的"马尔萨斯人口经济理论"。其理论主要成就是将人口问题、社会经济和"土地收益递减规律"结合起来,认为人口的增长如果不限制,与土地提供的粮食产生矛盾将不可避免,提倡晚婚晚育。虽然马尔萨斯的人口经济理论有一定的道理,但是其认为资本主义社会造成的失业和贫困是人口自然规律的结果,忽视了其自身的制度问题,因此存在一定的局限性。

② 商品销售的因素除了价格以外,还包括品牌因素、包装因素、产品的外观设计、产品的功能因素、保质期、保修政策和保修点数量等。

③ 凯恩斯. 就业、利息和货币通论 [M]. 宋韵声,译. 北京:华夏出版社,2004:76-77.

④ 彭萍萍. 欧洲利益集团与政策制定 [M]. 北京:中央编译出版社,2012:3.

团可分为特殊利益集团和公共利益集团。从广义上讲，利益集团是"一个个人的、组织的、或公共或私人机构的联盟，它们有着共同关心的东西，并试图按照对他们有利的方式影响公共政策"①。从利益集团的内部结构来看，利益集团的组合体可分为紧密型、半紧密型和松散型三种。紧密型的利益集团包括各种跨国集团公司、家族控股公司、宗教组织、民族主义组织、政党组织等；半紧密型的利益集团包括各种行业协会、社会团体、临时联盟等；松散型的利益集团是指为了共同应对外来威胁的一种自觉行为。松散的组合和半紧密的组合的主要区别在于有无协定，这个协定可以是书面的也可以是口头的。狭义的利益集团是指为了共同的利益需求依照一国法律规定进行登记注册的组织体。本书所称的利益集团非特别说明，均指广义上的利益集团。利益集团并不是特定意识形态国家才有的现象，不论是发达资本主义国家还是包括社会主义国家在内的第三世界国家，可以说世界上的任何国家（包含独立关税区）都存在广义利益集团现象。总的来说，在国际贸易救济领域，由于各个国家或者同一国家不同时期占主导地位的利益集团不同，国家对外的贸易救济政策的重点和方向也会有所不同。以中国为例，各种行业协会实际上就是一个行业的利益结合体，如钢铁协会。一些大型企业集团本身就是一个利益结合体，如东方汽车集团、第一汽车集团。而且在中国一些重要的企业集团本身就是有级别的，如上文提到的东方汽车集团、第一汽车集团以及中石油、中石化等集团公司本身就是正部级单位，其影响力可想而知。

2.3 对现有国际贸易救济理论的反思与展望

无论是亚当·斯密的绝对优势理论、李嘉图的比较优势理论，还是汉密尔顿和李斯特的贸易保护理论，或是美国学者杰克逊的接合理论、莫克的经济优势理论，无一不是从国家利益出发，立足于本国国情，提出国际贸易理论。因此，笔者用利益工具分析方法对所有现行贸易救济理论分析发现，现有所有贸易救济理论的背后好像还存在一个"隐形"的理论——"国家利益理论"。

2.3.1 国际贸易救济理论领域提出"国家利益理论"探讨

首先，国家是所有国际贸易协定的谈判、签订主体，在对外谈判贸易协定

---

① 彭萍萍. 欧洲利益集团与政策制定 [M]. 北京：中央编译出版社，2012：27.

时，以国家意志形式体现国家利益。一切利益集团都只有与国家利益不相冲突时，才可能在国家与外国谈判协定过程中让其利益尽可能得到维护，因此国家利益是国家对外交往中最终的、最根本的利益；反过来，一切利益集团和贸易活动都不能与国家根本利益相悖，否则国家就会借助国家机器的力量对贸易活动进行干预，从而保证国家利益。

其次，国家是一国国际贸易活动的实际控制者。国家制定贸易政策，并以政治、外交甚至是军事手段来保证其贸易政策的执行。

最后，无论是社会主义国家还是西方发达资本主义国家，展开国际贸易一定都是力求使本国的利益最大化，以应对国内的政治与经济压力，从而最小化不利的外交后果[①]。国内政治、经济的压力是多方面的，其中产能过剩是一国签订对外自由贸易协定的动因，国内相关落后生产能力产业和政治压力是其建立贸易救济制度的内在要求。任何一个对外贸易协定，不管是双边还是多边，除非建立关税同盟或者经济一体化协定，自由贸易和贸易救济一定孪生出现。自由贸易和贸易保护的程度取决于国内产业与外国同类产业的竞争状况及政治压力程度。比如，如果产能过剩，则一定力主自由贸易；如果存在弱势产业，则一定坚持有条件的贸易救济；如果科技实力雄厚，则强调知识产权保护等。

成员国内反对或者阻止与目标成员签订自由贸易协定的利益集团并不是一成不变的，有可能此时反对，彼时赞同，至于何时赞同和反对，取决于国内利益集团在与国际利益集团竞争过程中的优势地位和自身利益需求[②]。在国内产业利益集团与国际利益集团相比具有比较优势时，该集团则赞同并支持甚至推动国家与目标市场国谈判、达成自由贸易协定，反之则竭力阻碍该协定的达成。国内利益集团阻止达成自由贸易协定的方式有很多种，在以选举为主的国家，则以选票为武器选择出符合自己利益的候选人，或者游说院外集团，或者以专家观点发声支持或反对等。这可以从进化论角度解释这种现象。因为人作为一种生活在地球上的生物，其力量和外部生物特性同很多动物相比不具有任何优势，但是人类却是主宰整个星球的生物。为什么人类得以主宰这个星球，是其在进化过程中率先以群体方式建立了极其发达的群体组织，在这个组织内，人类的智慧强于其他动物数倍。因此，人类在进化的过程中虽然其智慧不

---

① 刘光溪，查贵勇. 双层博弈与入世谈判 [J]. 上海对外贸易学院学报，2003, 8(10)：1-7.
② 比如，如果某国内甲企业集团具有某行业领导地位，如果建成自贸区，自贸区其他成员在该行业优势明显，此时甲一定竭力阻止自由贸易协定达成或力主建立对其保护的贸易救济规则；但是，当甲企业集团经过变革后，从弱势地位变成了行业领军人物时，它对自贸区的态度会立即发生逆转。

断发展，但是潜意识对组织的认同感是根深蒂固的，小到家庭，中到出生地（故乡），大到国家。同一个组织内，人会本能放弃抵抗，对组织内其他个体产生认同感。对国家而言，亦然。比如，即使是在北美地区，虽然多伦多到温哥华之间的距离与多伦多到西雅图之间的距离相等，而且关税极低，但是多伦多和温哥华之间的贸易额是多伦多和西雅图之间贸易额的 10 倍①。美国和加拿大的关系密切到两国国民可以任意通关的程度，贸易尚且如此，其他国际贸易体之间的自由贸易难度就可想而知了。

因此，一国的法律习惯、国民普遍价值观、贸易成本、行政效率、官员廉洁程度、治安水平、语言等引起的政治经济因素都可能成为一国对外贸易的阻碍。我们研究贸易救济制度不能仅局限于成本因素，贸易救济中单独考虑经济成本因素应只限于在国内贸易环境或者关税同盟成员国内。在国际贸易环境中，任何情况下的经济因素都不会单独存在，一定会受到政治、宗教、历史文化等因素的影响。用利益工具方法分析可知，任何行为的背后都会存在一个利益，国家也不例外。国家之所以要采取贸易救济措施，而且是因贸易救济对象不同导致贸易救济措施也不同，都是出于国家经济利益的考虑。

什么是国家利益？汉斯·摩根索②的观点是国家利益就是国家的完整性，包括独立的领土、主权和文化，最根本的利益是保证国家能够生存的利益。肯尼思·华尔兹③也认为生存是国家唯一的利益。基欧汉④认为国家利益就是生存、独立和经济财富。基欧汉同摩根索和华尔兹的观点大同小异，都是以国家主权为基础展开讨论的。国家若是没有领土和独立，哪有主权存在？如果国家都生存不下去了，主权和领土、独立都是摆设。亚历山大·温特⑤在基欧汉的基础上增加了一个集体自尊，也就是国家尊严，其实还是国家独立的问题，只

---

① 奈，韦尔奇. 理解全球冲突与合作理论与历史：9 版 ［M］. 张小明，译. 上海：上海世纪出版集团，2012：292.

② 汉斯·摩根索（1904—1980），出生在德国，犹太人，是美国 20 世纪著名的政治家、国际法学家，国际关系理论大师，古典现实主义大师，国际法学中"权力政治学派"缔造者。其代表作有《国家间政治——权力斗争与和平》《科学人对抗权力政治》《捍卫国家利益》等。

③ 肯尼思·华尔兹（1924—2013），美国最著名的国际关系理论家之一，其发表的《国际政治理论》一书被称为当代经典。其代表作有《国际政治理论》《人、国家与战争》《对外政策和民主政治》《国际政治冲突》《使用武力》等。

④ 罗伯特·基欧汉（1941—），美国人文与科学院院士，美国政治学会前任主席，曾任斯坦福大学、伯兰德斯大学、哈佛大学教授，现为杜克大学教授，是美国当代诠释和发展世界政治理论的经典大师。其代表作有同约瑟夫奈合著的《权力与相互依赖》以及《国际制度与国家权力》等。

⑤ 亚历山大·温特（1958—），美国当代杰出政治学家，美国芝加哥大学政治学教授。其主要代表作有《国际政治的社会理论》。

不过集体自尊应是建立在国家经济已经发展到了一定阶段满足国家整体国民和政府的"心理"需要。

笔者认为,国家利益分为国际和国内两个层面。在国际层面,国家利益是一国与他国或多个国家相互依存过程中其国家权力所指的对象。在国内层面,国家利益体现为统治集团在国家层面的政治、经济、文化、军事利益。纯粹的国际法中认为的国家权力是一国相对于他国的权力,由地理、自然资源、战备、工业能力、人口、民族性格、国民士气、外交的素质和政府素质等因素组成。其中,一国权力所依赖的最稳定的因素是地理因素;工业能力因素的重要性急剧上升增大了大国和小国之间的传统区别;战备因素使得地理、自然资源和工业能力因素赋予一国权力实际意义;人口因素作为国家权力因素时必须关注人口的数量和质量;民族性格因素是所有因素中能够持久影响并经常具有决定性的因素;国民士气因素难以准确捕捉往往表现为民意方式,对一国外交产生公众舆论影响,特别是民主制国家中,国民士气和政府素质相互影响,没有国民士气,国家权力要么是纯粹的物质力量,要么是徒然等待着实现的潜在力量,提高政府素质是提高国民士气的唯一手段;外交素质因素是所有国家权力因素中最重要的,外交是国家权力的头脑,国民士气是它的精髓。从某种程度上说,国家权力就是一国通过外交方式利用一国国家权力因素影响国际问题的过程。这个方面,英国的外交能力表现相对出色。

笔者还认为,贸易救济实际上是国家权力在对外贸易中的具体表现,是国内利益集团和国外利益集团通过其国家形态相互作用的结果。贸易救济理论中的国家利益理论与政治经济学理论不同点在于,政治经济学理论重点考虑的政治压力主要是选举等纯政治因素,有时也会考虑国内部分经济利益集团的保护需要而采取的贸易保护措施;而国家利益理论是从国家的根本利益出发,不是从某种特殊利益保护出发,如阻止竞争国家的发展等国家战略需要而采取的贸易救济措施。最后,虽然国家利益在所有国际贸易理论中都没有明确指出,但这不等于国际贸易理论不应该强调国家利益;相反,国家利益是所有贸易制度的前提,应处于所有贸易理论中最优先的位置。

2.3.2 贸易救济理论的展望

现有贸易救济理论是建立在旧的经济条件基础之上的产物。国际经济合作发展到现在,和20世纪建立的反倾销、反补贴、保障措施为代表的传统贸易救济制度的经济基础相比已完全不同。近年来,风起云涌的自贸区建设更是将各国的经济合作从传统贸易领域的初浅合作扩展到经济深化合作。特别是

2010 年以后建立自贸区的经济合作内容，已经从形式和结构上大大突破 WTO 调整的范围。其不仅对传统的货物贸易、服务贸易、海关便利措施、卫生和植物等领域的非关税壁垒在 WTO 基础上进行深化，有的自贸区还把投资和知识产权从与贸易有关的领域推广到所有投资和全部知识产权保护领域①，还有的自贸区建设在相关协定的内容上增加了电子商务、环保、劳工保护②、加强经济合作等章节③。此外，当代多数自贸区建设都在相关协定中设立了专门的机制条款④，以及更加完善、灵活的争端解决机制条款等。可以说现在达成的自由贸易协定从严格意义上讲，已不仅限于自由贸易的范畴，而是涉及贸易、投资、知识产权、劳工保护、环境保护、一国政策透明度、灵活的争端解决机制和加强自贸区建设的经济协定。

因此，建立在冷战时期经济条件基础之上的贸易救济制度体系，已无法适应自贸区本身发展的需要。任何制度都受到相关理论的影响。当理论是科学的、先进的时，则推动制度的完善；反之则成为制度发展的阻碍。根据当代自贸区建设过程中相关协定从内容到形式的变化，我们有必要对原有的贸易救济理论进行调整和完善。为此，笔者尝试从以下两个方面对现有贸易救济理论提出展望：

一是介于现新近达成的自由贸易区的协定范围，也不再仅限于自由贸易领域，已经拓展至包括自由贸易在内的成员全面经济合作领域。较早前达成的自贸区各国也在准备调整升级原有自贸区相关协定的内容和形式，使之适应新的生产力发展的需要⑤。既然自由贸易协定的达成宗旨已经从自由贸易发展到包括自由贸易在内的成员全面经济合作，那么其宗旨就应调整为促进自由贸易和促进自贸区经济合作、发展。

二是自贸区救济的内容和形式不应仅拘泥于"两反一保"，还应当采取以下形式和内容：

---

① 参见《中韩自由贸易协定》第 12 章 "投资"、第 15 章 "知识产权"。

② 参见《跨太平洋伙伴关系协定》第 19 章 "劳工"。

③ 参见《中韩自由贸易协定》第 16 章 "环境与贸易"、第 17 章 "经济合作"、第 18 章 "透明度"、第 20 章 "争端解决"、第 22 章 "最终条款"（含附件：第二阶段谈判方针）；《中澳自由贸易协定》第 9 章 "投资"、第 11 章 "知识产权"、第 12 章 "电子商务"、第 13 章 "透明度"，以及附件《中华人民共和国政府和澳大利亚政府关于投资便利化安排的谅解备忘录》等。

④ 参见《中韩自由贸易协定》第 19 章 "机构条款"、《中澳自由贸易协定》第 14 章 "机制条款"。

⑤ 新浪财经. 习近平：推进中国—东盟自由贸易区升级 [EB/OL]. (2015-11-05) [2021-11-09]. http://finance.sina.com.cn/20151105/222423690366.shtml.

（1）设立自贸区常设综合协调部门，对成员各行业进行比较后，结合投资和两国实际自然状况、行业水平等提出统筹经济合作建议，将两国传统贸易救济争端扼杀于萌芽之中。同时还可以利用投资和知识产权等自贸区规则，将成员内各自比较优势的产业进行综合考量后相互投资、互相促进，提高整个自贸区的经济发展水平。

（2）现有贸易救济措施争端解决耗时太长，即使是临时措施也至少为 180 天，而且程序异常复杂，完全不能适应自贸区促进经济合作和促进自由贸易的客观需要，自贸区救济制度必须对其程序和期限进行优化。对一般贸易和投资争端，建议和各自内国法院体系或仲裁体系对接，当事方可以选择在东道国内寻求司法（不含仲裁）救助。对于东道国的终审，双方当事方可以选择接受，不服的一方也可以选择缴纳"执行保证金"后上诉至自贸区争端解决常设机构。此处的"执行保证金"是笔者设定的一个构想。笔者认为，在经济领域，一切活动都是为了获取更大的经济利益，设置这个"执行保证金"的主要目的是提高诉讼法律的成本和效率，避免无谓的低成本诉讼。至于怎样设置这个"执行保证金"，本书限于篇幅不再做详细探讨。

2.4 本章小结

本章重点对贸易救济的古典贸易保护主义和现代国家干预主义等理论进行了详细介绍，并详细论证了一国制定贸易救济法律制度之所以采取某种贸易救济理论，是由该国的国家利益需要决定的。决定贸易救济的国家利益的两个关键因素是政治因素和经济因素。因此，本章还详细论证了政治因素和经济因素是如何影响贸易救济制度的。此外，现有贸易救济理论起源于两个多世纪前德、美两国为对抗英国强大的自由贸易"入侵"。而世界贸易经过两百多年的发展，其贸易范围已远远超出 18 世纪世界以货物为主的贸易，存在对现有贸易救济理论调整和完善的现实需求。本章还对贸易救济理论产生的现实根由进行了详尽分析，并对现有贸易救济理论进行了反思，发现所有贸易救济理论的背后还存在一个"隐形"的国家利益理论。因此，研究认为国家利益的因素对贸易救济制度的完善起到决定性作用。

3 贸易救济的法律制度模式

在谈论贸易救济法律的时候，一定要弄清"贸易救济行为"和"贸易救济法律制度"之间的区别。"贸易救济行为"是一种行政行为，是指一国政府在其国内产业受到或即将受到国际贸易严重损害时，采取贸易救济措施对此种严重损害进行补救或防止严重损害很可能发生的行为。"贸易救济法律制度"是一种规制，是指为了促进国际贸易自由化、增加国内产业的保护以及维持国内产业竞争力之间的平衡，对一国或多国采取贸易救济措施行为应遵循的具有约束力的规范指引。该规范通过一国国内法律制度、国际条约或协定对实施贸易救济的条件、范围、程度和程序以及执行的规则进行约定，指引一国政府在采取贸易救济措施时，对自身的行为有所约束，避免或防止因过度采取贸易救济措施对国内落后产能的过度保护而放弃提高竞争力，以及避免对国际贸易的扭曲。贸易救济制度也是他国对进口国采取贸易措施进行抗辩和诉讼的依据。

贸易救济法律制度是国际贸易自由化发展和国内产业保护的产物。贸易自由化自亚当·斯密开始，是一国劳动总生产率大幅度提高后对国际市场的必然要求。贸易保护历来都是一国对在国际贸易中本国国内企业与外国商品竞争中可能落败采取的必然行为。科技的大发展使交通运输的便捷、成本大幅度降低和国际结算方便成为可能①，进而促进国际贸易的大发展。大量国际贸易除了带来价廉物美的外国商品外，还促进国际金融秩序、国际政治秩序和国际多边贸易秩序的建立。其中，国际多边贸易秩序的建立以关税贸易总协定最具代表意义，它不仅规定了有利于促进贸易的条款，还规定了在因国际贸易可能给协约国带来贸易损害的情况下，协约国可以采取贸易救济措施对国内受到损害的相关产业进行补救，避免因国际贸易遭受损失。因此可以看出，关税贸易总协定的宗旨是希望所有协约国都从协定中得到利益，因而从它诞生的那一天起就

---

① 这里是指科技的大发展使更大且运输成本更低的运输工具得以出现，以及国际货币的出现，如大型班轮运输以及美元和黄金挂钩等。

受到世界上大多数发达国家和部分发展较好的发展中国家的追捧。世界各国在经济发展到一定程度时，纷纷把加入关税贸易总协定作为一项重要国策。由于贸易的过程涉及运输、保险、货款收支及国际结算、货物质量标准、违约理赔、诉讼管辖等环节，因而催生了与运输有关的各种国际运输协定和国际惯例，与国际收支有关的国际货币基金组织、世界银行，以及与埋赔有关的国际贸易专门保险机构、国际贸易专门理赔机构。在国际贸易过程中配套机构的出现，有力地促进了国际贸易的大发展。

随着国际贸易的大发展，对贸易救济制度的规范势在必行，否则将严重阻碍国际贸易的发展，进而降低世界各国人民的福祉。世界上第一份现代贸易救济制度起源于 GATT（1947），但是由于其内容过于简单，仅是出于促进国际贸易市场的形成和公平秩序的建设，然而贸易救济制度的目的不只是维护市场的公平秩序，还应包含对国内企业的底线保护，以促进各国经济发展，促进竞争，保护人类共同生存的环境。

目前，国际贸易中普遍采取的贸易救济措施为 WTO 框架下所确认的三种模式：反倾销措施、反补贴措施和保障措施。前两项针对价格歧视这种不公平的贸易行为，后一项是针对公平贸易条件下进口产品激增的情况①。根据 WTO 公布全部区域自由贸易协定来看，其贸易救济模式均是在以 WTO 框架下贸易救济模式为蓝本的基础上进行修改和补充。因此，本书以 WTO 贸易救济模式对国际贸易救济模式进行介绍，引出对 CHAFTA 贸易救济模式产生的背景和形式、内容的整体介绍。

3.1　WTO 贸易救济法律制度模式分析

WTO 贸易救济法律制度的模式包括保障措施法律制度模式、反倾销法律制度模式和反补贴法律制度模式。

3.1.1　WTO 保障措施法律制度模式

3.1.1.1　WTO 保障措施法律制度的内容

WTO 保障措施是指 WTO 成员在公平市场条件下，因进口产品的激增导致国内相关产业面临严重损害或严重损害威胁时，进口国政府采取的限制进口措

---

① 苑涛. WTO 贸易救济措施 [M]. 北京：清华大学出版社，2007：22.

施的总称。保障措施条款最早可以追溯到 1934 年，美国国内法中就已经出现了保障条款，而双边国际经济条约中约定保证条款则可追溯到 1943 年的美国、墨西哥互惠贸易协定①。GATT（1947）第 19 条"保障条款"实际上原文照抄了 1943 年美国、墨西哥互惠协定中的保障条款，但是 GATT（1947）对成员要求不同，允许成员根据需要对协定条款进行保留，且 GATT（1947）保障条款约定并不明确，导致成员纷纷对保障条款部分义务进行保留，最终变成选择性适用保障措施、滥用保障措施情形泛滥。GATT（1947）保障条款已经无法起到国际贸易中的安全阀作用，必须对其调整。经过全体 GATT 会员艰苦谈判，其在乌拉圭回合中最终缔结了《保障措施协定》，该协定对 GATT（1947）第 19 条进行完善，并结合各国国际贸易实践，确立了 WTO 保障措施的宗旨：通过对保障措施的条件、范围和程度进行必要限制，制定保障措施程序操作规范和对发展中国家特殊保护的规则。

《保障措施协定》和 GATT（1994）第 19 条相关内容构成了 WTO 保障措施中的主要实体法和程序法内容。为什么说是主要内容而不是全部内容，因为毕竟作为国际多边条约，不可能对每一条内容都规定得那么详细，而且条约也是在总结各国贸易保障措施实践的基础上提炼出来的。根据法理学基本原理可知，任何法律对现实生活都具有一定滞后性，对现实生活的指引还必须依赖于司法活动的实践和人们通过案例最终判决形成的内心确信。因此，从这个意义上说，WTO 贸易保障措施制度的内容除了 GATT（1994）第 19 条和《保障措施协定》外，还应当包括 WTO 争端解决机制中生效的专家组最终报告和上诉机构最终裁定确立的保障措施法律原则。特别是对英美法系的判例法国家②而言，WTO 争端解决机制的生效裁决会产生巨大的影响力，对中国等成文法国家而言，也会产生巨大心理影响。毕竟朴素的"同样的事情同样对待"的法律理念会对所有人产生心理压力。即使对中国等成文法国家而言，虽然判例不是法律，但是由于 WTO 争端解决机制不是由成员国家法院审理案件，按照惯例，专家组成员和上诉机构人员中一定有一定比例的判例法国家的人员，而且WTO 争端解决机制的争端解决机构（以下简称"DSB"）也不会让其专家组和上诉机构审结的案件对 GATT（1994）第 19 条和《保障措施协定》的解释前后矛盾。换句话说，事实上其已经受到"遵循先例"判例法规则的束缚。因此，笔者认为，WTO 贸易保障措施法律制度内容包括 GATT（1994）第 19 条、

---

① 郭双焦. WTO 贸易救济法律制度改革研究 [M]. 长沙：国防科技大学出版社，2006：222.

② 成文法国家即以成文法典为法律传统的民法法系国家。

《保障措施协定》以及 WTO 争端解决机制中专家组和上诉机构在具体案件中对保障措施的解释。

3.1.1.2　WTO 保障措施模式

根据 WTO《保障措施协定》的规定，WTO 保障措施的模式分为四种：①临时保障措施模式；②全球保障措施模式；③双边保障措施模式；④特殊保障措施模式。

1. 临时保障措施模式

严格说来，临时保障措施模式不是一种贸易救济措施中必需的模式，也不能单独存在，必须和全球保障措施模式或双边保障措施模式伴生存在。

根据《保障措施协定》第 6 条"临时保障措施"规定，临时保障措施是指紧急情况下，如果 WTO 成员主管当局有证据表明不立即采取临时保障措施，就可能给国内相同产业造成无法挽回的损害，对外国产品做出采取临时保障措施的初步裁定。WTO 成员根据需要，在全球保障措施和双边保障措施调查过程中都有可能发起临时保障措施。临时保障措施和全球保障措施、双边保障措施的关系是：临时保障措施是因为情况特别紧急，不立即采取措施就有可能造成无法挽回的严重损害，而采取的临时性的保障措施。它不属于一种独立的保障措施模式。临时保障措施附属于 WTO 成员正在采取的全球保障措施或双边保障措施，实施临时措施的期限都要计算至正式实施的全球保障措施或双边保障措施有效期内。

2. 全球保障措施模式

WTO 全球保障措施的内容主要出自 GATT（1994）第 19 条、《保障措施协定》、WTO 争端解决机制下生效的专家组最终报告，以及上诉机构最终裁定中所确定的有关全球保障措施的法律解释内容。WTO 全球保障措施模式就是指进口国根据 WTO 全球保障措施法律制度内容，对国内市场上所有进口国的产品发起保障措施的模式。WTO 全球保障措施和其他保障措施的区别主要在于，发起保障措施调查的对象为市场上的所有同类产品的进口商品。

3. 双边保障措施模式

WTO 成员根据 WTO 保障措施法律或双边自由贸易区有关保障措施协定对特定协约国采取的保障措施的这种模式，就是 WTO 双边保障措施模式。

WTO 双边保障措施和全球保障措施的主要区别在于进口国政府对因外国同类商品的进口激增后，给本国同类产品的企业造成严重损害或严重损害威胁时，采取保障措施的对象不同。采取双边保障措施的对象仅限于一国或一国际经济体（如欧盟、东盟），它是一个国际双边行为。双边保障措施和全球保障措施的区别在于，条约的针对性可能不同。如果 WTO 成员采取全球保障措施的对象中，某一国与进口国之间存在如双边自由贸易协定，而且该自由贸易协定中存在双边保障措施的特别约定，此时，进口国对自贸区成员是继续采取全球保障措施，还是遵守双边自由贸易区有关双边保障措施？

笔者认为，上述情况下，采取全球保障措施的进口国不宜对自由贸易区中有双边保障措施条约约束的国家采取全球保障措施；否则，进口国完全可以援引全球保障措施条款，而规避其在自由贸易区中双边保障措施的条约义务。另外，根据 GATT（1994）第 24 条第 5 款（乙）项"建立自由贸易区或过渡到自由贸易区的临时协定以后，其自贸区所实施关税和其他贸易规章不得高于或严于未成立自由贸易区或临时协定时所实施的相当关税和其他贸易规章"和《保障措施协定》第 11 条第 1 款（b）规定，可以推导出如果是自由贸易区成员，其实施的包括贸易保障措施在内的其他贸易规章标准应当低于 WTO 标准。既然 WTO 对自由贸易区有此规定，显然其建立自由贸易区的目的是在已经建立自由贸易区的成员之间，如果自由贸易区的条款优于 WTO 相同条款，则自由贸易区成员可以不适用 WTO 相应条款。

因此，笔者认为，在自由贸易区内成员之间如果存在比 WTO 全球保障措施更加优惠的规定，则优先适用双边保障措施，只有在自由贸易区没有更加特别规定的部分，成员才能对自贸区其他成员采取全球保障措施。换句话说，就是在对存在自贸区的成员发起全球保障措施时，如果与其他成员有特别约定，优先适用双边特别约定，没有的部分则继续适用全球保障措施。

根据 WTO 保障措施法律规定，WTO 成员不能同时对一个成员的同一种产品同时采取全球保障措施和双边保障措施。因此，有双边保障措施协定的 WTO 成员只能适用双边保障措施。

4. 特殊保障措施模式

特殊保障措施是相对于全球保障措施和双边保障措施而言的，是指受特殊程序规则约束的保障措施。换句话说，特殊保障措施就是不适用《保障措施协定》的保障措施。其适用目的和一般保障措施相同，但具体的实施条件、规则与一般保障措施不同。在 WTO 框架下，特殊保障措施以两种情况存在：第一种情况是 WTO 附件《农业协定》第 5 条规定的 9 个条款所规定的特殊保障措施，以及《纺织品与服装协定》第 6 条的 16 个条款所规定的特殊保障措施①。根据两协定规定，实施特殊保障措施的特点主要是两者实际上都是针对

---

① 参见 WTO《农业协定》第 5 条、《纺织品与服装协定》第 6 条。

劳动密集型产业的，实施条件简单、税率高、在过渡期内实施配额制。第二种情况是某些 WTO 成员在加入 WTO 协定时的入世议定书中约定了特殊保障措施条款。如《中国加入世贸组织议定书》第 16 条第 1 款和第 4 款就规定了其他 WTO 成员有权对中国产品采取特殊保障措施。

WTO《纺织品与服装协定》本身就是一个逐步纳入 WTO 体系的过渡性贸易安排，其第 6 条规定的特殊保障措施实际上是一个过渡性的特殊保障措施，随着过渡期的结束，保障措施自然结束。

WTO《农业协定》第 5 条特殊保障措施的特殊性在于，实施保障措施不是以对国内产业造成严重损害和严重损害威胁为前提，而是某进口农产品的进口量超过了规定的进口量或者进口价格低于规定进口价格下限时，WTO 成员即有权对该农产品实施特殊保障措施。

《中国入世议定书》第 16 条规定特殊保障措施的特殊性在于，WTO 成员对中国产品采取特殊保障措施的前提是"中国产品对成员方竞争产品的企业造成或者威胁造成市场扰乱"，"与外国同类的中国产品绝对或者相对快速增长，构成国内企业实质性损害或者实质性损害威胁的一个重要原因时，市场扰乱即告存在"。此处并不要求中国产品的快速增长与外国同类产业造成实质性损害或实质性损害威胁存在因果关系，只需要具备其中一个重要原因，WTO 成员就有权对中国采取特殊保障措施。

《中国入世议定书》第 16 条第 6 款还对中国报复特殊保障措施进行了限制：如果 WTO 成员对中国实施特殊保障措施低于两年（相对增长）或三年（绝对增加），中国则无权对该成员实施报复[①]。议定书第 16 条有关对中国采取特殊保障措施最大的问题在于该条并没有规定 WTO 成员不可以重复使用特殊保障措施，且其他成员可以援引第 16 条第 8 款规定的"重大贸易转移"条款直接对中国采取特殊保障措施。

笔者认为，根据 GATT（1994）第 24 条第 5 款（乙）项"建立自由贸易区或过渡到自由贸易区的临时协定以后，其自贸区所实施关税和其他贸易规章不得高于或严于未成立自由贸易区或临时协定时所实施的相当关税和其他贸易规章"和《保障措施协定》第 11 条第 1 款（b）规定可以推导出，如果是自由贸易区成员，其实施的包括贸易保障措施在内的其他贸易规章标准应当低于 WTO 标准，既然 WTO 对自由贸易区有此规定，显然其建立自由贸易区的目的是在已经建立自由贸易区成员之间，如果自由贸易区的条款优于 WTO 相同条

---

① 莫世健. 贸易保障措施研究 [M]. 北京：北京大学出版社，2005：154.

款，则自由贸易区成员可以不适用 WTO 相应条款；同理，自由贸易区成员不得对其他成员实施自由贸易区规定以外的特殊保障措施。

因此，中国的当务之急是与主要贸易伙伴建立自贸区时，对《中国加入世贸组织议定书》中不利条款进行修正，使之实际对中国失效。

3.1.2 WTO 反倾销法律制度模式

3.1.2.1 WTO 反倾销法律制度评析

GATT（1947）第 6 条被认为是最早的多边反倾销法律制度。随着国际贸易救济制度向前推进，相继达成 1967 年《反倾销守则》、1979 年《反倾销守则》和 WTO 反倾销协定内容，包括《关于实施 1994 年关贸总协定第六条的协定》（通常直接称为"WTO《反倾销协定》"）①，以及部长决定与宣言对其所做的解释与补充规定、WTO 争端解决机制的专家组的最终报告和上诉机构的最终裁定中对反倾销措施的法律解释。其中，《关于实施 1994 年关贸总协定第六条的协定》②，以及部长决定与宣言对其所做的解释与补充规定、WTO 争端解决机制的专家组的最终报告和上诉机构的最终裁定中对反倾销措施的法律解释共同构成了 WTO 反倾销法律制度的内容。

笔者对 WTO 一揽子反倾销法律制度的内容进行梳理后发现，WTO 反倾销法律制度主要表现出以下五个特征：

1. WTO 反倾销措施的标准并不统一

在实践中，WTO 成员特别是以美国为首的西方发达资本主义国家在反倾销过程中，往往根据被调查主体的市场经济属性和对象不同，刻意采取所谓市场经济体和非市场经济体两种不同的倾销认定标准。从法理上讲，反倾销的目的是反不正当竞争和维护公平的市场秩序，无论是市场经济体还是非市场经济体，在具体认定是否存在倾销时，均应该采取统一标准，采取价格倾销和成本倾销双重标准进行认定。但是，反倾销协定却对 NME 国家和市场经济国家的产品的正常价值规定了不同的认定标准，即市场经济国家采取市场要素确定的产品正常价值，对所谓 NME 国家采取"替代国"制度。问题在于，谁是市场经济国家，谁是 NME 国家，并没有一个权威机构认定，也没有一个统一的标准。是否为市场经济体，由各国自由认定。因此，在实践中，采取措施的国家往往出于本国政治、经济利益双重需要，对不同的反倾销措施对象采取不同的

---

① 郭双焦. WTO 贸易救济法律制度改革研究 [M]. 长沙：国防科技大学出版社，2006：50.
② 同①.

认定标准。例如，对没有多少竞争力的国家或盟友、伙伴，采取市场经济体为标准认定是否存在倾销行为；对竞争对手，则采取严苛的条件，"随心所欲"地采用"替代国制度"进行认定是否存在反倾销行为。具体操作手法就是，要么拒绝承认其竞争对手为市场经济体；要么即使承认其市场经济体，也可以根据需要采取所谓"特殊市场情况"拒绝适用市场经济要素公平地确定是否存在倾销行为。这是赤裸裸的政治因素在贸易救济措施中的表现。

2. 在损害认定上采取综合认定规则

WTO 反倾销制度在确定损害上采取两个原则：一是累计评估和微量不计；二是倾销行为与损害存在因果关系。在确定损害前，应先判定倾销行为与损害有无因果关系，若无，则立即停止损害认定，终止反倾销调查。

3. 强化程序规则

WTO 反倾销措施制度规定了一套强制程序，成员在进行反倾销调查时必须遵守其程序规定。

4. 特别规定了公共利益条款

WTO《反倾销协定》第 6 条第 12 款规定，反倾销调查涉及商品存在市场零售，必须给予消费者组织的代表表述意见的机会。此条规定对反倾销调查存在一定程度的抑制作用。

5. 规定了反倾销措施争端解决机制

WTO《反倾销协定》第 17 条规定了反倾销措施引起的争端由 WTO 争端解决机制解决。该条规定从实证效果来看对反倾销措施滥用起到了一定的约束作用，但是也要看到，《反倾销协定》因漏洞被美国等少数国家和欧盟操纵的事实。比如，WTO《反倾销协定》规定专家组要尊重进口国行政当局的决定和实施性立法，这为协定的多种解释留有余地。反倾销协定还规定专家组不能使用调查机构未掌握的或未使用的新信息来推翻反倾销裁决，从而有效地限制了专家组推翻进口国国内反倾销定案的可能[①]。

3.1.2.2 WTO 反倾销措施的模式

反倾销措施包括临时反倾销措施、最终反倾销措施和价格承诺。通说认为反倾销仅指反倾销措施（含因紧急情况采取的临时反倾销措施），并不包含价格承诺。但是就价格承诺的结果来看，价格承诺和反倾销措施一样都是反倾销的一种结果。其主要区别在于，前者是被调查对象根据 WTO 反倾销法律主动改正倾销行为，后者是政府主管当局通过增加反倾销税方式强制纠正倾销行

---

① 郭双焦. WTO 贸易救济法律制度改革研究 [M]. 长沙：国防科技大学出版社，2006：76.

为。政府主管当局有权对出口商价格承诺进行审查和监督。价格承诺和反倾销措施一样都是在主管当局经过反倾销调查后认为反倾销成立的基础上对倾销行为的纠正,恢复正常的市场秩序,从而保护国内受损企业的行为。《反倾销协定》第8条规定如果价格承诺一旦被主管当局接受,应立即终止反倾销调查;如果出口商违反承诺,当局可以对采取临时反倾销措施之前进入消费不超过90天的产品征收最终确定税,但是此税不追溯至违反承诺之前的产品。因此,笔者认为,在反倾销调查中,价格承诺也是一种反倾销措施。

1. 发起调查和立案

(1) 发起反倾销调查立案主体。

如果是企业申请反倾销调查,必须是受损害产业的代表以书面方式向当局提出申请,申请应当包括以下内容:①申请人和被申请人的身份说明,以及申请者代表境内相同产品的生产价值和数量的说明;②对进口产品倾销行为和整个产业受到严重损害或严重损害威胁提出指控的事实和理由,并附上相关支持证据,以及受到严重损害与进口产品倾销之间的因果关系的证据。

如果是当局经过自身调查发现,有证据证明存在进口产品的倾销对国内产业造成严重损害或严重损害威胁的,可自行发起反倾销调查。

(2) 立案。

如果是企业申请反倾销调查申请,当局需要对其申请的内容和证据的准确性及关联性进行认真审查,此外还需要对申请的企业是否具有足够的产业代表性进行审查,判断进行反倾销调查是否适当。如果当局经过审查认为证据材料足以证明反倾销调查是正当的,则做出立案决定。

如果是当局自身发起反倾销调查,应当在立案前对进口产品倾销的证据、国内整个同类产品的产业受到严重损害或严重损害威胁的证据的准确性、充分性和因果关系一并进行审查,如果足以得出反倾销调查是正当的结论,才能决定立案。

2. 反倾销调查

(1) 通知和公告。

当局进行的反倾销措施必须满足透明度要求,对反倾销调查履行通知和公告的义务。

①在正式决定立案后,进口成员当局应将决定立案的决定通知所有与反倾销调查的利害关系方①,并发布公告。公告内容应包括出口成员名称、反倾销

---

① 此处的利害关系方是指对反倾销调查有利益影响的进口商、出口商或该产品的外国生产者、出口商或进口商的行业公会或商会,出口国政府,国内进口国生产同类产品的同业公会或商会,进口国消费者组织代表等。

调查的产品型号、发起调查的时间、有关反倾销调查的指控和证据摘要、利害关系人提交抗辩理由与证据的地址和截止时间等。

②进口成员当局在关于任何反倾销调查的裁定、决定应包括初裁、最终裁定、中止或终止调查的决定、接受价格承诺的决定等，都必须进行公告。

（2）调查及裁决。

WTO 反倾销调查一般情况下在 1 年内应当结束，最长不得超过 18 个月。

在调查期间，进口成员政府应给所有利害关系方提供平等的提供辩护、提交证据材料的机会。此外，政府还应当提供相反利益的利益关系人进行见面沟通的机会。必要时，政府还可以举行听证会听取各方对彼此的理由和证据进行的评判，以及实地核查。实地核查应包括对进口成员企业的实际损害、损害威胁及因果关系证据进行实地核查，对进口成员生产企业是否存在倾销的行为进行核查，但是须经事先通知出口成员政府和相关企业，其核查访问计划必须取得被调查的企业同意才能进行。如果调查中有利害关系的当事方拒绝提供必需的资料或拒绝接受进口国反倾销调查，因此发生不利后果由其企业自行承担。

经过反倾销调查，主管当局应在最终调查的事实基础上做出肯定或否定的初裁或最终裁决。

3. 行政复审和司法审议

（1）行政复审。

WTO 行政复审的形式有年度复审、情势变迁复审、新出口商复审、中期复审和日落复审等。复审的程序与反倾销程序相同①。

因为反倾销的目的是通过征收反倾销税抵消倾销带来的损害，如果反倾销时的状况已经发生重大变化，导致倾销所造成的损害已经不复存在或者已经大幅度减轻，此时仍然继续保持征收反倾销税，就会导致新的不公平；根据 WTO《反倾销协定》的规定，反倾销措施的利害关系方有权向进口成员主管当局申请或主管当局主动提出，对原来实施的反倾销措施进行复审的这个程序，就是反倾销措施的行政复审程序。

（2）司法审议。

WTO 反倾销法律规定司法审议是指 WTO《反倾销协定》要求各成员内部法对反倾销措施应当包含设立司法、仲裁或行政法庭及程序，对反倾销措施的最终裁决和行政复审进行迅速审查。此类司法、仲裁、行政法庭应完全独立于

---

① 郭双焦. WTO 贸易救济法律制度改革研究［M］. 长沙：国防科技大学出版社，2006：102.

有权决定反倾销措施或者复审的行政主管当局。

4. 期限

反倾销协定规定，反倾销措施原则上只能通过反倾销税的方式进行，最长期限不得超过五年。

3.1.2.3 反倾销措施法律制度的其他模式

在国际贸易反倾销模式的实践中除了 WTO 反倾销法律制度模式外，还普遍存在两种模式：吸收与反吸收模式和规避与反规避法律制度模式①。

1. 吸收与反吸收模式

吸收是指在国际贸易反倾销过程中，倾销商品在遭受到反倾销措施后，进口成员此种进口商品价格因被大幅度提升关税而失去价格优势。此时，出口商有可能为了出口量不大幅度下降，向进口商调低该商品价格进价吸引进口商继续进口该商品，因进口商的成本并没有增加，所以这种商品在进口成员市场上的价格也没有较大变化。此时，就会发现进口成员主管当局征收的反倾销税被出口商调低价格"吸收"了。针对这种反倾销税被"吸收"的情况，进口成员主管当局采取的反制措施，被称为"反吸收措施"。

反吸收措施调查的条件是，对倾销产品采取反倾销措施后，在成员内市场该产品的市场价格变化幅度不大，此时主管当局需要对已经采取反倾销措施的产品的正常价值进行评估，如果是因为产品的生产条件发生了变化，没有故意降低价格的行为，则应变更反倾销措施为保障措施。如果是该产品的正常价值没有发生变化，存在生产商仍然继续故意降低价格的再次"倾销"行为，则对其再次"倾销"的吸收"反倾销"的行为部分再征收一个反吸收的关税。

2. 规避与反规避法律制度模式

国际贸易反倾销制度的"规避"（circumvention）是指一国产品在被他国征收反倾销税后，出口商通过各种形式、手段来减少或避免被征收反倾销税的方法或行为②。规避的方式有出口零配件在第三国境内生产、组装，倾销产品从第三国出口，或进行轻微加工、做某些外观上的改变，如换个商标或生产厂家后，再出口到进口国市场的行为等。

反规避（anti-circumvention）是指进口成员主管当局对倾销产品的规避行为采用的反制措施的总称，一般是进口成员主管当局经过反规避调查后，对规避的商品重新征收反倾销税②。

---

① 苑涛. WTO 贸易救济措施［M］. 北京：清华大学出版社，2007：137-140.

② 同①：139.

③ 同①：141.

反规避调查的条件：征收反倾销税后，虽然进口成员被征收反倾销税的同名产品减少甚至消失了，但是相同功能价格相似的同类其他产品再次出口到进口国市场。此时，进口成员反倾销调查部门应当对此进行调查，如果发生出口商采取通过对倾销产品的零部件出口到与反倾销措施国自由贸易的第三国组装后，以第三国产品出口反倾销措施国；或者对倾销产品进行商标或名称或外形改装后，以非倾销产品名称继续出口到反倾销措施国；或者因进口成员对零部件关税低，则通过先出口倾销产品的零部件到进口成员，再在进口成员国内通过组装等方式规避倾销产品被征收反倾销税情况时；一般此时进口成员的进口商往往是同一家或者受其控制的进口代理商。此时，进口成员反倾销调查当局应当进行反规避立案调查。

由于进口成员市场倾销产品因为出口生产商对反倾销行为进行规避，出口成员同类进口商品的价格实际上并没有太大变化，反倾销措施事实上被规避而失去作用，进口成员主管政府必须对倾销产品的原产地规则、产品实质生产厂家、是否相同进口商等情况进行综合调查。如果发现进口成员市场上和倾销产品相似的产品的实质和倾销产品的实际生产厂家为同一控制人，则应重新对该产品征收反倾销税。

3.1.3　WTO 反补贴法律制度模式

3.1.3.1　WTO 反补贴法律制度的内容
WTO 反补贴法律制度内容主要由四部分组成：①GATT（1994）第 16 条；②《SCM 协定》；③《农业协定》对农产品特殊补贴规定和《服务贸易总协定》有关服务贸易的补贴规定；④WTO 争端解决机制中生效的专家组的最终报告和上诉机构的最终裁决中有关补贴的法律解释。

3.1.3.2　WTO 反补贴措施的模式
根据全书结构安排，本书仅对 WTO 贸易救济制度中的补贴与反补贴部分进行研究，《农业协定》和《服务贸易总协定》中涉及的补贴不在本书中进行比较研究。因此，此处所称的 WTO 反补贴措施模式特指 WTO《SCM 协定》中的反补贴模式。

1. 反补贴调查

在进口成员国内企业遭受到外国同类产品的大量低价进口，导致本国整个行业大多数企业受到严重损害或严重损害威胁，并有证据表明该外国产品的低价是该国政府补贴所致的情况下，进口成员国内产业代表根据《SCM 协定》第 11 条第 4 款的规定和要求，向进口成员主管当局对该产品提出反补贴调查书面申请。该书面申请的内容必须载明三点内容：①申请人和被申请人的身份，以及申请者代表境内相同产品的生产价值和数量的说明；②有关被视为补贴产品的完整说明，包括所属国家名称、进出口商名称；③对进口产品补贴存在的证据，整个产业因该补贴行为受到严重损害或严重损害威胁提出指控的事实和理由，并附上相关支持证据，以及受到严重损害与进口产品补贴之间的因果关系的证据。

2. 反补贴立案

反补贴措施立案程序主要包括：立案决定的通知与立案公告，主管反补贴调查机构名称、地址与反补贴调查期限，以及进口成员主管机构认为需要公告的其他内容等。其程序与反倾销立案程序内容基本相似，本书限于篇幅不再赘述。

3. 磋商程序

与 WTO 反倾销措施不同的是，《SCM 协定》要求进口成员当局在准备发起反补贴调查前，应当就被调查的成员政府发出磋商请求，在磋商请求的同时应将反补贴申请的书面申请副本及证据一并附上。如涉及保密材料，则应采取必要的保密措施，给予出口成员政府对进口成员国内相关产业对其的补贴指控澄清的机会。此外，在整个反补贴调查期间，进口成员政府都应该给予出口成员政府继续进行磋商的合理机会，努力达成双方满意的解决方法。

4. 证据的收集和审查

《SCM 协定》规定，WTO 反补贴调查过程中的证据主要由利害关系方①提供，并由调查机关调查。除特别声明要求保密的资料外，均视为可以公开的证据。

调查机关应让各利害关系方有充分机会为其利益进行辩护，以及对彼此的证据进行质证或提出新的证据。在调查的最后阶段，调查机关还可以采取听证会的方式，特别是安排所有利害关系人中的利益相反的当事人见面、陈述和辩论。各利害关系方可以选择自愿参加听证会，也可以选择放弃参加听证会。

反补贴申请及证据、调查当局所有调查的证据，以及任何一利害关系方提交的证据、抗辩理由和向调查当局提交的证据材料，都应按照调查当局告知的利害关系方的人数提交副本。

---

① 此处的利害关系方是指对反补贴调查有利益影响的进口商、出口商或是该产品的多数外国生产者、出口商或进口商的行业公会或商会，出口国政府，进口成员国内生产同类产品的同业公会或商会，进口成员消费者组织代表等。

主管当局审议证据时，必须对证据的真实性和准确性进行认真审查，并在此基础上判断所进行的反补贴调查是否适当。

5. 初步裁定和临时反补贴措施

在反补贴调查开始后，经过所有利害关系方的第一轮举证和抗辩，反补贴调查当局应当对各方提交的事实和理由的真实性及关联性进行仔细审查。如果觉得有必要进行实地核查，则应当到实地进行核查，倘若认为基本事实已经查清，则应先对损害发生与补贴之间做出有无因果关系的初步裁定：若认为因果关系不存在，应立即中止调查，提交各方补充提交事实和理由；若认为因果关系存在，则应在此基础上做出是否采取临时反补贴措施的决定。

临时反补贴措施的实施必须遵照《SCM 协定》第 11 条规定的条件执行。临时反补贴措施的形式有两种：一种是直接征收临时反补贴税；另一种是采取缴纳现金保证金或保函的形式进行担保。临时反补贴措施不得早于发起反补贴调查 60 日内开始，正常情况下最长期限为 4 个月内，特殊情况下不得超过 9 个月。

6. 价格承诺

价格承诺是双方对反补贴措施的一种和解结案方式，是指在反补贴调查开始后，经过各方利害关系方对反补贴的事实和理由进行调查举证后，出口商向主管当局做出的修订其价格或者停止以补贴价格向进口国销售产品的行为。如果主管当局认为其承诺足以消除反补贴措施需要弥补的损害影响，双方可以在自愿的基础上达成和解协议。

一旦主管当局接受出口商的价格承诺，则出口商和主管当局要承担一定的约束义务；对主管当局则应中止或终止反补贴调查、停止临时反补贴措施或征收反补贴税。与此同时，出口商也必须严格按照承诺履行义务。

但是出口商的价格承诺在主管当局没有接受前对主管当局没有强制力。如果主管当局根据出口商的价格承诺和反补贴调查的情况认为承诺是不可行的，可以拒绝出口商价格承诺，但要向出口商说明理由，并尽可能地为出口商提供表达抗辩理由和证据的机会。

7. 反补贴税的征收和追溯

如果反补贴调查机关经过反补贴调查后，裁定补贴和严重损害确实客观存在，而且两者之间具有因果关系，则可以根据《SCM 协定》第 19 条规定裁定征收反补贴税。反补贴调查机关确定反补贴税税率必须是在非歧视的基础上，依据受到损害的程度适当收取，其结果是正好抵消掉补贴。此外，如果出口商非因自身原因未能接受主管当局调查，则享有加速审查的资格，以便反补贴调查机关迅速为其确定一个单独的反补贴税率[1]。

反补贴税的征收期限原则上应在抵消补贴所必需的时限内，但最长期限不得超过 5 年。如果采取反补贴措施的情势已经发生变更，而国内产业认为在 5 年期限内取消反补贴税仍然可能导致损害继续发生，则可以申请主管当局继续征收反补贴税。

如果出口商提出价格承诺，被主管当局接受后又违反承诺，则主管当局可迅速采取行为，包括临时反补贴措施；还可以对临时措施前 90 天的进口产品追溯征收产品最终税，但此追溯不得适用于在违反承诺之前已经入境的进口产品。

3.2　CHAFTA 贸易救济法律制度模式分析

CHAFTA 是中国与澳大利亚两国已经分别签订多个区域贸易协定之后达成的最新协定，且 CHAFTA 中的贸易救济法律制度内容又与 WTO 的贸易救济法律制度紧密相连。为了更好地理解 CHAFTA 贸易救济法律制度所形成的贸易救济法律制度模式，我们有必要对中澳两国都相互签订的自贸协定中的贸易救济制度进行简单梳理，找出中澳自由贸易区的贸易救济模式的必然性。

中国、韩国、澳大利亚都同属亚太经合组织成员，都是亚太地区经济大国，也都同为 WTO 成员，经济相互依存性强，并且三国之间都启动了双边自贸区建设谈判。中澳自贸区于 2014 年 11 月 17 日达成[2]，中韩自贸区也几乎同时谈成[3]，而韩国与澳大利亚在 2013 年 12 月 5 日达成自贸协定。三国之间相互达成自由贸易区的时间非常接近，因此中国与澳大利亚自贸区谈判势必受到中韩自贸区谈判、韩澳自贸区谈判影响。虽然缺乏韩澳自贸区相关资料，但是从中韩自贸区中也可以窥一斑而知全豹。因此，在研究 CHAFTA 贸易救济法律制度前，我们有必要先了解一下中韩自贸协定贸易救济法律制度。

---

① 苑涛. WTO 贸易救济措施 [M]. 北京：清华大学出版社，2007：213.

② 东方网. 中澳实质性结束自由贸易协定谈判 [EB/OL]. (2014-11-17) [2022-05-12]. http://news.eastday.com/eastday/13news/auto/news/china/u7ai2986101_K4.html.

③ 中央政府门户网站. 中韩关于结束中国：韩国自由贸易协定谈判的会议纪要 [EB/OL]. (2014-11-10) [2022-05-12]. http://www.gov.cn/xinwen/2014-11/10/content_2776883.htm.

3.2.1　影响 CHAFTA 贸易救济法律制度形成的主要外部因素

3.2.1.1　中韩和中澳在自由贸易区谈判过程中的相互影响

在与澳大利亚进行 CHAFTA 谈判的同时，中国也在与韩国进行 CKFTA 谈判。中国与韩国进行的 CKFTA 谈判，必然影响中澳之间的 CHAFTA 谈判。在中韩 CAFTA 谈判中，贸易救济问题成为两国谈判的焦点，并一度使谈判中止，最终在两国领导人的关心下使协定全部实质性内容达成一致①。世界贸易组织官方数据显示，1995 年年初至 2014 年 6 月，中国共发起 215 起反倾销调查，其中有 32 起涉及韩国，占中国所有反倾销调查的 14.88%；韩国共发起 125 起反倾销调查，其中 25 起涉及中国，占韩国所有反倾销调查的 20%。双方没有就对方发起过反补贴调查。因此，韩国的主要谈判目标之一就是取消中国反倾销法对韩国产品的适用。但是，在韩国提出中国应该取消对韩国货物适用反倾销法和反补贴法时，却遭到了中国的强烈反对。尽管中国奉行自由贸易政策，但是基于国内产业的压力，中国政府不可能修改其反倾销和反补贴法②，从而取消中韩双边贸易中的反倾销措施和反补贴措施。但韩国很快意识到，如果继续要求中国对韩国产品取消反倾销措施和反补贴措施，将延误双边自由贸易协定的签署。于是，韩国改变谈判策略，提出设立贸易救济场所的选择机制，即《中国与韩国自由贸易协定》第 20 章机制。韩国建议设置第 20 章的另外一个重要原因是中韩同为 WTO 成员，如果发生贸易救济措施分歧且无法就解决贸易救济措施达成一致，选择双方同为成员的 WTO 争端解决机制是彼此都能接受的次优选择。

3.2.1.2　中韩自由贸易区和中澳自由贸易区贸易救济制度的比较分析

中国与韩国具有相似的文化体系，都受到中华传统文化的影响。由于两国有着共同的文化传统，设置专家组程序只不过是解决两国之间复杂问题的过渡

---

① 在中韩自贸谈判过程中，两国领导人多次表达了强烈的政治意愿，对完成谈判起到了巨大的推动作用。2013 年 6 月 27 日，习近平主席和韩国总统朴槿惠在北京会晤并发表联合声明，其中就中韩自贸协定做出如下指示：两国领导人再次确认，中韩自贸协定的目标应是一个实质性、自由化和广泛领域的高水平、全面的自贸协定。两国领导人也对双方就完成模式谈判所取得的实质性进展表示欢迎，并指示双方谈判团队加强努力，使中韩自贸区谈判尽早进入下一阶段。2014 年 7 月，习近平主席访韩期间与朴槿惠总统共同提出"进一步努力在年底前完成谈判"的目标。2014 年 10 月，李克强总理在意大利与韩国总统朴槿惠会见时亲自做韩方工作，再次谈到争取在年底前完成谈判。在两国领导人的高度关注和指导下，双方谈判团队终于在 2014 年 11 月北京 APEC 领导人会议前就全部实质性内容达成一致。

② 中国目前尚没有全国人大颁布的反倾销与反补贴法律，目前只有 1997 年 3 月 25 日国务院颁布的国务院令《中华人民共和国反倾销和反补贴条例》。

办法。此外，中国接受第 20 章的另一个原因，是 CKFTA 允许缔约方在相互之间采取反倾销措施和反补贴措施时适用各自的国内法，这种做法不会让中国国内的反倾销与反补贴条例失效，并且允许争端方选择解决争端的场所，删除了 WTO 中争端解决机制中要求的专家组成员必须是国际贸易领域专家的规定，各方均可指定一名本国人作为专家组成员，主席由第三国人担任等。

CKFTA 和 CHAFTA 一样都在第 7 章规定了贸易救济的内容，具体制度对比如表 3.1 所示。

表 3.1　中韩、中澳自贸协定贸易救济制度对比

自贸区	保障措施	反倾销	补贴与反补贴措施	其他约定
CKFTA	7.1 保障措施的实施； 7.2 条件与限制； 7.3 临时措施； 7.4 补偿； 7.5 全球保障措施； 7.6 定义	CKFTA 对反倾销和反补贴税统一规定。 7.7 一般条款； 7.8 通知和磋商； 7.9 价格承诺； 7.10 实地核查； 7.11 听证会； 7.12 复审终止后的调查； 7.13 积累评估； 7.14 适用于新出口商复审的微量标准		成立"贸易救济委员会"：监督本章的实施和讨论缔约双方同意的事项
CHAFTA	1. 定义； 2. 实施双边保障措施； 3. 双边保障措施的范围和期限； 4. 调查程序与透明度要求； 5. 临时双边保障措施； 6. 通知和磋商； 7. 补偿； 8. 全球保障措施	9. 反倾销措施：保留在 WTO 附件 1A 中的《关于实施〈1994 年关税与贸易总协定〉第六条的协定》项下的权利和义务。加强对话，相互给予公平和透明的待遇。提供适当磋商机会	10. 补贴与反补贴措施：①双方保留在《世贸组织协定》附件 1A 中的《补贴与反补贴措施协定》项下的权利和义务；②向 WTO 通报义务，保证透明度；③通知义务；④以透明方式调查，并提供合理磋商机会；⑤调查机关对证据准确性和适当性认真审查义务；⑥在整个调查期间，应给予另一方继续进行磋商的合理机会	在补贴与反补贴调查时要求调查机构进行足够正当性审查。保障措施过渡期允许实施的保障最初期限都规定大大短于 CKFTA 的规定

数据来源：笔者根据中国商务部网站、中国自由贸易区服务网公布的中韩自贸区和中澳自贸区协定中有关"贸易救济"的文本整理所得。

对比 CKFTA 和 CHAFTA 贸易救济法律制度的内容可知，实体法的保障措施部分和反倾销内容并无二致，内容都没有突破 WTO 框架；不同点是两个自贸协定版本的反补贴部分、程序法规定侧重点不同。之所以中澳自贸区与中韩自贸区贸易救济制度有一定不同，是由于影响 CKFTA 和 CHAFTA 贸易救济法

律制度形成的政治、经济、文化、法律因素不同①。但是中韩贸易救济制度的部分内容对中澳自贸区贸易救济制度产生影响，几乎完全相同。

3.2.2 影响 CHAFTA 贸易救济法律制度形成的主要内部因素

20 世纪 80 年代开始，中国坚持对内改革和以经济建设为中心的对外开放的国策，经济得到迅猛发展。特别是 2001 年中国加入 WTO 组织后，其充分利用国际市场，对中国经济的腾飞起到了助推作用。经济的发展使得中国变成一个准工业化国家，国内自然资源已经无法满足日益增长的工业对原材料的需求。而澳大利亚自然资源十分丰富，中国运输方式多种多样且已初具规模，运费成本较低，这使得澳大利亚的自然资源相对于非洲和南美洲而言极具价格竞争力。随着经济的发展，中国产生一个巨大群体——中产阶级。与之相反，澳大利亚人口稀少，物产丰富，农产品和旅游资源发达，其农产品、矿产资源、旅游亟须进入中国市场。

两国的经济结构强烈的互补性促使两国间加强自贸区谈判迫在眉睫。中澳贸易合作对于两国而言都十分重要，两国也都有着达成双边自由贸易协议的意愿，然而良好的意愿并不能自动导向令人满意的贸易安排。从中澳两国自由贸易协定谈判过程耗时十年来看，两国间最终能够顺利达成自贸协定受到许多因素的影响。这些因素包括积极因素，也包括反对因素和消极因素②。笔者对中澳签订自贸协定过程的消极因素进行梳理，有助于完善自贸协定，特别是完善贸易救济措施标准和争端解决机制，这对协定而言尤为重要。

3.2.2.1 经济因素

应当说，经济因素是 CHAFTA 得以达成的重要因素，因此它也是形成 CHAFTA 文本主要内容的核心因素。但是正如前面章节贸易救济理论中所谈到的一样，构成贸易救济的因素也不只是单纯的经济因素。

突如其来的 2008 年 "5·12 汶川大地震"③ 打乱了中国政府的经济步伐，为了恢复灾后重建，中国几乎是举国之力援建灾区。国务院特别发布了《汶

---

① 本书限于篇幅，仅对中澳自贸区贸易救济法律制度形成的影响因素进行梳理，对影响中韩自贸区贸易救济制度形成的影响因素不再分析。

② HE LINGLING. On Re - Invigorating the Australia - China Free Trade Agreement Negotiation Process [J]. World Investment & Trade , 2013：672, 695-696 .

③ 四川汶川大地震，发生于中国四川省阿坝藏族羌族自治州汶川县境内，地震的面波震级达 8.0Ms、矩震级达 8.3Mw，地震波及大半个中国及多个亚洲国家，直接经济损失达 8 451 亿元，是中华人民共和国自新中国成立以来影响最大的一次地震。

川地震后恢复重建条例》①。国务院于当年 9 月 23 日发布的《国务院关于印发汶川地震灾后恢复重建总体规划的通知》以及规划全义指出，中国将用 3 年左右的时间，耗资 1 万亿元，完成四川、甘肃、陕西重灾区灾后恢复重建主要任务，使广大灾区基本生活条件和经济社会发展水平达到或超过灾前水平②。2008 年 9 月，由美国次贷危机引发的国际金融危机，使全世界经济增速快速回落。有的国家甚至出现了大量企业破产的情况，经济严重下滑甚至出现了负增长，这些都对中国的出口造成严重影响。我国沿海大量出口型企业纷纷关门倒闭，大批农民工返乡，经济面临巨大危机。结合汶川地震的灾后重建，中国政府在 2008 年 11 月决定扩大内需，并提出了促进经济平稳较快增长的十项措施，也就是民间所说的"四万亿计划"③。中国启动"四万亿计划"后，2010—2013 年的经济增速如表 3.2 所示。

表 3.2　中国经济 2010—2013 年的增速情况

年份	2010	2011	2012	2013
增速/%	10.4	9.3	7.8	7.7

数据来源：笔者根据国家数据网（http://data.stats.gov.cn/index.htm，访问时间：2016 年 8 月 5 日）整理所得。

随着"四万亿计划"的实施，中国工业特别是基建工程行业急速发展，中国对各种工业自然资源的需求开始同样急速增加，一时间中国成了全世界铁矿石、石油等各种工业自然资源市场的最大买家。但是，很多中国买家并不了解或精通国际贸易规则和规律，为了完成各地地方政府的 GDP 指标，各地钢铁企业不惜竞相提价购买，造成了各种原材料的价格急剧上升，同时增加了中

---

① 《汶川地震灾后恢复重建条例》根据《中华人民共和国突发事件应对法》和《中华人民共和国防震减灾法》制定，是为了保障汶川地震灾后恢复重建工作有力、有序、有效地开展，积极、稳妥恢复灾区群众正常的生活、生产、学习、工作条件，促进灾区经济社会的恢复和发展。该条例共九章、八十条（含附则），于 2008 年 6 月 4 日国务院第十一次常务会议通过，2008 年 6 月 8 日发布，自公布之日起施行。

② 汶川搜狐新闻. 地震灾后重建规划发布 未来 3 年投资 1 万亿元［EB/OL］.（2008-09-24）［2022-08-04］. http://news.sohu.com/20080924/n259712614.shtml.

③ 2008 年 9 月，国际金融危机全面爆发后，中国经济增速快速回落，出口出现负增长，大批农民工返乡，经济面临硬着陆的风险。为了应对这种危局，中国政府于 2008 年 11 月推出了进一步扩大内需、促进经济平稳较快增长的十项措施。初步匡算，实施这十大措施，到 2010 年年底约需投资 4 万亿元。随着时间的推移，中国政府不断完善和充实应对国际金融危机的政策措施，逐步形成应对国际金融危机的一揽子计划。此后，一些媒体和经济界人士仍将其简单地解读为"四万亿计划"。

国企业的成本①。中国买家的疯狂购买让澳大利亚迅速成为中国的主要资源进口国之一，两国进出口贸易额连年攀升；且中国 2011 年开始取代美国成为澳大利亚最大的服务贸易出口市场。一时间，中澳两国成为彼此不可或缺的重要贸易伙伴。两国经济增长互为促进，形成了相互依赖的经济关系。这使得中澳两国都需要　个稳定的法律文件来规范两国之间的经贸合作，以尽快达成自贸协定。

3.2.2.2　政治、文化、法律因素

从国际法来看，任何一个国际行为都不可能离开政治因素的作用。自由贸易协定的谈判、签署是一国对外的重大政治经济活动，必然受到国内利益集团和国家利益压力的影响，而国家利益和国内利益集团又必然受到本国历史文化、法律、政治力量对比的影响。自由贸易协定中的贸易救济制度是一国对外经济贸易过程中最为重要的自我保护制度，其内容的形成除了受到经济因素的重要影响外，还必然受到本国政治、文化、法律制度因素的影响。

澳大利亚作为西方老牌发达资本主义大国，其法律制度、语言、文化传统、民主政治习惯等长期与美国、英国、日本和欧盟保持密切联系。同时，澳大利亚又和美、英两国保持着盟国关系，经济更是相互渗透，整个国家基本奉行以美国为首的西方价值观，在军事、政治上可以说是和美国高度一致。在经济上，国内人口人均国土面积大，自然资源极为丰富，矿产资源和农牧业领域在世界上处于领先地位。由于领土辽阔，其国家经济基本上是控制在少数寡头企业中，并且其经济与美国、英国、新西兰等西方国家以及欧盟联系紧密。因而，澳大利亚在与中国进行自由贸易协定谈判的过程中，十分强调中方对他们开放矿产、农产品、旅游、金融等方向的市场。

在中国共产党领导下，中国坚持改革开放，政治稳定，生产力得到极大解放，使得劳动密集型领域产品具有强大的比较优势。中国一直坚持对所有国家睦邻友好、不干预他国内政的和平外交政策，紧紧抓住国际战略发展机遇期，使中国经济得到了长达数十年的高速发展，一跃成为 GDP 世界第二的经济大国。随着中国经济和综合国力的增强，国内市场也逐步成为国际市场的一个重要组成部分，除了生产消费外，居民消费也是国际市场不可小觑的生力军，特别是中国每年出境旅游购物"军团"的人数也是逐年增多。虽然中国和澳大利亚的政治、文化、法律因素，以及中澳签订自贸协定的目的和背景不尽相

---

① 由于国际市场各种矿产资源的价格大幅度攀升，不仅增加了中国企业成本，同样也增加了整个世界经济的成本，全世界经济进一步下滑，国际市场进一步萎缩。对于像中国这种严重依赖出口拉动经济的国家而言，经济形势更加严峻，经济下滑的风险更不可避免。

同，但是国家利益的客观需要让两个经济大国走到了一起，达成自贸协定。

促进中澳自贸区贸易救济制度达成的背景是，中国各地钢铁企业无限制地对澳大利亚矿石产品的需求依赖，造成铁矿石价格一涨再涨，中国为了获得稳定价格的货源，急于达成贸易协定；而中国出口到澳大利亚的产品是劳动密集型产品，并且牵涉澳大利亚下层平民饭碗，由于选举的需要，没有一个政党敢在此问题上冒险。这必然导致中国对 CHAFTA 贸易救济制度文本不具有多少主导权，这也构成了 CHAFTA 贸易救济法律的先天不足。

因为澳大利亚对中国出口的产品绝大部分是矿石材料，中国经济发展又依赖澳大利亚的矿石材料，而全世界的矿石产品又相对集中在澳大利亚以及南美洲和非洲的垄断跨国企业中。无论是产品的地理区位、价格、品质还是可靠性，从澳大利亚进口都是一个不错的选择，中国很难对澳大利亚的进口矿石发起贸易救济措施；反过来，中国对澳大利亚出口的绝大部分是劳动密集型产业产品，技术含量低，而且直接影响澳大利亚国内类似产品。由于劳动密集型产业牵涉就业人口较多，很容易与政治挂钩，加上文化和法律习惯不同，澳大利亚很容易出于政治需要对中国劳动密集型产业采取贸易救济措施。

3.2.3　CHAFTA 贸易救济法律制度的模式及其评价

3.2.3.1　CHAFTA 贸易救济法律制度的模式

CHAFTA 贸易救济法律制度的模式分为农产品特殊保障模式、保障措施模式和反倾销、补贴与反补贴模式。其中，农产品特殊措施保障制度的内容出自 CHAFTA 第 2 章；保障措施制度、反倾销措施制度、补贴与反补贴措施制度出自 CHAFTA 第 7 章；贸易救济争端制度出自 CHAFTA 第 15 章。

CHAFTA 贸易救济的全球保障措施和反倾销措施全部内容、双边保障措施和反补贴的部分内容，主要参照 WTO 或直接援引 WTO 贸易救济法律制度内容。第 15 章"争端解决"中还特定约定了"场所选择"条款：CHAFTA 成员在发生贸易救济争端时，可以在 CHAFTA 争端解决机制和 WTO 争端解决机制中选择争端管辖场所。但是 CHAFTA 也并非全盘照抄 WTO 内容，还是对部分内容进行了修改，特别是双边保障期限的过渡期和最长期限都大大短于 WTO 规定，甚至短于中韩自贸区贸易救济制度中保障制度的规定，在反补贴措施也对 WTO 的内容进行了一定的改进。

出于全书结构考虑，CHAFTA 贸易救济的保障措施制度、反倾销和反补贴制度、贸易救济争端解决机制分别安排在本书的第 4 章、第 5 章和第 6 章详细论述。

3.2.3.2 CHAFTA 贸易救济法律制度的评价

在整个 CHAFTA 的所有文本中，贸易救济的约定大大落后于双方经贸发展的客观需要。由于中澳两国国体不同，自然资源条件、文化思维习惯、价值观标准、法律体系、经济发达程度、对自贸区的需求都不完全相同；此外，双方因第一次建立双边紧密型国际经济协定，难免彼此都很谨慎。这些客观原因必然导致两国对于在政治、经济、法律层面都高度敏感的贸易救济制度一时间难以达成共识，退一步回到双方同为会员的 WTO 贸易救济制度水准。

应该说，WTO 有关贸易救济法律制度与 WTO 是相适应的，而 CHAFTA 的内容和范围已经大大超越 WTO 的框架范围。仍然继续大部分援引 WTO 贸易救济制度作为 CHAFTA 的贸易救济法律制度，已显然不合时宜，客观上存在调整的需要。随着中澳两国经贸合作的深入，必将达成新的有利于自贸区发展的贸易救济制度的共识，当然这也有赖于两国学者的共同努力，为两国寻找到符合 CHAFTA 的前进方向，推动两国经济的贸易救济制度的理论和方法。

3.3 本章小结

本章首先对当今世界现有贸易救济的模式进行了介绍，其次在介绍 WTO 贸易救济模式之后，对 CHAFTA 贸易救济模式产生的背景、形式和内容进行整体介绍。当今世界上主要的贸易救济模式有保障措施和特殊保障措施模式、反倾销和反补贴模式、吸收和反吸收模式、规避和反规避模式。后两种严格说来不应算是一种贸易救济模式，实际上是在执行保障措施或"两反"的反制行为的再救济。此外，本章还对 CHAFTA 贸易救济制度产生的背景，以及影响贸易救济制度的两国政治、经济、文化、法律因素进行剖析，并介绍了最终保留的贸易救济模式。

CHAFTA 贸易救济的内容主要参照 WTO 甚至直接部分援引 WTO 内容。CHAFTA 第 15 章"争端解决"中还特别约定了"场所选择"条款，方便 CHAFTA 成员在 CHAFTA 争端解决机制和 WTO 争端解决机制中选择争端管辖。但是 CHAFTA 也并非全盘照抄 WTO 内容，还是对部分内容进行了修改，特别是双边保障期限的过渡期和最长期限都大大短于 WTO 规定，甚至短于中韩自贸区贸易救济制度中保障制度的规定，在反补贴措施也对 WTO 的内容进行了一定的限制。

在整个 CHAFTA 所有文本中，贸易救济的约定大大落后于双方经贸发展的客观需要。由于中澳两国国体不同，自然资源条件、文化思维习惯、价值观标准、法律体系、经济发达程度、对自贸区的需求都不完全相同；此外，双方因第一次建立双边紧密型国际经济协定，难免彼此都很谨慎，这些客观原因，必然导致两国对于在政治、经济、法律层面都高度敏感的贸易救济制度一时间难以达成共识，退一步回到双方同为成员的 WTO 贸易救济制度水准。

应该说，WTO 有关贸易救济法律制度与 WTO 是相适应的，而 CHAFTA 的内容和范围已经大大超越 WTO 框架范围。仍然继续大部分援引 WTO 贸易救济制度作为 CHAFTA 的贸易救济法律制度已显然不合时宜，客观上存在调整的需要。随着中澳两国经贸合作的深入，必将会达成新的有利于自贸区发展的贸易救济制度的共识，当然这也有赖于两国学者的共同努力，为两国寻找到符合 CHAFTA 前进方向，推动两国经济的贸易救济制度的理论和方法。

4 CHAFTA 保障措施法律制度

在 WTO 规则中,"保障措施"与"保障条款"是两个不同的概念。国际法的保障条款(safeguard provision)是指当事成员在国际条约中约定,当成员履行国际条约过程中出现了条约约定的如国际收支严重失衡等可能影响一国经济安全的情形时,允许缔约成员在条约约定情况下撤销或者中止对某些义务的适用条款。保障条款对所有缔约成员具有安全保障作用,对鼓励成员加入或谈判签订国际条约起到促进及心理支撑的作用。事实上,所有国际贸易协定都包括了保障性质的规定或者例外条款。例如,GATT(1994)第 6 条"反倾销税和反补贴税"、第 12 条"为保障国际收支而实施的限制"、第 18 条"政府对发展经济的援助"、第 20 条"一般例外"和第 21 条"安全例外"等都属于保障条款①。因为 WTO《保障措施协定》对保障措施描述的英文是"safeguard measure",所以通常提及的保障措施就是指《保障措施协定》意义上的保障措施,即在公平贸易环境下,一国因承担关税减让义务,本国市场出现了大量外国产品,使得本国同类产品的市场份额显著下降。如果继续发展下去,完全可能产生本国产品被逐出本国市场的现象②。在这种现象随着时间的推移其损害结果必然出现的情况下,本国可以在防止或者补救本国企业受损的必要限度内,对外国产品全部或者部分中止实施其所承担的关税减让义务,或撤销,或修改减让③。本书所述保障措施为 WTO《保障措施协定》意义上的保障措施,

---

① 霍克曼,考斯泰基. 世界贸易体制的政治经济学:从关贸总协定到世界贸易组织 [M]. 刘平,洪晓东,许明德,等译. 北京:法律出版社,1999:159-160.

② 余敏友,等. 世贸组织保障措施协定解析 [M]. 长沙:湖南科学技术出版社,2006:1.

③ 值得注意的是,WTO《保障措施协定》第 2 条第 1 款没有纳入 GATT(1994)第 19 条中规定的"未预见的发展"这一措辞,对此,不同案件的 WTO 专家组对此有不同的解释。在阿根廷鞋类案(Argentina—Footwear,WT/DS121)中,专家组裁定:"自《WTO 协定》生效后的保障措施调查和所采取的保障措施符合了《保障措施协定》的要求,也就满足了 GATT(1994)第 19 条的要求。"在韩国奶制品案(Korea—Dairy,WT/DS98)中,专家组持有同样观点,即因"未预见的发展"造成进口激增不是采取保障措施的必备条件。但是,在阿根廷鞋类案中,上诉机构推翻了专家组的上述裁定。上诉机构认为,任何保障措施必须同时符合 GATT(1994)第 19 条和《保障措施协定》的规定。在美国羊肉案(US—Lamb)中,专家组采纳了上诉机构的上述意见。

而非保障条款。

CHAFTA 的第 7 章第 2 条、第 3 条规定了"双边保障措施",第 5 条规定了"临时双边保障措施",第 8 条规定了"全球保障措施"。这意味着CHAFTA 允许缔约成员采取三种类型的保障措施:全球保障措施、双边保障措施和临时双边保障措施。

4.1 CHAFTA 全球保障措施制度

CHAFTA 第 8 条规定了"全球保障措施"制度,但是协定本身并未对全球保障措施内容做特别规定,而是将《1994 年关税与贸易总协定》第 19 条和《保障措施协定》的内容作为 CHAFTA 全球保障制度,并强调双方不得超出《1994 年关税与贸易总协定》第 19 条和《保障措施协定》规定的权利及义务。《中国入世议定书》是中国在 WTO 协定的权利义务基础,而 GATT(1994)第 19 条和 WTO 附件《保障措施协定》又是 CHAFTA 全球保障措施协定的权利义务基础。因此,确定 CHAFTA 中国的全球保障措施权利义务时,我们必须以《中国入世议定书》为基础。《中国入世议定书》第 16 条"特定产品过渡性保障机制"第 9 款规定,本条的适用应在加入之日后 12 年后终止。《中国入世议定书》签订的时间是 2001 年 11 月 10 日,议定书还约定,"在 2002 年1 月 1 日前以签字或其他方式接受""议定书的生效时间为接受之日后第 30 天",2001 年 11 月 10 日在卡塔尔首都多哈举行的世贸组织第四届部长级会议上,中国被接纳为世贸组织成员,2001 年 12 月 11 日《中国加入世贸组织议定书》生效①,中国正式成为世贸组织第 143 名会员国,所以《中国入世议定书》中的第 16 条在 2013 年 12 月 11 日后失效。因此,CHAFTA 全球保障措施内容仅为GATT(1994)第 19 条及 WTO 附件《保障措施协定》本身内容,以及 WTO 争端解决机制中生效的专家组的最终报告和上诉机构的最终裁决中有关全球保障措施的法律解释。

---

① 美国政府在 2001 年 12 月 11 日发来贺电,祝贺"中国成为世贸组织第一百四十三名成员。中国入世将以前所未有的程度为美工业产品、服务业和农业出口打开中国的市场,并增强世界经济"。参见人民网. 中国入世全程扫描 [EB/OL]. (2002-12-09) [2022-08-10]. http://www.peo-ple.com.cn/GB/jinji/222/2003/.

4.1.1　CHAFTA 全球保障措施的适用对象和标准

全球保障措施是相对于双边保障措施而言的。双边保障措施是指只适用于原产于区域或双边贸易协定缔约成员的产品，并依据区域或双边贸易协定的规定所采取的保障措施。全球保障措施通常是指根据 GATT（1994）第 19 条和 WTO《保障措施协定》所采取的保障措施①。

根据 CHAFTA 第 7 章、GATT（1994）第 19 条和《保障措施协定》，CHAFTA 缔约成员所采取的全球保障措施原则上适用于所有进口来源的产品，包括来自 CHAFTA 缔约成员的产品和非缔约成员的产品。但是，当原产于 CHAFTA 缔约成员的产品符合 CHAFTA 的其他规定时，按照国际公平法则，缔约成员在选择保障措施时原则上只能选择一种措施，即要么选择双边保障措施，要么选择全球保障措施，而不能在选择全球保障措施的同时，又依据区域或双边贸易协定其他条款选择双边措施或临时双边措施。在世界贸易组织秘书处发布《1995—2005 年上半年全球保障措施实施情况统计报告》统计的 139 起保障措施调查中，我们没有发现对同一国家同一产品同一时期同时采取两种保障措施的情形。

问题是，当 CHAFTA 缔约成员实施全球保障措施时，能否对另一缔约成员实施双边保障措施？CHAFTA 第 7 章没有规定。笔者认为，自贸区成员原则上不能对另一成员适用全球保障措施，详细分析理由参见本章"4.1.1.1"部分的相关论述。

4.1.1.1　CHAFTA 全球保障措施的对象

根据 CHAFTA 第 7 章第 8 条"全球保障措施"的规定，CHAFTA 缔约成员采取全球保障措施时适用 GATT（1994）第 19 条和 WTO《保障措施协定》（以下简称"保障措施协定"）的规定。保障措施协定规定，成员实施②保障措施"应针对一正在进口的产品实施，而不考虑其来源"。"不考虑其来源"意思就是不考虑产品的来源地是 WTO 缔约成员还是非缔约成员，事实上是针对所有国家产品来源。按照 WTO 此规定，CHAFTA 缔约成员在采取全球保障措施时，就应该对 CHAFTA 成员和非 CHAFTA 成员一视同仁，实施全球保障措施的对象应是进口国内相关产品的所有国家。

但是，笔者认为，采取全球保障措施的进口国不宜直接对有自由贸易区中

---

① 参见《美国与新加坡自由贸易协定》第 7.6 条、《美国与澳大利亚自由贸易协定》第 9.6 条和《新加坡与韩国自由贸易协定》第 6.1 条。这些条款规定了全球保障措施等贸易救济术语的定义。

② 参见 WTO《保障措施协定》第 2 条第 2 款。

双边保障措施条约约束的国家采取全球保障措施；否则，进口国完全可以援引全球保障措施条款，而规避其在自由贸易区中双边保障措施的条约义务。另外，根据 GATT（1994）第 24 条第 5 款（乙）项"建立自由贸易区或过渡到自由贸易区的临时协定以后，其自贸区所实施关税和其他贸易规章不得高于或严于未成立自由贸易区或临时协定时所实施的相当关税和其他贸易规章"和《保障措施协定》第 11 条第 1 款（b）的规定，可以推导出如果是自由贸易区成员，其实施的包括贸易保障措施在内的其他贸易规章标准应当低于 WTO 标准。既然 WTO 对自由贸易区有此规定，显然其建立自由贸易区的目的是已经建立自由贸易区的国家或地区之间，如果自由贸易区的条款优于 WTO 相同条款，则自由贸易区成员可以不适用 WTO 相应条款。

因此，在自由贸易区内成员之间如果存在比 WTO 全球保障措施更加优惠的规定，则优先适用双边保障措施，只有在自由贸易区没有更加特别规定的部分，成员才能对自贸区其他成员采取全球保障措施。换句话说，在对存在自贸区的成员发起全球保障措施时，如果与其他成员有特别约定，优先适用特别约定，没有的部分继续适用全球保障措施。

4.1.1.2 CHAFTA 全球保障措施的标准

按照 CHAFTA 第 7 章第 8 条"全球保障措施"规定、GATT（1994）第 19 条和保障措施协定内容，CHAFTA 实施全球保障措施的标准为：只有 CHAFTA 成员在"确定正在进口至其领土的一产品的数量与国内生产相比绝对或者相对增加，且对生产同类或者直接竞争产品的国内产业造成严重损害或者严重损害威胁"时，方可对该产品实施保障措施。全球保障措施就是国际贸易的一种应急贸易救济措施，是针对成员国内市场上某种进口产品的紧急措施。按照 GATT（1994）第 19 条规定，CHAFTA 成员在实施全球保障措施的标准有以下两点：

（1）对进口成员相同产品造成重大损害或产生重大的威胁。

CHAFTA 成员因履行 CHAFTA 协定义务或其他意外因素导致另一缔约成员某一产品进口到本国的数量大幅增加，对本国内相同产品或与它直接竞争产品的国内生产者造成重大的损害或产生重大的威胁时，本国为防止或减轻这种损害，可以在一定的程度和范围内，对上述产品全部或部分地暂停实施其所承担的 CHAFTA 协定义务，或撤销或修改减让 CHAFTA 协定相关义务。

（2）对进口成员的其他国家产品造成重大损害或产生重大的威胁。

所谓对进口成员的其他国家产品造成重大损害或产生重大的威胁，也就是 CHAFTA 成员国内的第三国产品提起全球保障措施的问题。按照 GATT

（1994）第 19 条第 2 款规定，如果在 CHAFTA 成员相互之间进行关税减让，必然导致 CHAFTA 成员之间贸易大幅度上升，如果这种市场份额的上升导致成员原有贸易伙伴国的同类产品市场份额显著下降，甚至有被逐出 CHAFTA 的可能时，经受损害的第三国请求，CHAFTA 成员根据需要可以发起全球保障措施，对另一成员中止 CHAFTA 有关减让义务。但是，WTO 全球保障措施针对的是自由贸易区成员，而非全球保障措施。在 WTO 申报的有效的自由贸易区内因履行自贸区义务而使第三成员申请发起全球保障措施调查的案件闻所未闻。这是因为任何一个国家或地区的行为都必然是为本地利益服务，在履行自贸区义务和外国利益受损之间，谁对自贸区成员的长期利益大，自贸区成员就会采取利益驱使的措施。既然两成员自愿达成自贸协定，必定是经过双方利益集团的反复博弈后的最佳结果，而且自贸区的收益是含政治经济在内的一揽子收益，随着时间的推移收益会越多。因此，WTO 全球保障措施在自贸区内实际上是废纸一张，不可能被执行，而且国际法本身就依赖于当事成员的自觉履行，WTO 全球保障措施对其的约定也仅是"可以"，实际选择权在自贸区成员。因此，CHAFTA 原则上不会对此采取全球保障措施。

4.1.2　CHAFTA 成员在全球保障措施中的权利义务

4.1.2.1　补偿义务与报复权

全球保障措施则是在公平竞争环境下，为保障进口成员国内同类产业免受严重损害或严重损害威胁而采取的紧急措施。"只要相关条件得到满足，保障措施就可以针对其他 WTO 成员的公平贸易行为实施。由此，限制其他 WTO 成员的进口，将会阻碍它们充分享有 WTO 附件规定贸易减让的全部利益。"①

CHAFTA 没有单独规定全球保障措施下的贸易自由化补偿义务，而是直接援引 WTO《保障措施协定》作为全球保障措施的内容，其第 8 条第 1 款规定了采取保障措施的国家应履行的补偿义务。全球保障措施中补偿义务和一般主权国家民法的补偿有所区别。国内民法上的补偿，意为补充赔偿，一般在无过错责任中出现，赔偿以补偿金等金钱方式为主。全球保障措施中的补偿义务，一般不会以补偿金等金钱方式进行，通常能够使全球保障措施的一方接受的是，补偿采用与此保障措施预期导致的贸易影响实质相等或与额外关税价值相等的减让的形式。

---

① 参见 WTO 上诉机构报告：WT/DS202/AB/R, Report of the Appellate Body, United States—Definitive Safeguard Measures on Imports of Circular Welded Carbon Quality Line Pipe from Korea, 15 February 2002. para. 80。

补偿义务（compensation）。CHAFTA 对补偿义务的规定不同于保障措施协定的规定。CHAFTA 第 7 章第 7 条要求，实施双边保障措施的一方应通过与另一方的磋商，向另一方提供双方同意的贸易自由化补偿；补偿采用与此双边保障措施预期导致的贸易影响实质相等或与额外关税价值相等的减让的形式。磋商应于双边保障措施实施后 30 日内开始。保障措施协定第 8 条第 2 款没有对补偿方式提出特别要求，而是规定有关成员可以采取"任何适当"的贸易补偿方式，但 CHAFTA 对全球保障措施没有特别约定，在其双边保障措施下的贸易自由化补偿形式做出专门约定，即实施双边保障措施的一方应通过与另一方的磋商，向另一方提供双方同意的贸易自由化补偿；补偿采用与此双边保障措施预期导致的贸易影响实质相等或与额外关税价值相等的减让的形式。而保障措施协定规定：给予贸易补偿是采取保障措施一方应该承担的义务；否则，被采取保障措施的一方可以行使报复权。该规定中并没有对保障措施的形式做特别说明，笔者认为在实际操作过程中，仅是对双边保障措施约束性要求。

报复权（right of revenge）。WTO 保障措施制度规定，采取保障措施的一方应向采取保障措施一方提供承担贸易补偿；否则，被采取保障措施的一方有权行使对等的报复权。

CHAFTA 第 7 章第 2 条规定，如磋商开始后 30 日内双方无法就补偿达成一致，出口方有权对实施双边保障措施的一方的贸易中止适用实质相等的减让。这是 CHAFTA 规定的双边保障措施报复权，说明 CHAFTA 并不禁止成员行使报复权。因此，CHAFTA 成员在被采取全球保障措施，又没有获得贸易补偿的情况下，有权依据 WTO 全球保障措施规定的程序和限制行使报复权。

4.1.2.2 全球保障措施调查对象的"主体平等"义务

由于进口国市场上的进口产品中，部分进口产品生产国与进口国之间有国际双边或多边贸易协定，有的国家之间没有，而且协定的内容都不尽相同。进口国在采取全球保障措施时，能不能只对部分国家的进口产品或者只对没有协定约定国家产品采取全球保障措施？CHAFTA 和 GATT（1994）第 19 条以及保障措施协定均未对"主体平等"做出定义，但这又是在执行全球保障措施的过程中又不得不面对的问题。笔者认为，根据保障措施协定第 2 条第 2 款提出的"主体平等"概念，就是为了解决全球保障措施的主体问题。所谓"主体平等"，就是 CHAFTA 成员在发起全球保障措施调查时，应对本国市场所有来源同类进口产品或者竞争性进口产品，一视同仁展开调查，即进口国在采取全球保障措施调查时，应当全面调查。

按照保障措施协定，全球保障措施调查有两个基本特征：一是对市场上所有同类进口产品；二是对所有没有特殊约定的外国同类产品采取的调查措施一致。CHAFTA 进口成员主管机构如果拟采取全球保障措施调查，必须是对进口成员所有来源的产品进行调查，且必须证明拟保障措施调查范围内的所有来源的外国产品，与本国市场上国内相关产业所受到的严重损害或者损害威胁之间，存在因果关系和不可归因性要求，并且该调查针对所有同类进口产品。

但是，全球保障措施调查的主体平等，不是指在采取保障措施幅度和期限都一律平等，采取何种幅度保障措施必须依据磋商的结果、某外国产品对本国产品的损害程度、双边有无保障措施特别约定等，确定每一种外国商品的保障措施。当两国之间如果存在特殊协定，能否对其实施特殊措施？笔者的回答是肯定的。这是因为，WTO 保障措施协定允许保障措施调查中的磋商程序，既然磋商就有可能达成和解协议，这就说明 WTO 赋予保障措施成员对保障措施的自由处分权。既然允许自由处分权，也应当允许两成员实施关于保障措施的特别约定。民法上，受害人基于其他考虑，有权选择放弃追索权。国际法上国家也是一样的，也有权基于各种因素考虑放弃损害赔偿权，何况受害国也不会无缘无故放弃损害追索权，之所以放弃权利，是因为可以从整个自贸区中获取更大收益。

因此，笔者认为 CHAFTA 成员在采取全球保障措施调查后，有权选择对不同成员采取不同的全球保障措施。

4.1.2.3　通知、磋商义务

CHAFTA 成员如果需要发起全球保障措施，则应该在决定拟采取全球保障措施调查之前，书面通知所有给本国带来严重损害的产品的出口缔约成员，并就拟采取的全球保障措施展开磋商。如涉及有关 CHAFTA 成员，可以单独在 CHAFTA 框架下进行磋商。

4.2　CHAFTA 双边保障措施制度

CHAFTA 对双边保障措施的内容、程序和临时双边保障措施都做了单独的详细规定。临时双边保障措施仅是在程序上对双边保障措施实施做了特别约定。CHAFTA 双边保障措施与 WTO 保障措施协定相比，对促进自由贸易有明显的正面作用，特别是双边保障措施的适用范围明显窄于 WTO 双边保障措施协定。

4.2.1　CHAFTA 在双边保障措施过渡期的规定及其合理性

4.2.1.1　CHAFTA 双边保障措施只能在协定过渡期期限内适用

CHAFTA 双边保障措施适用于在过渡期内，因成员的关税减让使另一成员的同类产品在本国市场份额显著上升，使得本国同类产品的市场份额显著下降到失去市场或者随着时间推移必然失去市场的情况。本国根据 CHAFTA 双边保障措施的程序和限制性规定，向对方发起的双边保障措施调查，经过 CHAFTA 所有程序后，对另一 CHAFTA 成员采取的双边保障措施。CHAFTA 于 2015 年 12 月 20 日生效至今，澳大利亚和中国均未发起一例双边保障措施。

CHAFTA 第 7 章第 2 条专门描述了双边保障措施（bilatera lactinns）问题。CHAFTA 只允许成员在过渡期内采用双边保障措施。在过渡期内，CHAFTA 缔约成员双方可以依据 CHAFTA 在规定范围内自主决定双边保障措施，无须取得拟被采取保障措施的货物原产国的同意。

在过渡期内，如果进口产品在进口成员市场上的市场份额显著上升，导致本国同类产业因此处于倒闭或倒闭趋势①，进口成员可以依据 CHAFTA 规定采取双边保障措施。根据 CHAFTA 第 7 章第 1 条第 6 款规定，CHAFTA 的过渡期有两种：第一种是某一特定产品的过渡期自 CHAFTA 生效之日起三年，即 2018 年 12 月 21 日到期；第二种是根据 CHAFTA 附件 1（CHAFTA 第 2 章"关税减让"减让表）关税取消过程超过三年的产品，过渡期为该产品关税取消时间。

如在过渡期内，由于按照 CHAFTA 协定降低或取消关税，原产于 CHAFTA 一方的产品至另一成员领土内的进口数量绝对增加或与进口成员同类产品的产量相比数量相对增加，这种数量的大量增加与 CHAFTA 成员的国内生产同类产品产业或直接竞争产品的产业的严重损害有直接因果关系，则 CHAFTA 成员可在防止严重损害进一步发生或者补救损害的所必要的限度内，中止 CHAFTA 规定并进一步削减该产品的关税减让。如果不可行，甚至可以提高该产品的关税税率直至损害完全消除。如果采取提高关税税率则采取的税率应为：与本协定正式生效之日前一日适用于该产品的最惠国关税实施税率相比较最低的关税税率。

如果遇到紧急情况时，CHAFTA 成员可以依据 CHAFTA 规定对另一成员产品采取临时双边保障措施，但必须通知 CHAFTA 成员。在采取临时双边保障

---

① CHAFTA 规定的是严重损害或严重损害威胁。

措施后，还应立即通知另一方启动磋商。CHAFTA 规定任何临时双边保障措施的期限都应算为 CHAFTA 第 7 章第 3 条第 1 款规定的期限的一部分。

CHAFTA 缔约成员如果要对同一产品实施双边保障措施，其间隔期至少为两年。CHAFTA 一缔约成员对原产于另一缔约成员领土的任何货物在过渡期内不得采取两次以上的保障措施，而且 CHAFTA 规定的双边保障措施的极限时间是三年。CHAFTA 规定，在过渡期结束后，任何此类措施应在过渡期结束时终止。也就是说，如果过渡期结束了，即便是有充足证据证明继续采取双边保障措施，对受到严重损害的产业正在进行的调整非常有必要，按照 CHAFTA 要求，该双边保障措施也必须在过渡期结束时终止。

根据笔者对中国贸易救济信息网有关澳大利亚的 15 页 520 项贸易救济信息的梳理（时间跨度：2013 年 10 月 15 日—2016 年 8 月 8 日）发现，澳大利亚除了仅在 2013 年 10 月 16 日发布不对进口水果罐头和进口灌装西红柿征收临时保障措施税外，没有采取一起任何保障措施。中国有关立案的全部信息为 112 条（在中国贸易救济信息网记载的中国全部贸易救济有关立案的时间跨度为 1997 年 12 月 10 日—2016 年 6 月 20 日），有且仅有一例原对外贸易经济合作部在 2002 年 5 月 20 日应中国钢铁工业协会及上海宝钢集团公司、鞍山钢铁集团公司、武汉钢铁（集团）公司、首钢总公司和邯郸钢铁集团有限公司在 2002 年 4 月 19 日向对外贸易经济合作部正式提交了《关于对钢铁产品进行保障措施调查的申请》，决定对进口至完工的部分钢铁产品进行保障措施调查①。实证说明，中澳两国贸易近年来双方很少相互采取保障措施。

4.2.1.2　CHAFTA 在过渡期内采取双边保障措施的合理性

笔者认为，CHAFTA 成员因履行关税减让义务，在 CHAFTA 生效过渡期内，极有可能导致原产于某缔约成员领土具有比较优势的货物在另一缔约成员领土内市场上的市场份额急剧增加，对另一成员的同类产品或者直接竞争产品的国内生产者带来严重损害，为避免遭受此种损害或者损害威胁进一步扩大，CHAFTA 允许成员在此情况下为本国遭受到严重损害的产业提供救济手段非常必要。例如，在过渡期期间给双方成员行业提供一定的贸易保护，使那些有生命力年轻产业迅速成长起来；对于那些本身就出于淘汰的边缘在过渡期结束后仍然不能成长的产业，说明其本身就没有多少存在的必要，因而被市场淘汰是合理的。因此，在 CHAFTA 仅允许缔约成员在过渡期内采取双边保障措

---

① 相关数据根据中国贸易救济信息网数据整理所得，访问时间为 2016 年 8 月 11 日，访问地址是中国贸易救济信息网：http://www.cacs.gov.cn/cacs/newcommon/details.aspx? navid＝A05&articleId＝38741.

施是合理的、科学的，并可以结合 CHAFTA 投资等协定内容对两个产业进行整合，给优化、整合市场资源带来了可能。

此外，过渡期内的双边保障措施与 WTO 规则也是符合 GATT（1994）第 19 条和 WTO《保障措施协定》规定的保障措施。从性质上看，保障措施是一种补救性措施，和反倾销措施、反补贴措施的主要区别在于，保障措施是在公平贸易条件下，因进口产品数量大增对本国相关同类受到严重损害的产业采取的补救措施。双边保障措施一般发生在成员之间达成关税减让的贸易协定后，协约成员在履行协定规定的关税减让义务时，该关税的减让导致其他成员的产品在本国急剧增加，其结果是本国同类产品或直接竞争产品的市场份额大幅度下降的情况下。缔约成员进行补救的模式往往是在过渡期内中止该产品的关税减让，或者提高该产品的关税。因此，双边保障措施实际上往往伴随的是协约成员的贸易意外事件采取的违反关税减让义务，只不过这种违约为协定所允许。因此，协定也同时规定采取双边保障措施的协约成员必须履行严格的磋商义务，以及对"违约行为"采取补救措施，也就是对双边保障措施对象国的补救义务；否则，双边保障措施对象国有权对其保障措施行使报复权。所以，从某种程度上讲，《保障措施协定》规定的保障措施在实施过程中有"杀敌一千自损八百"的味道，但是如果在与拟被实施保障措施成员就关税对等减让幅度和范围无法协商一致的情况下，即使依照保障措施协定行使保障措施，对方也可以对等行使报复权抵消保障措施。除非提出保障措施一方对市场拥有相对或支配权，否则不敢轻易发起 WTO 项下的保障措施行为。WTO 规则下的贸易补偿义务和贸易报复权几乎是对等的。这种对等保障了保障措施协定的平衡使用，但是也容易导致交叉报复。

因此，CHAFTA 对双边保障措施做出了有别于 WTO《保障措施协定》的严格规定，特别是对过渡期满后禁止采取双边保障措施的约定，一方面从实证角度，CHAFTA 两缔约成员近年来已经很少使用保障措施；另一方面双方经济总体上的互补性强。为了两国贸易救济不至于成为两国经济的制约因素，特别是避免发生两国相对比较弱势的行业迅速灭绝、引发大量失业等社会政治问题，因而规定了在过渡期可以采取双边保障措施，甚至可以最多采取两次双边保障措施。但是从 CHAFTA 内容来看，有限制保障措施使用的倾向。

4.2.2　CHAFTA 双边保障措施的实体条件

根据 CHAFTA 第 7 章第 1 条至第 7 条的规定，CHAFTA 缔约成员采取双边保障措施必须同时具备实体条件和程序条件。这些实体条件和程序条件与

CHAFTA 缔约成员采取全球保障措施相比更加严格，这种严格做法与 CHAFTA 区域贸易自由化的目标是一致的。CHAFTA 缔约成员在采取双边保障措施时必须同时具备如下实体条件：

4.2.2.1 必须在过渡期内

根据 CHAFTA 双边保障措施第 3 条第 2 款"不论实施期多长，任何此类措施应在过渡期结束时终止"的规定，CHAFTA 双边保障措施只能在过渡期内实施。CHAFTA 规定一般产品的过渡期为协定生效之日起三年。如果是协定附件 1 中关税取消过程超过三年的产品，过渡期为该产品关税取消的时间。也就是说，在 CHAFTA 框架下，对一般产品的进口发起双边保障措施的时效只能是在 2016 年 12 月 20 日 0 时开始至 2019 年 12 月 19 日 24 时止的期间内；对 CHAFTA 附件 1 所列产品发起双边保障措施的时效是 2016 年 12 月 20 日 0 时开始至该产品关税取消时效结束的当日的 24 时止。为什么 CHAFTA 会这样规定发起双边保障措施的时效？除本书前面部分的论述外，笔者认为原因还包括中澳两国在进行 CHAFTA 谈判过程中，双方已经将本国的所有产业的发展情况对可能发生关税减让进行充分考虑，并在关税幅度和减让的时间表上给予了特殊安排，不宜再单独给予过长的双边保障措施时效。这样有利于中澳两国产业发展的实际情况，避免频繁采取双边保障措施，让自由贸易区的效用大打折扣，降低自贸区总福利。

4.2.2.2 对损害的特殊要求

根据 CHAFTA 第 7 章第 1 条关于"严重损害"和"严重损害威胁"的规定，CHAFTA 双边保障措施对"严重损害"认定的标准是，国内产业状况的重大全面减损；对"严重损害威胁"的认定标准是，明显迫近的严重损害，该损害威胁是根据事实，而非仅凭指控、推测或极小的可能性确定的。笔者认为，此处重大全面减损是指国内同类产业或直接竞争性产业因 CHAFTA 成员的产品大量进口，致使其在国内市场份额严重下降，导致大幅度减产、裁员的情况发生，而且这种减损的直接原因就是 CHAFTA 成员同类产品的大量进口。这里减损是指整个行业或产业，非个别企业的减损。CHAFTA 规定的"明显迫近"是指虽然还未造成整个产业的大面积减损，事实上已经在发生损害，这种损害呈现增大趋势，随着时间推移，这种不断增大的损害将必然发生，而且这种必然导致损害加重的驱使与 CHAFTA 成员同类产品大量进口是直接关系，而不是推测或仅存在一种可能性。

4.2.3 CHAFTA 采取双边保障措施的程序和保障措施的模式

4.2.3.1 CHAFTA 采取双边保障措施的条件

CHAFTA 第 7 章第 4 条要求，只有拟实施双边保障措施的"主管机关按照《保障措施协定》第 3 条和第 4.2 条规定的程序进行调查后，才能实施双边保障措施"。

4.2.3.2 CHAFTA 采取双边保障措施的程序

双边保障措施在具备实体条件的情况下，拟采取双边保障措施的 CHAFTA 缔约成员还必须承担以下义务：

（1）书面通知义务。CHAFTA 规定了双边保障措施的书面通知义务，但是该通知不是给予 CHAFTA 的某一机构（如自由贸易委员会），而是给予拟被采取保障措施的缔约成员。

（2）采取双边保障措施的时间。CHAFTA 规定，双边保障措施"各方应保证其主管机关自发起调查之日起一年内完成调查"。WTO 保障措施协定没有此类规定。CHAFTA 则缩短了双边保障措施的实施期。保证措施的实施期最长不得超过三年。而一旦该产品规定的过渡期结束，所有的双边保障措施必须在过渡期结束时终止，不能延长救济期限。也就是说，CHAFTA 双边保障措施的实施期限最长不得超过三年。与 WTO 一样，CHAFTA 双边保障措施制度规定在紧急情况下，成员也可以采取临时保障措施，但是 CHAFTA 采取临时双边保障措施的形式除了可以采取关税提高，或采取"中止该产品本协定应进行的任何进一步降税"，还可以采取"征收保证金"的方式，而且还要求"此类临时保障措施应采取中止该产品根据本协定应进行的任何进一步降税、或将其关税提高至不超过本章第 2 条第 2 款（二）项中较低水平的形式"。

（3）双边保障措施的形式。CHAFTA 双边保障措施的严格标准也体现在保障措施的形式方面，即双边保障措施只能采取关税措施，而不能采取非关税措施（例如数量限制措施）。根据 CHAFTA 第 7 章第 2 条第 2 款的脚注内容规定，"关税配额和数量限制均不属于双边保障措施所允许的形式"。CHAFTA 进口货物的缔约成员如果决定采取双边保障措施时，"在防止或补救严重损害和便利调整所必要的限度内"，采取"中止按照本协定的规定进一步削减该产品的关税税率；或者（二）提高该产品的关税税率，但不超过下列税率较低的水平：①采取措施时适用于该产品的最惠国关税实施税率；②本协定正式生效之日前一日适用于该产品的最惠国关税实施税率"。而根据 WTO《保障措施协定》规定，WTO 成员采取保障措施的形式可以是全部或部分中止义务，或撤销减让，或修改减让。这些措施可以是关税措施，也可以是数量限制等非关税措施。

综上所述，根据 CHAFTA 双边保障措施的规定，CHAFTA 双边保障措施一般发生的原因是在过渡期内，某成员因履行贸易条约的关税减让义务，在短时间内发生大量缔约成员的产品进口，对本国同类产业造成严重损害的情况下，按照贸易条约约定采取的保障救济措施。一般双边保障措施的形式为中止受到损害的产业的关税减让。如果关税减让无法达到救济效果，缔约成员还可以采取提高受损害产业的产品的进口关税，但是进口关税不得高于提高关税时缔约成员对外国同类产品实施的最惠国待遇。CHAFTA 双边保障措施包括临时双边保障措施，总共最长期限为三年，而且无论如何也必须在过渡期结束时终止。

4.2.4 对 CHAFTA 双边保障措施特别约定的合法性论证

根据前文对 CHAFTA 保障措施内容的论证分析，与 CHAFTA 全球保障措施制度完全援引 WTO 相关贸易救济制度不同，CHAFTA 双边保障措施属于单独特别约定。CHAFTA 双边保障措施制度与 WTO 相比，CHAFTA 采取保障措施的条件更加严格，即限于进口数量"绝对增长"造成的严重损害。在过渡期结束后，绝对排除使用双边保障措施。

对于 CHAFTA 双边保障措施内容不同于 WTO 双边保障措施约定，是否违反 WTO 规则的问题，即对 CHAFTA 双边保障措施相对于 WTO 双边保障措施制度的特殊规定不同的合法性问题，需要从两个方面论证：一是中澳两国有无权利在 CHAFTA 对双边保障措施制度进行特别约定？二是如果中澳两国有权在 CHAFTA 对双边保障措施制度进行特别约定，其特别之处是否有违中澳自由贸易区建立的宗旨？

1. 对 CHAFTA 双边保障措施制度是否符合 WTO 规则的论证

因为中澳两国同为 WTO 成员，WTO 规则对中澳两国均具有约束力。因此，CHAFTA 双边保障措施制度的特别约定不能违反 WTO 规则。众所周知，自由贸易区的建设来源于 WTO 附件 GATT（1994）第 24 条授权，那么，CHAFTA 双边保障措施制度的特别规定是否违反 GATT（1994）第 24 条，是 CHAFTA 双边保障措施的合法性是否存在的关键因素。

笔者认为，CHAFTA 的双边保障措施制度的特别约定并不违反 GATT（1994）第 24 条关于自由贸易区的规定。

首先，CHAFTA 双边保障措施并不违反 GATT（1994）第 24 条规定。CHAFTA 双边保障措施与 WTO《保障措施协定》不同，《保障措施协定》规定的保障措施可以是关税措施、数量限制措施等，而 CHAFTA 要求缔约成员采取的双边保障措施要么是中止 CHAFTA 协定规定的对货物关税的任何进一步减让，要么是将货物税率关税提高，而没有规定可以采取数量限制措施，比 WTO《保障措施协定》规定保障措施的种类更少，其目的是减少双边保障措施的采用，促进中澳两国的自由贸易。

其次，CHAFTA 双边保障措施属于 GATT（1994）第 24 条第 8（乙）款中的"其他限制性贸易法规"。与反倾销和反补贴措施不同，反倾销和反补贴措施针对不公平贸易行为，而保障措施的直接起因是 CHAFTA 缔约成员市场上另一缔约成员产品的大量进口。而产品大量进口有多种原因，有进口成员国内产业本身的原因，也可能有出口方的原因。保障措施更主要的目的是"结构调整的重要性"①。因此，CHAFTA 保障措施属于"其他限制性贸易法规"。同时，GATT（1994）第 24 条第 8（乙）款中的"其他限制性贸易法规"的例外清单中也没有包括载明 GATT（1994）第 19 条。因此，CHAFTA 双边保障措施属于 GATT（1994）第 24 条第 8 款（乙）项禁止的"其他限制性贸易和法规"。

最后，GATT（1994）第 24 条的宗旨是促进贸易自由化，而 CHAFTA 双边保障措施相对于 WTO 双边保障措施，在限制双边保障措施的采用标准上高于 WTO 标准，其目的就是促进中澳两国自由贸易，减少贸易救济措施，完全符合 GATT（1994）第 24 条的宗旨。

2. 对 CHAFTA 双边保障措施制度是否符合 CHAFTA 宗旨的论证

CHAFTA 序言宣告，"期盼加强两国经济伙伴关系并推动双边贸易和投资自由化，以增加经济和社会福祉，创造新的就业机会，提高人民生活水平；决心通过制定明确的贸易规则，为两国领土内的货物和服务创造更为广阔的市场，确保企业在一个可预见、透明和统一的商业体系内运营"，表明了中澳两国建立自由贸易区的宗旨。其中，推动双边贸易和投资自由化是 CHAFTA 的目标。根据上文所述，CHAFTA 对双边保障措施的特殊规定的目的就是限制贸易救济措施的采用，促进双边自由贸易。显然，CHAFTA 双边保障措施的特殊规定不违背 CHAFTA 设立的宗旨。

综上所述，CHAFTA 双边保障措施的特别约定既不违反中澳双方签订的 WTO 协定，也不违反中澳签订自由贸易协定宗旨和目的，完全符合国际法规定。

---

① 参见 WTO 区域贸易委员会文件：Committee on Regional Trade Agreements, Communication from Australia，WT/REG/W/18，17 November 1997。

4.3 CHAFTA 农产品特殊保障措施

4.3.1 CHAFTA 特别规定农产品特殊保障措施的意义

CHAFTA 没有在第 7 章 "贸易救济" 专章中规定农产品保障措施，而是在第 2 章第 14 条对农产品实施特殊的保障措施。

为什么 CHAFTA 农产品特殊保障措施不在 CHAFTA 第 7 章 "贸易救济" 专章中规定？这是否违反了文本的一致性问题？笔者认为，一方面，CHAFTA 和 WTO 保持一致，WTO 也是把对农产品的特殊保障措施放在《农业协定》单独规定；另一方面，CHAFTA 是基于中澳两国经济特殊性的实际情况出发。澳大利亚是人口小国①、农牧大国，人均拥有农田、牧场比率名列世界前列，农产品在国际上优势明显②；相反，中国是人口大国③、农产品进口大国，对农产品需求大，随着近年来耕地逐年减少以及农村年轻人纷纷选择进城打工，选择继续在农村从事农业生产的年轻人越来越少，中国在农产品领域竞争力逐渐变弱。对两国而言，一个是农产品出口大国，一个是农产品进口大国，具有很强的互补性，但是从国家利益理论出发分析，农业发展优势是一国政权稳固的核心问题之一，一是因为农产品牵涉粮食安全问题，二是农业涉及大量农村低文化层次中老年劳动力就业和脱贫致富问题，因而农产品不能像普通其他产品那样对等保护。CHAFTA 第 7 章规定的贸易救济是对方国家对等权利义务。CHAFTA 第 2 章第 14 条农产品特殊保障措施，实际上是单独对中国农产品的特殊保护规定。

---

① 2009 年 11 月 1 日，澳大利亚人口约为 2 204 万人。2013 年 6 月，澳大利亚人口约为 2 305 万人。参见百度百科：http://baike.baidu.com/view/3692.htm#6_1，访问时间为 2022 年 8 月 12 日。

② 澳大利亚是一个高度发达的资本主义国家。作为南半球经济最发达的国家和全球第 12 大经济体、全球第四大农产品出口国，其也是多种矿产出口量全球第一的国家，因此被称作 "坐在矿车上的国家"。同时，澳大利亚也是世界上放养绵羊数量和出口羊毛最多的国家，也被称为 "骑在羊背的国家"。参见百度百科：http://baike.baidu.com/view/3692.htm#6_1，访问时间为 2022 年 6 月 12 日。

③ 截至 2015 年年末，中国大陆总人口（包括 31 个省份和中国人民解放军现役军人，不包括香港、澳门、台湾地区和海外华侨人数）达 137 462 万人，其中，男性人口为 70 414 万人，女性人口为 67 048 万人，男性人口比女性人口多 3 366 万人。城镇常住人口为 77 116 万人，乡村常住人口为 60 346 万人，城镇人口占总人口比重为 56.1%。数据来源于中国经济网，http://district.ce.cn/newarea/roll/201601/19/t20160119_8371613.shtml，访问时间为 2022 年 6 月 12 日。

CHAFTA农产品特殊保障措施对中国实施农产品特殊保障措施，也有限制性规定，不是所有进口澳大利亚的农产品都可以采取特殊保障措施，只能对CHAFTA第2章附件2所列农产品实施特殊保障措施；不能对相同产品再根据《1994年关税与贸易总协定》第19条、《保障措施协定》或根据本协定第7章（贸易救济）实施或维持农产品特殊保障措施。

4.3.2 CHAFTA农产品特殊保障措施与CHAFTA第7章保障措施的异同

CHAFTA农产品特殊保障措施与CHAFTA第7章规定实施的全球保障措施和双边保障措施相比，CHAFTA农产品特殊保障措施的形式与CHAFTA第7章双边保障措施规定大体一致，都是规定通过"附加关税的形式"采取保障措施。

但是，CHAFTA农产品特殊保障措施和CHAFTA第7章规定实施的全球保障措施、双边保障措施相比，也存在明显不同，主要表现在以下三个方面：

一是启动保障措施的实质条件不同。CHAFTA农产品特殊保障措施实施的实质条件为CHAFTA第2章附件2中规定的数量，而不是CHAFTA第7章全球保障措施和双边保障措施所要求的"数量绝对增加"，在"任何给定日历年中，如中方进口本章附件2中所列原产自澳大利亚的产品的数量超过本章附件2中规定的这些产品该日历年的触发水平，中方可通过附加关税的形式对这些产品实施农产品特殊保障措施"。

二是实施保障措施的强度不同。CHAFTA保障措施第7章规定的强度和CHAFTA农产品特殊保障措施稍有区别，在CHAFTA农产品特殊保障措施规定采取措施的强度是"保障措施实施之日适用的最惠国实施税率或基础税率，以较低者为准"；而CHAFTA第7章贸易救济规定全球保障措施强度和双边保障措施强度为一方仅可在防止或补救严重损害和便利调整所必要的限度内：①中止按照本协定的规定进一步削减该产品的关税税率；②提高该产品的关税税率，但不超过下列税率较低的水平，即采取措施时适用于该产品的最惠国关税实施税率，以及本协定正式生效之日前一日适用于该产品的最惠国关税实施税率。CHAFTA农产品特殊保障措施在适用附加"关税"措施时，仅要求"附加关税和其他关税之和不得超过实施农产品特殊保障措施之日的最惠国实施税率或基础税率，以较低者为准"，确定关税最惠国关税的时间节点只有一个。比较CHAFTA保障措施实施确定最惠国关税措施时间节点有两个：①采取措施时；②CHAFTA正式生效之日前一日。选择两个最惠国关税最低的执行。

三是实施保障措施的形式不完全相同。CHAFTA农产品特殊保障措施只采取附加"关税"的方式进行。CHAFTA 全球保障措施和双边保障措施采取措施的形式有两种：①中止按照本协定的规定进一步削减该产品的关税税率；②采取附加"关税"的方式进行。

4.4 对 CHAFTA 保障措施制度的评价

笔者对中国已达成的 13 个自贸区在中国对外进出口贸易总额占比统计发现，2013—2014 年中国前 20 名出口国家或地区（见表 4.1）中只有 6 个自贸区伙伴（包含独立关税区中国香港和中国台湾）。

表 4.1　2013—2014 年中国前 20 名出口国家或地区　单位：亿美元

2013 年我国对外出口主要伙伴			2014 年我国对外出口主要伙伴		
排名	国家或地区	出口额	排名	国家或地区	出口额
1	中国香港	3 844.95	1	美国	3 960.62
2	美国	3 684.06	2	中国香港	3 630.77
3	日本	1 501.32	3	日本	1 493.91
4	韩国	911.64	4	韩国	1 003.33
5	德国	673.43	5	德国	727.03
6	荷兰	603.15	6	荷兰	649.29
7	英国	509.42	7	越南	637.3
8	俄罗斯	495.91	8	英国	571.41
9	越南	485.86	9	印度	542.17
10	印度	484.32	10	俄罗斯	536.77
11	马来西亚	459.31	11	新加坡	489.11
12	新加坡	458.32	12	马来西亚	463.53
13	中国台湾	406.34	13	中国台湾	462.77
14	澳大利亚	375.54	14	澳大利亚	391.46
15	印度尼西亚	369.3	15	印度尼西亚	390.6
16	巴西	358.95	16	巴西	348.9
17	泰国	327.18	17	泰国	342.89
18	加拿大	292.17	18	加拿大	300.04
19	法国	267.14	19	意大利	287.56
20	意大利	257.53	20	法国	287.02

数据来源：以上数据根据中国国家统计局数据库整理形成。

具体情况如下：①中国香港（第二名，2014 年出口额为 3 630.77 亿美元）；②越南（第七名，2014 年出口额为 637.3 亿美元）；③新加坡（第十一名，2014 年出口额为 489.11 亿美元）；④马来西亚（第十二名，2014 年出口额为 463.53 亿美元）；⑤印度尼西亚（第十五名，2014 年出口额为 390.6 亿美元）；⑥泰国（第十七名，2014 年出口额为 342.89 亿美元）①。出口到中国香港的产品多数都是转口贸易，并不是其本身所需，而是仅因为身为自由港和规范的法治等综合因素的结果。越南、新加坡、马来西亚、印度尼西亚、泰国五国虽然同属东盟与中国达成的自贸区，但都是中国的近邻，彼此之间有上千年的贸易历史，并不能完全认为是自贸区的结果。中国主要出口的国家还包括美国（第一名，2014 年出口额为 3 960.62 亿美元）、日本（第三名，2014 年出口额为 1 493.91 亿美元）、韩国（第四名，2014 年出口额为 1 003.33 亿美元）②、德国（第五名，2014 年出口额为 727.03 亿美元）、荷兰（第六名，2014 年出口额为 649.29 亿美元），这些国家并没有和中国签订自贸协定。

笔者在对中国 2013—2014 年占中国前 20 名进口贸易伙伴情况进行梳理时发现，自贸区伙伴国在其中的排名情况也并不乐观（见表 4.2）③。

表 4.2　2013—2014 年中国前 20 名进口国家或地区　单位：亿美元

2013 年我国主要进口国家或地区			2014 年我国主要进口国家或地区		
排名	国家或地区	进口额	排名	国家或地区	进口额
1	韩国	1 830.72	1	韩国	1 901.09
2	日本	1 622.45	2	日本	1 629.2
3	中国台湾	1 564.09	3	美国	1 590.61
4	美国	1 523.42	4	中国台湾	1 520.07
5	澳大利亚	989.54	5	德国	1 050.13
6	德国	941.56	6	澳大利亚	976.31
7	马来西亚	601.53	7	马来西亚	556.52

---

① 特别说明，韩国和澳大利亚与中国签订的自贸协定时间是 2015 年 6 月，生效时间均为 2015 年年底。因此，中国出口至韩国、澳大利亚的数据并不是自贸区的形成结果。

② 2014 年韩国并没有和中国形成自贸区建设。

③ 数据更新至 2016 年 11 月 13 日。数据来源于中华人民共和国国家统计局国家数据库，http://data.stats.gov.cn/search.htm？s＝%E4%B8%AD%E5%9B%BD%E6%BE%B3%E5%A4%A7%E5%88%A9%E4%BA%9A.

表4.2(续)

2013 年我国主要进口国家或地区			2014 年我国主要进口国家或地区		
排名	国家或地区	进口额	排名	国家或地区	进口额
8	瑞士	560.76	8	巴西	516.53
9	沙特阿拉伯	534.51	9	沙特阿拉伯	485.08
10	巴西	542.99	10	南非	445.68
11	南非	483.88	11	俄罗斯	415.94
12	俄罗斯	396.68	12	瑞士	404.41
13	泰国	385.23	13	泰国	383.32
14	印度尼西亚	314.24	14	新加坡	308.29
15	新加坡	300.65	15	伊朗	275.04
16	伊朗	253.9	16	法国	270.63
17	加拿大	252.37	17	加拿大	251.82
18	法国	231.1	18	印度尼西亚	244.85
19	智利	207.08	19	英国	237.27
20	菲律宾	181.82	20	智利	209.86

数据来源：以上数据根据中国国家统计局数据库整理形成。

通过表4.2可以发现，无论是2013年还是2014年，在中国前10名进口来源国中仅有马来西亚一国在东盟框架下是中国自贸区伙伴国。结合中国是WTO公布遭受贸易救济措施最多的国家，说明中国的当务之急是如何与主要贸易国家之间谈判签订符合中国国家利益、包括保障措施制度在内的贸易救济法律制度。因此可以说，中澳自贸区的达成①从中国主要贸易伙伴角度来看具有里程碑的意义。

CHAFTA保障制度根据中澳两国贸易的实际情况，只规定对澳大利亚出口到中国出口额很小的农产品中的部分鲜活产品（CHAFTA第2章附件规定的农产品）实施特殊的保障措施，而占比很大的矿产品和其他进口产品一样适用CHAFTA第7章规定。一方面，其满足了中国对农产品安全方面的需求；另一方面，由于CHAFTA仅针对农产品部分鲜活产品（如牛肉等），不是针对澳大

---

① 中韩属于邻国，是历史传统贸易伙伴国。而澳大利亚与中国达成的自贸协定，则是真正意义上贸易伙伴大国与中国达成的自贸协定，当然意义非凡。

利亚所有的农产品实施特殊保障措施，对澳大利亚整体向中国出口影响很小，而且还会在 CHAFTA 签订后因其他贸易的增加获取福利。通过澳大利亚对中国最担心的澳大利亚农产品进口做出特殊让步，允许中国可以对澳大利亚农产品采取特殊保障措施，促使中澳自由贸易协定最终顺利签订。众所周知，保障措施的目的是避免如果成员因履行自由贸易协定的关税减让义务，造成国家有关产业受到严重损害或损害威胁时，允许成员采取的一种保障措施。因此，CHAFTA 保障措施规定符合中澳自由贸易区的发展需要，该贸易救济制度也存在明显不足，如过分强调法学逻辑，必须通过复杂的逻辑推理才能找出解决 CHAFTA 保障措施争端应当选择的场所等。

4.5 本章小结

本章对 WTO "保障措施" 和 "保障条款" 进行了区别。国际法的保障条款（safeguard provision）是指当事成员在国际条约中约定，当成员履行国际条约过程中，出现了条约约定的如国际收支严重失衡等可能影响一国经济安全的情形时，允许缔约成员在条约约定情况下撤销或者中止对某些义务适用的条款。保障条款对所有缔约成员具有安全保障作用，对鼓励成员加入或谈判签订国际条约起到促进及心理支撑的作用。大多数国际贸易协定都包括了保障性质的规定或者例外条款。

在 CHAFTA 全球保障措施部分，笔者详细分析了 CHAFTA 全球保障措施的适用对象、对缔约方和非缔约方适用全球保障措施的不同待遇、对缔约方豁免全球保障措施的条件等。根据对 WTO 全球保障措施的分析，如果要执行全球保障措施，则 CHAFTA 成员必须在某些条件下可以豁免全球保障措施。

在双边保障措施部分，笔者论证分析了双边保障措施在过渡期前和过渡期后的适用及其合理性、双边保障措施的实施条件和形式以及临时双边保障措施的特别规定，并对其合法性进行了论证。CHAFTA 双边保障措施规定过渡期和双边保障的最长期限是目前所有自贸区中最短的，表现出对双边保障措施的抑制趋向，符合自贸区本身发展的需要。最后，本章还对 CHAFTA 保障措施法律制度进行了评价。

5 CHAFTA 反倾销和反补贴法律制度

　　根据本书第 2 章"自由贸易理论基础与现实根由"的分析，澳大利亚对中国的政治、经贸政策趋向取决于其国内利益集团之间和与中国之间国家利益双重博弈的结果。分析澳大利亚国内利益集团应从利益分析的角度出发，从能够从中澳或澳美或澳日或澳英经贸获益的利益集团进行分析。这里所说的利益集团，仅是针对利益分析结果而言，并不一定是一个独立经济利益集团，而是指同一政党不同支持者甚至是不同政党的同一支持者。不同政党的同一支持者是指澳大利亚国内某个利益集团如果拥有不同产业分别与中、美、日、英存在大量经贸往来，从利益分析角度来看，它一定会策略性地在澳大利亚主要政党中分别下注，保证在澳大利亚对外政策中左右逢源，达成让其利益最大化的各种协定或合意。应当说，大多数老牌资本主义国家的情况已大抵如此。之所以成为老牌资本主义，是从形成利益寡头的长期性角度说的。

　　研究 CHAFTA 反倾销和反补贴制度，不仅要研究 CHAFTA 反倾销和反补贴条文本身，还要研究产生它的背景、内容，以及存在的问题和完善手段。中国目前还未与最主要的贸易伙伴——美国、日本、欧盟等老牌资本主义国家或组织谈判自由贸易区建设，也未能找到与其他老牌发达资本主义国家减少贸易摩擦的其他有效路径，也许与之达成自由贸易区建设是不错或次优的选择。虽然中国与韩国达成的自贸区是中国目前达成的国与国之间最大的自贸区（从贸易额和综合水平而言），但是中韩自贸区的建立除受两国经贸发展需要的因素影响外，还受到地缘政治、两国经贸往来的悠久历史、文化认同等其他因素的影响。因此，中韩自贸区的经验，很难复制到将来中国与其他老牌资本主义大国建立自贸区的规则当中。从这个角度分析 CHAFTA 贸易救济制度，特别是其中的反倾销、反补贴制度更是重中之重，对未来中国与其他老牌资本主义发达国家建立自贸区有着重要的借鉴作用。本章主要对 CHAFTA 反倾销、反补贴制度内容及其合理性进行归纳、分析，并着重从利益分析角度思考这些制度背后的原因后提出应对之策。

笔者认为，判断中国与澳大利亚之间建立的自由贸易区贸易救济法律制度是否合理，应从利益分析角度论证分析其利益走向是否符合中、澳两国的国家利益。怎样运用利益工具分析方法分析反倾销、反补贴规则的利益导向规律，并利用其规律与中国的主要经贸合作伙伴建立健康、有效、符合中国国家利益的贸易救济规则，为中国的经济良性发展服务，为本书研究之目的。

5.1 CHAFTA 反倾销和反补贴法律建立的背景

在国际贸易中，"倾销"通常是指出口成员厂商利用自身的优势地位，在正常贸易中故意将出口商品以低于本国国内市场正常价格或低于成本的价格在国外市场销售的行为。其目的是通过"倾销"手段挤垮进口成员相关产业后垄断进口成员市场，最终通过垄断地位实现垄断利益。从 SCM 协定对"补贴"的定义来看，"补贴"是出口成员出于国家战略考虑，其政府部门或其控制的公共部门对出口商品进行的财政支持，形式包括税收减免、收入支持或其他可以量化的经济收入的行为。通过利益分析方法对倾销和补贴的本质进行利益导向分析，由于倾销和补贴的目的是在进口成员市场获取垄断地位，倾销和补贴不仅会对进口成员相关企业造成实质性损害或产生造成实质性损害的威胁，最终对进口成员消费者的利益也是有损害的，这不符合进口成员的利益。

5.1.1 国际贸易中反倾销和反补贴的概况

当今世界随着全球经济一体化进程的加快，国际贸易中的纯出口国是根本不存在的。任何一个国家都可能是某一产品的进口国，因此从理论上讲，任何一个国家都有可能遭受到倾销和出口补贴的侵害。WTO 允许各成员可以采取反倾销和反补贴措施对倾销、出口补贴行为进行反制。

在实际反倾销的过程中，世界各国都努力通过反倾销立法，通过征收反倾销税法律的途径，增加倾销产品的成本，达到抬高倾销商品价格，从而实现控制该进口商品的数量，实现减弱甚至抵消倾销的目的，并最终实现保护进口成员国内市场公平有序的竞争环境，保障本国厂商的合法收益，促进本国经济健康发展的目的。反倾销的依据是国际条约和进口成员国内的反倾销法律规则，由进口成员政府主管部门依据职权或国内相关产业的申请调查确认进口产品是否存在低价倾销，经过国际贸易协定和国内反倾销法律规定进行反倾销立案调查，根据调查的结果，决定是否在一定期限内采取征收不同幅度的反倾销税来抵消出口国企业的倾销行为。反倾销是当代世界各国使用频率最高的贸易救济措施之一，和反补贴、保障措施一道成为国际贸易中最为重要的贸易救济手段。

在WTO成立之前相当长的一段时间里，多国政府基于各种考虑，为了获取本国产品在国际贸易中的价格优势，竞相对出口企业进行各种补贴①。这些各种各样的贸易补贴措施，导致同类产品不公平参与竞争，给进口成员市场上本国同类产业带来严重的损害。为了抵制这种不公平贸易给本国企业带来的损害，各国纷纷采取更加严厉的非关税和关税壁垒等贸易救济措施，这些措施严重阻碍着国际市场的正常发展，阻碍了商品的自由流动②。直到WTO成立以后，WTO禁止采取除WTO规定贸易救济措施以外的其他救济措施抵制国际贸易中的不正当行为。如WTO附件《SCM协定》规定对补贴行为实施的反补贴措施只能是通过征收反补贴税，抵消掉国外政府或者政府控制的公共机构对出口产品的补贴；通过征收反补贴税让受到补贴的进口产品与本国产品在进口成员市场上公平竞争，开展公平贸易。

何为"公平贸易"或者说何为"公平竞争"？英国经济学家福克斯1905年在他的《1860年以来大不列颠及其殖民地的贸易政策》中提出了关于"公平贸易的"的概念③。福克斯的公平贸易定义是理想化的结果，在现实中如何认定外国政府及政府控制或支持的公共机构是否对其出口产品提供了补贴，以及补贴的范围，包括WTO附件《SCM协定》都只有定性规定，而没有定量标准。特别是对中国等社会主义国家如何开展公平贸易涉及的倾销和补贴确立标准，中外之间存在严重分歧。目前公认的对外国出口商品确定是否存在倾销、补贴的首要标准是看外国商品在本国市场上是否存在低价销售。如果存在低价销售，再看该低价是否对本国行业造成严重损害或者严重损害威胁，以及低价销售与国内相关产业受到严重损害或受到严重损害威胁之间是否形成因果关系。如果本国市场上的外国产品仅是价格低但销量不大，并没有使本国同类产

---

① 比如，有的国家就是为了获取外汇储备，而采取对本国的出口产品大量补贴的方式。虽然WTO对国际收支平衡的保障条款有特别约定，但保障条款仅是对进口产品采取的紧急的临时措施，其措施并不能带来外汇收入，只是为了减少外汇支出时对进口的限制措施。

② 徐麟. WTO下的反补贴机制研究［J］. 西南政法大学学报，2002（9）：71.

③ 福克斯的"公平概念"大意是：在存在人为生产的条件下，将本国与外国生产者置于平等的地位；把造成人为生产条件的诸如出口补贴、本国市场受到高度关税保护情况下的倾销以及间接税等因素的差异抵消掉后的贸易，但并不涉及生产条件的自然差异。

业产品的市场份额出现下降或者明显下降，或者与国内产业受到严重损害或严重损害威胁之间没有因果关系，则进口国主管机构一般会撤销对进口产品的各种贸易救济调查。如果进口成员的主管机构经过反倾销或反补贴调查后确信本国市场上的外国产品低价销售造成本国同类产业的市场份额严重下降，且彼此存在因果关系，此时则需要根据出口国同类产品在市场经济条件下的正常产品价值调查进口产品低价的原因，根据调查原因的不同而采取不同的贸易救济措施：如果是恶意低价销售，则构成倾销，根据倾销的幅度征收不同幅度的反倾销税；如果存在政府或政府控制的公共机构提供补贴，则根据补贴的幅度征收反补贴税；如果既存在倾销的行为，又存在补贴的行为，则根据倾销和补贴的幅度分别征收反倾销税和反补贴税；如果不存在倾销和补贴的行为，则采取保障措施，但是需要对进口国提供补偿。显然，确立外国产品正常产品价值的标准是确立进口国主管机构认定是否存在倾销、补贴的关键。因此，如何确立外国产品的正常价值标准，国际上存在两种标准：一种是对所谓完全市场经济国家，按照生产者国内生产要素确立产品的正常价值；另一种是针对中国等NME国家，采取所谓"替代国制度"① 确定进口产品的正常价值。

5.1.2 中国遭受"反倾销、反补贴"的情况

中国在中国共产党第十一届三中全会以后，逐步采取对内改革、以经济建设为中心，对外开放的国策，并以中华文化经济圈为重点，以中国香港、中国台湾和日本、东南亚以及世界各地华裔、华侨商人为招商主线，在世界范围内大力招商引资，有力推动了中国经济长时间高速发展。这使中国在逐步成为世界工厂的同时淘汰了大量落后产能企业②，培养了大量技术工人和研发企业，为中国经济能够持久高速增长奠定了人力资源和载体基础。经过数十年的高速发展，中国一举成为世界第二经济大国。但是，梳理中国经济成长的过程可以看出，中国经济数十年高速发展是以依靠优惠外资政策和中国低廉的劳动力成本吸引外国资本到中国投资后，利用产品的成本比较优势将产品出口到世界各

---

① 替代国制度（analogue country system）是指欧美等国针对来自中国等非市场经济国家的进口商品，在确定其正常价格时，不采用其出口国生产商品的成本要素，而选择一个与进口国经济发展水平和类似于进口国的市场属性类似的第三个市场经济国家的同类商品价格，作为计算正常价值的方法，被采用的市场经济国家通常称为"替代国"。其中，以美国为首的大多数国家选择经济发展水平相似的市场经济国家作为"替代国"，欧盟则是根据市场要素的相似性选择市场经济国家作为"替代国"，计算非市场经济国家商品的正常价格。

② 网易财经.纺织企业倒闭潮真相调查：小企业离场 大企业升级［EB/OL］.（2015-12-12）［2022-07-22］. http://money.163.com/15/1212/00/BAJIQSPJ0025260O3.html.

国为主的经济模式。因此，中国经济强势崛起的数十年，也是中国产品在世界市场上强势崛起的数十年。特别是以 2001 年 12 月中国"入世"为基点，中国开始了与世贸接轨的全方位政治、经济体制改革，以建设社会主义市场经济，并在 2013 年取代美国成为全球第一大货物贸易大国①。但是我们也要看到，中国进出口贸易在拉动中国经济的因素中比重过大②，说明中国经济的发展过于倚重对外进出口贸易，中国经济也更容易受外界经济发展水平的影响，这也是中国经济持续发展的重大隐忧。

随着中国产品在各国市场占有率的逐年增高，中国遭受的外国贸易救济措施逐年增加。中国在加入世界贸易组织时是以 NME 国家的身份加入的，并愿意以特殊的方式（"替代国"制度）计算中国产品的正常价值，这从客观上讲，使得 WTO 成员对中国产品采取贸易救济措施的可能性大大增加。事实上，随着中国产品在国际市场的份额不断增加，遭受伙伴成员采取贸易救济措施的数量也随之增多。随着中国的改革开放朝着纵深方向发展，以及和 WTO 接轨的需要③，我国对多数产品的出口只需要申报即可，无须进行审批，这样很多地方政府为了出口创汇政绩，给企业出口提供各种政策支持，有些地方政府甚至是以文件的形式出台各种优惠政策，给了外国企业以此申请对中国产品提起反补贴调查的口实。

任何一个国家启动对某种进口产品的贸易救济调查，都会给其他国家对同种产品提起类似贸易救济调查发挥示范效应，特别是像美国、英国、澳大利亚这样一些判例法国家，这种直接案例示范更具有准法律的意味④。比如，美国在 1980 年对中国发起反倾销调查的过程中，对中国产品采取"替代国制度"之后，立即呈现出"羊群"现象，几乎之后的所有国家在对中国发起的贸易救济措施调查过程中，对中国产品的正常价值技术都是采取"替代国制度"计算中国出口产品的正常价值，并将该计算中国产品正常价值的标准写进《中国加入世界贸易组织议定书》，自加拿大在 2004 年对中国产品发起反倾销

<hr>

① 新华网财经栏目. 中国 2013 年成为世界第一货物贸易大国 [EB/OL]. (2014-03-01) [2022-07-22]. http://news.xinhuanet.com/fortune/2014/03/01/c_119563015.htm.

② 凤凰财经. 商务部：2015 年全国进出口总值 24.58 万亿，同比下降 7% [EB/OL]. (2016-01-20) [2022-07-22]. http://finance.ifeng.com/a/20160120/14179050_0.shtml.

③ 安泰科电讯部. 我国进出口经营将取消行政审批 [J]. 中国金属通报，2001 (35)：1.

④ 英美法系国家的判例法是指法院的生效判决对本级法院和下级法院具有约束力作用，除非有相反证据证明该判决不能使用的充分理由，也就是新判决推翻旧判决。行政机关对案件的处理不具有法律作用，但是由于英美法系国家的民众已经习惯判例法思维，这些行政机关的裁决在其心里仍然具有"判例法"的示范作用。

和反补贴的"双反"调查后，随后大多数国家对类似产品都采取"双反"调查。又比如，2011年11月8日，美国对从中国进口的晶体硅光伏电池发起"双反"立案调查；随后欧盟也分别于2012年9月、2012年11月对从中国进口的晶体硅光伏电池组件和关键零部件进行"双反"立案调查；2013年4月22日，加拿大对从中国进口的晶体硅光伏电池组件进行"双反"立案调查；2014年2月6日，澳大利亚也宣布对从中国进口的晶体硅光伏电池发起"双反"立案调查。显而易见，当一国同一种产品在多个市场采取统一销售策略，在其遭受国际贸易救济时，一个国家对同一种产品的贸易救济立案很容易引起其他国家效仿。由于中国已经是世界头号货物贸易大国，产品已经遍布全世界，而销售策略单一（所谓"低价高质"策略），特别容易发生贸易救济的"羊群"效应，使越来越多的国家更容易对中国发起"双反"调查。

5.1.2.1　从外部因素看中国被频繁发起"双反"的根由

本来，WTO附件《反倾销协定》《SCM协定》都给予发展中国家特殊的优惠待遇，但是中国在入世谈判时放弃了《反倾销协定》和《SCM协定》所赋予发展中国家的特殊待遇和差别待遇，承诺允许WTO成员对中国采取反补贴措施。中国的这一做法，使得他国在与中国发生贸易摩擦时拥有更充足的法律依据①。巨额的贸易顺差，也是引起以美国为首的西方发达资本主义国家不满的另一个重要因素，它们认为在与中国的贸易过程中，中国对货币汇率的操纵、各种隐形补贴等非市场因素，导致了中国在与它们的国际贸易中获取了巨大贸易顺差，借机渲染"中国威胁论"，声称中国经济绑架了全球，是造成其国内的失业人数增加的主要根由，通过对中国产品频繁发起"双反"调查，转嫁国内经济不景气的状况，缓解和转移国内矛盾。笔者认为，中国对美国等西方国家的巨大贸易顺差，并不完全是西方国家所声称的中国操纵汇率以及提供各种隐形补贴的结果。美国等西方国家与中国贸易形成的巨额贸易逆差实际上是以下两方面原因所致：①中国大量出口劳动密集型产品的是美国等西方国家国内普通民众生活急需，但美国等西方国家资本家为了追逐更大利润而淘汰了的低端劳动密集型产品，中国低廉的劳动力成本使中国出口产品与世界其他国家相比具有较大的比较优势。②美国等西方国家人为在高技术领域产品限制对中国的出口。本来美国等西方发达国家国内存在的工业基本上鲜有低端制造业，高端技术产品又人为限制对中国的出口，这必然导致美国等西方国家在与中国的贸易中形成巨额贸易逆差。因此，要消除中国与西方国家国家间不正常

---

① 姚国顺. 我国应对"双反"调查的问题与对策研究［D］. 大连：东北财经大学，2014：24.

贸易逆差，西方国家必须降低对高技术产品的贸易限制，让市场发挥作用，仅靠指责中国转移国内矛盾等方式是无法从根本上彻底消除中国与其贸易中形成的贸易逆差的。

5.1.2.2 从中国国内因素看中国被频繁发起"双反"的根由

中国过分强调出口的经济政策，使得从中央到地方、从金融部门到税务部门一致性过分强调出口创汇业绩，也是中国频繁遭受反倾销和反补贴措施调查的另一诱因。特别是中国成为世界第一货物贸易大国后，这种现象并未得到明显改善，导致了一些企业为了出口创汇在国际市场上与国内相同产品厂家抢市场份额的过程中竞相杀价，造成出口产品价格奇低，在打压中国同类产品的同时，也使国外相同产品生产厂家的产品造成了严重积压，使得国外部分厂家对中国产品产生敌意，也坚定了它们对中国产品发起"双反"调查的态度。

5.1.2.3 从法制因素看中国被频繁发起"双反"的根由

在中国一系列被 WTO 贸易争端解决机构处理的贸易救济争端案件中，在确定中国产品正常价格时，WTO 的 DSB 机构并未将中国整体确认为市场经济主体，用中国国内市场的生产要素确定中国出口产品正常价格，导致中国在应对"双反"时不力的示范效应，从利益导向上刺激了外国对中国产品采取"双反"调查。因此，尽管中国在发展市场经济方面做出了非常大的努力，却仍然是遭受反倾销措施数量占到全球同期"双反"调查和反倾销数量最多的国家。

5.1.3 CHAFTA 反倾销反补贴法律制度形成的背景因素

5.1.3.1 政治因素

政治因素一直是中澳经贸发展的障碍因素。澳大利亚是西方老牌资本主义国家，其国内利益集团和中国进行经贸往来，但更多的密切经贸关系还是建立在和美国等传统西方强国合作的基础之上的。此外，由于拥有共同的信仰，相似的价值观、文化传统和生活习惯，都是以英语为母语或官方语言或工作语言的国家，澳大利亚与美国、欧盟天然靠近，特别是在政治、军事方面更是与美国无限趋近。此外，澳大利亚积极参与配合美国对中国的遏制行为，也是中澳之间另一道政治鸿沟。客观上讲，中国为了避免在铁矿砂等资源上受制于澳大利亚，除了在澳大利亚进口铁矿砂外，同时也积极出击，在非洲、南美洲建立铁矿砂等矿产资源储备。加之中国经济走弱和对房地产的高压态势，绝大部分钢铁企业处于半关闭状态，产能泡沫破灭，进一步减少了对澳大利亚铁矿砂的需求。与此同时，铁矿砂等自然资源国际市场价格大幅度回落，澳大利亚对中国的出口几乎无利可图，原来基于经济利益考虑对中国还有所顾忌，在经济利益已经不足为虑的情况下，需要考虑的就几乎是政治利益了。笔者认为，对西方发达老牌资本主义国家而言，其国家战略实际上就是为了国内政治经济利益集团服务的，不管是何种政治行为，最终都是为不同国内利益集团服务的手段。各个利益集团为了实现自己的利益战略目标，会利用其掌控的媒体制造舆论，引导国民在选举中投符合自己利益代理人的票；会设立各种研究使其全球利益最大化的智库或研究机构，分析研究各目标国及其邻国的文化传统、宗教影响、自然条件、资源分布、国内政治力量对比及其变化趋势以及社会主流价值观、对本国的态度等，采取各种政治、军事、国际舆论手段后对各目标国及其邻国有何影响及其趋势变化后，选择一套或几套完整方案实现其利益导向需要。因此，只能通过利益分析方法，分析其国内各种政治手段的最终利益走向，得出其国内利益集团的根本利益所在，对症下药，利用对手的战略，来实现自身的战略需要。

澳大利亚曾经是英国的殖民地，独立后并没有完全截断和英国的联系，仍然是英联邦国家成员之一。第二次世界大战结束后，随着美国的世界霸主地位确立，澳大利亚逐渐成为美国在亚太地区的盟国，成为美国在"亚太再平衡"① 战略中的重要一环。因此，澳大利亚对外贸易政策一直受到美国的严重影响。比如，美国前国务卿希拉里接受采访时鼓吹中澳建立自贸区会在经济和政治上影响和损害澳大利亚的行动自由和主权。希拉里的讲话一方面反映了美国对澳大利亚政治、经济的干涉，另一方面说明可能在澳大利亚国内确实有其坚定的支持者。所谓损害澳大利亚经济和政治上的行动自由和主权，不过是损害澳大利亚一直在经济和政治方面倒向美国的主权习惯的另一种表达而已。在笔者看来，中澳之间建立自贸区非但没有损害澳大利亚的经济和政治的自由及主权，恰好正是其独立自主地行使政治和经济的行动自由和主权。

由于美澳之间的盟友关系，美国对其的影响力早已超出正常市场力量的范

---

① 奥巴马团队执政以来，美国政府在"巧实力"的概念下调整了战略选择，决定把战略重心转移到亚太。中国外交学院战略与冲突管理研究中心教授苏浩曾撰文指出，美国将其军事盟国和战略伙伴国与自身的战略利益绑定，将它们推到前沿以对抗美国的挑战者，其效果可以一石三鸟，既将那些军事同盟变为多边同盟网络，从而强化了美国主导的安全秩序；又挑拨了中国与周边国家关系，迟滞了东亚区域一体化进程；同时更是直接锁住中国的海上实力的拓展空间，而又避免了与中国的直接对抗和冲突。"亚太再平衡"还有另外一个目的，就是实现美国分享亚洲蓬勃发展的经济红利。亚洲经济蓬勃发展，是最具活力的增长区。美国通过"亚太再平衡"战略提升美国在亚洲对外经贸战略中的地位，以便扩大对亚洲地区的出口，增加国内就业，分享亚洲经济增长的红利。资料来源于 360 百科，http://baike.so.com/doc/6232088-6445427.html。

畴。美澳之间的关系实际上受美澳之间隐形国际经济寡头的控制，如传媒大亨鲁伯特·默多克①就控制着美国 FOX 等多家有影响力的媒体。媒体控制舆论导向，舆论导向受寡头们的利益需要控制。但是，经过澳大利亚与中国多年经贸往来的发展，中国自 2009 年取代日本成为澳大利亚的第一大贸易合作国②。从利益工具分析方法来看，澳大利亚已经形成了在中澳贸易过程中获得巨大利益的利益集团。但是日本和美国与澳大利亚的贸易额仍然是第二位和第三位，加之澳大利亚和日本都是美国的盟国，美国对于澳大利亚而言仍然拥有强大的势力范围。笔者认为，澳大利亚与中国的关系以及主要经贸关系取决于国内利益集团的斗争结果。

澳大利亚虽然在 2005 年 5 月 13 日承认中国市场经济地位以来不再认为中国不是市场经济体，但是在 2010—2013 年（中澳正在激烈进行 CHAFTA 谈判的时间段）对中国发起的 11 起反倾销调查中的 4 起案件采取了所谓的"特殊市场情况"计算出口产品的正常价值。比如，澳大利亚当局在"2012 年碳钢焊管案"的裁决中对"特殊市场情况"做了仔细论证，对碳钢案中的特殊市场情况进行调查。在此案中，澳大利亚调查机关确认，由于中国政府对市场积极干预，2012 年碳钢案中存在"特殊市场情况"，不能采用中国市场价格计算中国出口到澳大利亚的碳钢的正常价值，而应采用"替代国"计算中国出口至澳大利亚的碳钢的正常价值。虽然 WTO《反倾销协定》允许对市场经济国家的"特殊市场情况"，可以使用"替代国"计算正常价值，但是 WTO 反倾销协定并没有确定什么是"特殊市场情况"。事实上，什么是"特殊市场情况"，均由各国自行规定。澳大利亚关于"特殊市场情况"的规定出现在其《海关法》第 269 条第 2（a）款第（ii）项当中③。至于如何对澳大利亚《海关法》第 269 条第 2（a）款（ii）项中的"情形"进行界定，其《海关法》并未明确规定；但澳大利亚海关与边境保护局于 2012 年发布的《倾销与补贴

---

① 鲁伯特·默多克（1931 年 3 月 11 日—），生于澳大利亚，后加入美国籍。世界报业大亨，美国著名的新闻和媒体经营者。默多克报业集团的投资极为广泛，除出版业外，从宣传媒介到电视台到石油钻探、牧羊业等都有所涉足。早在 20 世纪 70 年代，在国内已拥有悉尼电视第十台、墨尔本电视第十台和安塞航空公司 50%的股权，并经营欢乐唱片公司和图书公司等。短短的三四十年间将其发展为跨越欧、美、亚、澳四大洲，涉足广播、影视、报业诸领域的传播媒介帝国。在他的魔下，既有久负盛名的英国《泰晤士报》，又有美国电影界的大腕级电影公司——20 世纪福克斯公司。其控制的美国新闻集团被称为"默多克的传媒帝国"。

② 中国经济网.中国超越日本美国成澳大利亚第一大贸易伙伴国 [EB/OL].（2009-12-01）[2022-07-20].http://intl.ce.cn/specials/zxxx/200912/01/t20091201_20535357.shtml.

③《澳大利亚海关法》第 269 条第 2（a）款（ii）项：如果出口国市场存在某种情形，以至于无法据此确定正常价值，则应当适用结构价格。

手册》却列明了3个需考察的要点：①该国政府是否严重影响了国内市场的竞争条件；②政府持股企业在国内市场当中从事非营利行为，从而导致民营企业的可获价格受到影响；③政府影响原材料供应价格。事实上，中国是澳大利亚当局唯一适用"特殊市场情况"的国家计算反倾销税的国家，也是因而招致了最高额税率的国家①。澳大利亚对中国适用"特殊市场情况"，实际上是政府行为用法律外衣对特定国家进行的反倾销壁垒。

笔者认为，任何规则的建立，对建立者而言都有着它期望的利益导向。国与国之间达成各种条约或协定，一定是协定签订时前协定签约国国内各种政治、经济、宗教等势力集团利益综合平衡的结果，对其国内而言其中一定是政治占主导权的利益集团是最大利益获得者。CHAFTA 反倾销和反补贴制度也不例外，对澳大利亚来说，CHAFTA 一定反映的是签订 CHAFTA 时的执政党及其背后利益集团的主要利益；对中国而言，由于中国是人民当家作主，从整体上反映的是整个人民的利益，但是对具体产业而言，一定是主要反映积极推动签订 CHAFTA 产业集团的利益需要。比如，中国的多数钢铁都是地方政府所有的国有企业集团，而且钢铁企业产值高，对地方 GDP 贡献大。出于对矿石的迫切需要，对 CHAFTA 的谈判就变成由地方政府动用各种手段集体给商务部、国务院相关部门施加压力，促使 CHAFTA 谈判几乎是僵局情况下能够在很短时间内得以完成。但是从 CHAFTA 谈判到顺利签订过程，可以说政治因素起到决定性因素，反映了各国领导阶层的意志，符合签订当时各国国内政治需要。

5.1.3.2 经济因素

应当说，经济贸易协定反映的主要是经济因素，经济因素的客观需要最终推动国际自贸区得以达成。虽然 CHAFTA 的最终签订是靠两国领导人的大力推动，但是按照马克思主义"经济基础决定上层建筑"的理论，即使 CHAFTA 的签订是两国领导人努力推动的结果，其归根到底还是 CHAFTA 成员经贸的客观实际需要决定的结果。因此，研究 CHAFTA 反倾销、反补贴法律制度，经济因素才是其制度背后的根本原因。具体到 CHAFTA 本身，谈判分歧的经济因素部分，其实就是建立反倾销和反补贴法律制度的背景经济因素。

国内部分学者认为，中澳自由贸易谈判在经济方面的障碍主要有两个：其一是关于铁矿砂贸易的谈判②；其二是澳新食品及农产品进口规则与标准对中

---

① 赵海乐. 澳大利亚对华反倾销中"特殊市场情况"的滥用 [J]. 国际经贸探索，2014（6）：72.

② 刘馨. 中澳自由贸易的阻碍及发展前景 [J]. 吉林华侨外国语学院学报，2015（1）：132.

国出口农产品形成的巨大阻碍①。应该说对前述内容，多个学者都持赞同观点。比如，刘刚（2012）在他的硕士论文《澳大利亚对华 FTA 策略分析》中谈论澳中 FTA 出现困境的原因时，认为澳中 FTA 谈判出现的困境主要是两个因素造成的：一是政治因素；二是经济因素②。通读刘刚的文章可以发现，刘刚所说的政治因素还是和经济因素一起谈论的，意思是在前述两个障碍中的政治考量，所谓政治、经济因素，只不过是上诉两个观点的另一种说法。应当说，中澳自由贸易谈判过程中的障碍因素，也是 CHAFTA 贸易救济条款谈判的焦点所在。这也是中澳自贸协定谈判受阻的重要因素。但是笔者认为，其实上述两个在中澳自贸协定谈判过程中遇阻的经济因素，从实践来看实际上是个伪命题。

本章对中澳 CHAFTA 谈判第一个障碍"对中国农产品出口澳大利亚受阻"进行经济因素分析。首先，中国虽然是农业大国，但不是农业强国，从事农业生产的人员普遍文化素质不高，农业生产力水平偏低，很多偏远地方仍然是几千年不变的生产方式，劳动生产效率低下，很多地方仍然是靠天吃饭。其次，由于中国实行特殊的计划生育政策，以及部分地区员的文化水平相对较低，他们会认为从事农业是低能表现，是就业的最后选择。一些地方政府在脱贫致富方面手段单一，片面鼓励农村青壮年外出到城市打工导致农村中受过一定程度教育的年轻人远离农村，使得从事农业生产的人员结构老化，并且文化素质方面一直得不到有效改善。再次，中国是人口大国，本身对农产品的需要就很大，特别是整个社会经济水平提高以后，人民不再满足填饱肚子的低层次农产品，出于对改善生活质量的需要，从对农产品的需求已经上升到"农产品质量精细化，农产品结构营养化"。最后，中国之所以没有成为农业强国，原因除了前述分析外，中国农产品研发能力薄弱、产品品种差；生产技术相对落后，地区农业生产设施条件不足，农民经济基础抵御风险能力弱；从中央到地方对农村政策缺乏战略也是重要因素。如何提高农业生产，使农民致富增收，虽然可以从本书的利益分析方法中找出解决办法，但也只能根据完整真实的农村实际情况和整个社会结构复杂分析得出，这不是本书的研究对象，在此不再述及，但至少可以得出结论：中国农业产业是中国所有领域最为薄弱的行业之一，是我们党和政府需要花大力气提高农民收入的产业部门。因此，中澳自贸

---

① 刘馨. 中澳自由贸易的阻碍及发展前景 [J]. 吉林华侨外国语学院学报，2015（1）：132.
② 刘刚. 澳大利亚对华 FTA 策略分析 [D]. 上海：上海师范大学. 2012：34.

协定谈判过程中，因为澳大利亚的非关税壁垒，可能使中国农产品出口澳大利亚严重受阻，显然是个伪命题。事实上，CHAFTA 第二章"农产品特殊保障措施条款"本身就论证了笔者的观点。

关于中澳 CHAFTA 谈判第二个障碍"关于铁矿砂贸易的谈判"经济因素分析。由于钢铁企业在 GDP 占比高、增效快，一时间中国各地钢铁企业遍地开花，国内铁矿砂产量远不能满足国内一时间疯狂钢铁产能需求，巴西、非洲相比澳大利亚路途遥远，且澳大利亚法制健全，企业违约可能性低，因此中国各钢铁企业都把澳大利亚作为最理想的进口来源地。2009—2012 年，中国对澳大利亚铁矿砂的需求达到历史高位，铁矿砂价格一涨再涨，让澳大利亚的铁矿砂企业寡头赚得盆满钵满。因此，中澳铁矿砂谈判受阻主要是由于中澳贸易中铁矿砂占比很大，澳大利亚对 CHAFTA 谈判态度很坚决，可以在中国阶段性在农产品实施特殊保障措施方面，以及乳制品、牛肉等农牧业产品分阶段零关税方面做出让步，但是在对澳大利亚出口的铁矿砂实施零关税方面寸步不让。随着中国经济的回落，各地钢铁行业的泡沫破裂后，严重不景气的中国钢铁业对澳大利亚的铁矿砂需求大幅度下滑，铁矿砂的价格呈跳水式下跌。中澳两国这种不正常的经贸现象自 CHAFTA 生效后就已经显现，如澳大利亚在 2013 年的中国出口额为 989.54 亿美元，排中国 2013 年主要进口国第五位，而在 2014 年出口额下降到 976.31 亿美元，名次下滑了一位，变成第六位[①]，而 2015 年 1—6 月进一步下降到 220.3 亿美元，同比下降 22.2%[②]。这说明中澳之间的铁矿砂贸易现象仅是一个短暂的现象，并不是中澳长期贸易的主流。

由于 CHAFTA 是在谈判中澳自由贸易区期间的特殊经贸关系基础上建成的，其建立的贸易规则也就必然存在它的特殊性，其中贸易救济规则也必然如此。具体到建立 CHAFTA 中的反倾销、反补贴制度时，回避了对澳大利亚自 2010 年以来在对华反倾销过程中坚持采取"特殊市场情况"有关政策的规则约定。更为严重的是，根据笔者对"中国贸易救济信息网"发布的澳大利亚对中国相关企业或产业发起的反倾销与反补贴调查，在 CHAFTA 生效后 6 个多

---

① 数据来源于中华人民共和国国家统计局官网，由笔者整理所得。访问时间：2022 年 3 月 16 日，中华人民共和国国家统计局网址：http://data.stats.gov.cn/index.htm.

② 中国国际贸易促进委员会官网. 2015 年 1—6 月澳大利亚货物贸易及中澳双边贸易概况 [EB/OL].（2015-8-14）［2022-08-16］. http://www.ccpit.org/Contents/Channel_3590/2015/0814/479394/content_479394.htm.

月时间已达 4 宗①。纵观澳大利亚在 CHAFTA 生效后对中国发起的 2 宗"双反"与 2 宗反补贴调查，其中 3 宗为企业申请，1 宗为澳大利亚主管当局依职权发起。在 4 宗调查中，有 3 宗为钢制品，1 宗为复印纸产品。应当说，所调查产品在澳大利亚属于非主流产业，有些产业就是一个或几个小规模企业，澳大利亚在 CHAFTA 生效后不久就对中国发起密集的反倾销与反补贴调查，一方面是国际市场同阶段对中国钢制品频繁发起"双反"的"羊群"效应所致；另一方面是由于中国政府对房地产市场严重打压，使国内钢材市场严重饱和，造成各地钢企的产能严重过剩。为了生存，各钢企只能在出口市场寻找活路。由于各个钢企都采取同样策略且产品结构的相似性，难免在国际市场竞相杀价，自然造成国际市场钢材价格的一跌再跌，给澳大利亚国内钢企造成亏损是不可避免之事。此外，钢产业和复印纸等产业对澳大利亚而言并非主导产业，从业企业数量并不多，虽然有时一个企业就可能代表一个行业的大多数，但是根据 WTO 和 CHAFTA 贸易救济规则，该企业仍然有权提起贸易救济措施。事实上，中国中央政府三令五申要求对中国过剩的钢铁产能中的落后产能实行关停并转，钢铁产业属于限制性发展产业，政府根本不可能对中国钢企提供支持性补贴。对中国钢企而言，日子举步维艰，进行低价销售完全是不得已之事，哪有钱去亏损，故意低价倾销？

为什么澳大利亚在采取贸易救济措施时仍然愿意采取反倾销与反补贴措施调查，而不是保障措施调查呢？这是因为，虽然采取保障措施可能更为恰当，但是按照保障措施的规定，必须履行补偿义务，否则中国有权行使报复权。而反倾销与反补贴措施则不需要提供补偿义务，况且在 WTO 有关中国的反倾销和反补贴调查歧视性法律规定，一直有效。CHAFTA 反倾销和反补贴法律制度设计时，针对 WTO 有关对中国反倾销和反补贴措施调查的歧视性规定采取了回避态度。因此，澳大利亚可以轻而易举对中国产品发起反倾销和反补贴调查。对中国而言，并没有通过中澳自由贸易协定对 WTO 有关中国产品反倾销

---

① 4 宗调查分别是：①2015 年 12 月 23 日，应 OneSteel Manufacturing Pty Ltd 的申请，澳大利亚对原产于中国的钢筋进行反补贴立案调查。涉案产品海关编码为 7213.10.00、7214.20.00、7227.90.10、7227.90.90、7228.30.10、7228.30.90、7228.60.10。②2016 年 2 月 17 日，应 One Steel Manufacturing Pty Ltd 的申请，澳大利亚对原产于中国的线圈棒进行反补贴立案调查。涉案产品海关编码为 7213.91.00、7227.90.90。③2016 年 4 月 12 日，澳大利亚反倾销委员会发布公告，对原产于中国的 A4 复印纸产品发起反倾销反补贴调查。涉案产品在澳大利亚海关主要归于 4802.56.10/03 税则号项下。④2016 年 7 月 4 日，澳大利亚委员会发布公告称，应澳大利亚企业 Summit Select Pty Ltd 的申请，对进口自中国的钢置物架（Steel Shelving Units）发起反倾销和反补贴立案调查。涉案产品海关编码为 9403.10.00\40 和 9403.20.00\19。

和反补贴歧视性规定进行重新约定，让其归于自然失效，但是中国在谈判贸易救济时忽视这点，这对中国企业很不公平，应当予以纠正。纠正的途径有两种：一是中澳两国通过谈判在新一轮对自贸协定进行修订时进行补正，也单独对此进行斧正；二是通过诉讼至澳大利亚法院对澳大利亚当局反倾销与反补贴调查措施中实行"特殊市场情况"进行撤销判决。因澳大利亚是判例法国家，法院生效判决具有法律属性，对其政府具有强制约束力。

5.2　CHAFTA 反倾销法律制度

CHAFTA 贸易救济制度中的反倾销法律制度规定在第 7 章第 9 条，和全球保障措施一样，都是采用援引法律条文的方式。CHAFTA 反倾销法律制度援引WTO 反倾销法律制度作为自己的条文，具体由 GATT（1994）第 6 条、《反倾销协定》以及《中国加入 WTO 议定书》中有关反倾销条文共同构成，还有WTO 争端解决机制中生效的专家组的最终报告和上诉机构的最终裁决中有关反倾销措施的法律解释。

5.2.1　WTO《反倾销协定》和《中国入世议定书》的主要内容

CHAFTA 第 7 章第 9 条一共只有 2 个条款，其中第 1 款规定的内容确定了CHAFTA 反倾销法律制度组成范围，即由 WTO 反倾销协定和 GATT（1994）第 6 条和中国入世议定书有关反倾销条文内容共同组成。其中，第 2 款规定"双方同意在反倾销事务方面加强对话，以相互给予公平和透明的待遇。双方将提供适当的磋商机会，包括通过定期举办贸易救济高层对话，就另一方提出的与此类事务有关的问题交换信息"①。从第 9 条第 1 款规定来看，除非第 2 款另有规定，否则将双方享有在 "《世贸组织协定》附件 1A 中的《关于实施〈1994 年关税与贸易总协定〉第 6 条的协定》项下的权利和义务" 内容作为CHAFTA 反倾销措施全部内容。因此，分析 CHAFTA 第 7 章第 9 条第 2 款的内容，对确立 CHAFTA 反倾销法律制度而言就是重中之重了。CHAFTA 第 7 章第 9 条第 2 款一共规定了两个方面的内容，具体分析如下：① "在反倾销事务方面加强对话，以相互给予公平和透明的待遇"。此条的着力点是 "加强对话""相互给予" 以及 "公平" 和 "透明" 的待遇。"加强对话" 的意思是加

---

① 参见 CHAFTA 第 7 章第 9 条第 2 款。

强沟通，这显然对双方权利义务不具有实际约束力；"相互给予"的内容约定对双方有间接约束力，为什么说有间接约束力？是因为一方不能直接援引该款内容抗辩或主张权利，必须配合其他案件并确定了关于一方在"公平"和"透明"方面给予对方待遇的内容，才能要求对方对等给予在"公平"和"透明"方面的待遇。②"提供适当的磋商机会"。"磋商"是反复协商、谈判的意思；"适当的磋商机会"就是合适的磋商机会；"机会"就是一种可能性；协定对其内容有一个补充性说明，即"定期举办贸易救济高层对话，交换就一方提出反倾销方面的问题信息"，意思是双方高层定期就贸易救济方面交换有关对反倾销问题的看法。笔者对第 9 条第 1 款和第 2 款进行分析发现，其对CHAFTA 成员在反倾销法律制度的权利义务没有实质影响。因此，CHAFTA 贸易救济中的反倾销法律制度只能是第 7 章第 9 条第 1 款内容。而第 1 款约定的是，除非本条另有规定。所谓不是本章另有规定，也不是本协定另有规定，意思是只要本条的第 2 款对反倾销法律制度权利义务没有做出约束力规定，那CHAFTA 反倾销的法律制度权利义务内容就只能是第 1 款规定。

《关于实施〈1994 年关税与贸易总协定〉第 6 条的协定》内容分为 3 个部分共 18 条及 2 个附件①。

第一部分规定了反倾销协定的原则（第 1 条）、倾销的确定（第 2 条）、损害的确定（第 3 条）、国内产业的定义（第 4 条）、发起和随后进行调查（第 5 条）、证据（第 6 条）、临时措施（第 7 条）、价格承诺（第 8 条）、反倾销税的征收（第 9 条）、追溯效力（第 10 条）、反倾销税和价格承诺的期限和复审（第 11 条）、公告和裁定的说明（第 12 条）、司法审查（第 13 条）、代表第三国的反倾销行动（第 14 条）、发展中国家成员（第 15 条）。

第二部分规定了反倾销措施委员会（第 16 条）措施和争端解决（第 17 条）。

第三部分规定了协定的最后条款（第 18 条）。

附件 1：根据第 6 条第 7 款进行实地调查的程序。

附件 2：按照第 6 条第 8 款可获得的最佳信息。

《中国入世议定书》第 15 条"确定补贴和倾销时的价格可比性"②。由于《中国入世议定书》第 15 条（d）项规定"一旦中国根据 WTO 进口成员的国内法证实其是一个市场经济体，则（a）项的规定即应终止，但截至加入之日，该 WTO 进口成员的国内法中须包含有关市场经济的标准。无论如何，

---

① 协定及附件内容来源于"中华人民共和国商务部产业损害调查局"官网：http://dcj.mofcom.gov.cn/aarticle/zcfb/cq/200504/20050400069594.html，访问时间：2022 年 8 月 16 日。

② 参见《中国加入世贸组织议定书》第 15 条。

（a）项（ii）目的规定应在加入之日后 15 年终止。此外，如中国根据该 WTO 进口成员的国内法证实一特定产业或部门具备市场经济条件，则（a）项中的 NME 条款不得再对该产业或部门适用"。由此可得，如果根据 WTO 成员内部法证实中国是市场经济体，或者中国特定产业或部门符合 WTO 成员内部法律规定的市场经济条件情况则 WTO 进口地对中国相关产品进行反倾销调查时，只能适用中国的市场条件计算中国进口产品的正常价值。

5.2.2 WTO 争端解决机制中生效的专家组的最终报告和上诉机构的最终裁决中有关反倾销的法律解释

因为 CHAFTA 反倾销制度的内容是全部援引 WTO 相关制度，因此 CHAFTA 反倾销制度的内容还应包括在 WTO 争端解决机制中生效的专家组最终报告和上诉机构最终裁定确立的反倾销法律原则。特别是对英美法系的判例法国家而言，WTO 争端解决机制的生效裁决会产生巨大的影响力，对中国等成文法国家而言，也会产生巨大的心理影响。毕竟朴素的"同样的事情同样对待"法律理念会使所有人产生心理压力。即使对中国等成文法国家而言，虽然判例不是法律，但是由于 WTO 争端解决机制不是由成员所在国家法院审理案件，按照惯例，专家组成员和上诉机构人员中一定有一定比例的判例法国家的人员，而且 WTO 争端解决机制的争端解决机构（以下简称"DSB"）也不会让其专家组和上诉机构审结的案件对 WTO 第 6 条和《反倾销协定》的解释前后矛盾。换句话说，事实上已经受到"遵循先例"判例法规则的束缚。所以，笔者认为，WTO 反倾销法律制度内容应包括 GATT（1994）第 6 条、《反倾销协定》以及 WTO 争端解决机制中专家组和上诉机构在具体案件中对反倾销措施的解释。

5.3　CHAFTA 补贴与反补贴法律制度

《中华人民共和国反补贴条例》第 3 条对补贴的定义是"补贴，是指出口国（地区）政府或者其任何公共机构提供的并为接受者带来利益的财政资助以及任何形式的收入或者价格支持"①。《SCM 协定》对补贴的定义是一成员政府对其境内某一行业提供各种协定规定的财政资助。

---

① 参见《中华人民共和国反补贴条例》第 3 条。

CHAFTA 第 7 章第 10 条规定了 CHAFTA 补贴与反补贴措施内容，一共
6 款，内容包括：《SCM 协定》，CHAFTA 特别规定的成员主管外贸的调查机关
在采取反补贴调查应遵循的特别程序，《中国入世议定书》第 10 条"补贴"和
第 15 条"确定补贴和倾销时的价格可比性"内容。

CHAFTA 补贴与反补贴法律制度内容由 CHAFTA 第 7 章第 10 条、《SCM 协
定》、中国入世议定书第 10 条"补贴"和第 15 条"确定补贴和倾销时的价格
可比性"组成。要弄清楚 CHAFTA 补贴与反补贴法律制度准确内容，就必须
对它们的具体内容和彼此之间的关系进行详细分析。

5.3.1 对 CHAFTA 第 7 章第 10 条内容的分析

第 1 款：除非本条另有规定，双方保留在《世贸组织协定》附件 1A 中的
《补贴与反补贴措施协定》项下的权利和义务（备注：为进一步予以明确，本
条中任何规定不影响双方在《补贴与反补贴措施协定》第 13 条下的权利和义
务）。该款规定了 CHAFTA 双方在确定补贴与反补贴措施中的权利义务内容，
是以 WTO《补贴与反补贴协定》和 CHAFTA 特别约定共同组成，但是《补贴
与反补贴协定》第 13 条规定不能做任何修改。CHAFTA 成员享有的反补贴调
查权，不因需要向对方提供合理磋商义务受任何影响。

第 2 款：双方应相互交换根据《1994 年关税与贸易总协定》第 16 条第 1 款
和《补贴与反补贴措施协定》第 25 条向世贸组织提交的通报，以保证补贴措
施的透明度①。这款规定了 CHAFTA 成员采取了补贴的通知义务。

第 3 款：一方收到针对"来自另一方的进口的附有适当证明文件的反补贴
调查"申请后，应立即书面通知另一方。该通知应包括申请书及其支持性证
据的非保密版本。调查机关及收到通知的一方应避免公布关于存在此申请的消
息，除非已决定发起调查②。此款规定的是 CHAFTA 反补贴调查机关进行反补
贴调查的程序，在受到国内产业反补贴调查申请后，必须将申请书和证据中非
保密的部分立即通知另一成员。与此同时，在调查机关决定反补贴调查前，双
方都有对此申请内容保密的义务。

第 4 款：附有适当证明文件的反补贴调查申请一经接受，在发起调查之
前，进口一方无论如何应向另一方提供合理的磋商机会，以澄清申请中提及事
项的情况，并寻求达成双方同意的解决方案。对于新指控的补贴项目的调查应

---

① 参见 CHAFTA 第 7 章第 10 条第 2 款。
② 参见 CHAFTA 第 7 章第 10 条第 3 款。

以透明的方式进行，应给予另一方合理的磋商机会以维护其权益①。此款内容是对反补贴调查机关权力的限制，要求反补贴机关在发起反补贴调查之前必须给拟被调查方提供合理的、与申请方进行磋商的机会，给被申请的存在补贴部分解释和说明的机会，探寻达成和解方案的可能性，而且所有的调查必须以公开透明的方式进行。

第5款：调查机关应对涉及另一方的反补贴调查申请中的证据的准确性和适当性进行认真审查，以确定所提供的证据是否足以证明发起调查是正当的②。此款同样是对进口成员反补贴调查机关权力的一种限制，反补贴调查机关不能随意认定或任意认定调查案件，必须对双方提供证据的准确性和适当性进行认真审查，并以此确定进行的反补贴调查的正当性，决定是否继续进行反补贴调查。

第6款：在整个调查期间，应给予另一方继续进行磋商的合理机会，以澄清事实情况，并达成双方同意的解决办法③。该款规定的是在整个反补贴调查期间，进口国反补贴调查机关都必须坚持给予对方磋商的合理机会。举证，表明理由，和申请方协商谈判，争取达成和解协议。

上述约定条款存在的问题是，在对 CHAFTA 成员进行反补贴调查的过程中，存在几个必须厘清的关键概念，协定中并没有对其进行明释。即①何为第3款、第4款、第5款中提到的"适当"？②何为第3款中的"保密"？反倾销调查过程中，双方能否以把提交给调查机关的可能影响裁定的关键证据辩解为保密材料不提供给对方？③何为第3款中的"立即"和第5款重点"准确性"？④何为第4款和第6款的"磋商"和"合理"？⑤第4款中的"磋商的合理机会"和第6款中的"合理的磋商机会"有何异同？

上述五个问题中的①、②、③必须是争端解决机构根据不同性质的案件，在解决贸易反补贴救济争端过程中必须先解决的问题。对④和⑤关于磋商的参见本书第3章有关磋商的论述。对"磋商的合理机会"和"合理的磋商机会"，笔者认为并无二致。

5.3.2 对《SCM 协定》的分析

5.3.2.1 《SCM 协定》主要内容

经过 GATT 成员经"乌拉圭回合谈判"，最终达成《SCM 协定》也有学

---

① 参见 CHAFTA 第7章第10条第4款。
② 参见 CHAFTA 第7章第10条第5款。
③ 参见 CHAFTA 第7章第10条第6款。

者将"agreement"翻译为"协议"。笔者认为,从国际法习惯角度翻译为"协定"为宜,《SCM协定》从实体法和程序法两方面较为全面又详细地规定了补贴与反补贴规则。该协定共分为11个部分31条及7个附件,相关内容如下:

第1部分总则,规定了补贴的定义和范围。

《SCM协定》(在本节中简称为"SCM协定"或"协定")对补贴的定义为:政府或任何公共部门在缔约方的关税领土内,对特定企业①进行的"①涉及资金直接转移或资金或债务潜在转移;②间接转移收入(如税额减免);③提供商品或服务或收购产品;④政府通过第三方进行前述三种行为;⑤存在'GATT(1994)第16条规定的任何形式支持'的财政资助"②。该部分确立了什么是协定认定的补贴,通过对补贴的定义确立协定适用范围。

协定在总则部分规定了整个协定最为重要的SCM协定的专向性标准规则。

第2部分禁止性补贴。协定规定的禁止性补贴,就是协定附件1所列的为了鼓励出口或进口替代作为条件进行的补贴。

协定在第四条规定了成员在面对禁止性补贴可采取补救措施的程序和条件。成员在决定对禁止性补贴采取补救措施时,必须具备的唯一条件是:有证据证明出口国产品存在协定第3条规定的禁止性补贴的理由。

进口国决定进行反补贴调查必须遵循以下程序:

(1)磋商。向进口国提出磋商请求,在措施请求中应包括一份关于补贴存在和性质的现有证据的说明。

(2)磋商未果,提交DSB解决。成立专家组后的30天内未能达成双方都能接受的解决办法,则参与磋商的任一成员方均可将该事项提交DSB,以求立即设立一个专家组,除非DSB一致决定不设立专家组。

(3)成立专家小组。专家组可以根据案情需要设立专家小组(以下简称"PGE"),帮助判定所诉禁止性补贴是否成立。PGE在收到请求后,应立即对有关措施存在和性质,以及控辩双方关于该措施是否为禁止性补贴的证据和理由进行审查,独立得出禁止性补贴是否成立的结论。PGE关于禁止性补贴是否成立的结论,应被专家组无条件接受。

(4)专家组形成最终报告。专家组的报告应在专家组成立之日起90天内供所有WTO成员查看。

(5)专家组裁定禁止性补贴成立。根据情况不同,可能产生三种不同法

---

① 参见《SCM协定》第2条,这里的特定企业是指政府当局管辖的范围内的某个企业、产业、企业集团或多个产业的总称。

② 参见WTO《SCM协定》第1条。

律后果：①专家组提交报告给 DSB，建议实行禁止性补贴成员立即取消该项补贴，但应给予一定期限，DSB 接受该报告内容；②被认定禁止性补贴成立国家，在收到报告 30 天内正式通知 DSB 提出上诉；③DSB 一致决定不接受该报告。如果没有②和③的发生，只存在第一种情形，则 DSB 裁定禁止性补贴成立，要求成员按照专家组报告执行，取消禁止性补贴，但应给予一定宽限期；当②的情况发生后，由上诉机构按照上诉程序做出终裁；当③的情况发生后，则专家组报告无效，此时案件终止，起诉不成立。

（6）上诉。①上诉机构应在收到上诉报告的 30 天后做出裁定，如确有特殊情况，最长可以延期 30 天做出决定，但是上诉机构必须向 DSB 提供书面解释材料；②除非 DSB 在收到上诉机构的 20 天内一致拒绝上诉机构报告，否则上诉机构报告应得到 DSB 采纳，争端方应无条件接受。

（7）生效裁决的执行。除非专家组或上诉机构的裁决被 DSB 否决，否则生效裁决未得到执行，SCM 协定授权争端方的利益方有权采取适当的反制措施。

（8）争端解决时限。除本条规定的时限以外，解决争端的时限为 DSB 所规定时间的一半。

（9）例外。在争端一方当事人要求按 DSU 第 22 条第 6 款进行仲裁时①，仲裁者应就该反制措施是否适当做出裁决。

第 3 部分可诉讼的补贴（农产品除外），协定在第 5 条"不利影响"和第 6 条"严重妨碍"允许成员进行一定范围的补贴，并对补贴的范围进行了定量和定性的双重量化，但侧重于定性标准。即确定是不是可诉补贴，关键看实施补贴的成员方证明有关补贴有没有造成"排斥或阻碍另一成员方的同类产品进入实施补贴成员方市场，或者第三国市场，或者使其补贴产品因此具有明显价格优势，或因此导致受补贴产品的市场份额与前三年平均市场份额增加并呈现持续上升之势"情形的发生。如有，则构成该协定第 7 条"可诉讼的补贴"；否则即使补贴违反了第 6 条第 1 款的定量标准，但是没有违反定性标准，则不视为违反协定的可诉讼补贴。协定第 7 条"补救"规定了对可诉补贴的补救程序，该程序与禁止性补贴补救程序大致相同，但也有明显不同的特点。与禁止性补贴相比，主要是对程序规定时限不同。禁止性补贴与可诉补贴补救措施各个时限的对比情况如表 5.1 所示。

---

① 参见《关于争端解决的规则与程序的谅解》第 22 条第 2 款及第 6 款。

表 5.1　禁止性补贴与可诉补贴补救措施各个时限的对比情况

补贴形式	起诉前磋商时限	起诉到DSB，成立专家组时限	在 WTO 成员传阅专家报告时限	DSB 接受专家组报告的时限	上诉机构裁决时限	受指控成员不履行生效裁定，授权反补贴期限
禁止性补贴	30 天内	立即	90 天内	WTO 成员传阅报告20 天内	30 天内，最多延长 30 天	裁定生效之日起
可诉补贴	60 天内	15 天内	120 天内	WTO 成员传阅报告30 天内	60 天内，最多延长 30 天	裁定生效6 个月内

数据来源：以上数据由笔者根据 WTO 附件 SCM 协定内容整理所得。

第 4 部分不可诉讼补贴。不可诉补贴是指为 SCM 协定所允许的补贴。不可诉补贴实际上就是为了人类发展的需要，必须要对人类生存环境进行研究，而对这类研究进行的补贴，如对高等院校、科研机构中对教育、科学研究、自然环境保护研究提供的资金支持，也包括对一些困难地区的各种专项补贴和帮助就业、为下岗职工提供的补贴协定。具体按照《SCM 协定》，不可诉补贴主要是四类：研发补贴、地区补贴、环境补贴和就业补贴。《SCM 协定》允许这些补贴存在，实际上这些补贴是各国应对经济持续发展的重要经济工具，同时也是维护政治稳定的重要手段，本质上说是为了本国经济的持续健康发展、有利于整个人类社会进步。

对于不可诉补贴不能发起反补贴调查。如果确实认为对是否为不可诉补贴性质产生异议，应当可以向对方国家发起磋商，磋商不成可以提交反补贴协定机制条款设立的反补贴委员会处理。笔者认为，不能一概而论对不可诉补贴都不能诉讼，只是对不可诉补贴的实体部分不能诉讼。比如，某成员有确实证据怀疑另一成员假借不可诉补贴之名行可诉补贴之实，此时应授予某成员有权向 WTO 争端解决机制提出诉讼，如果 WTO 争端解决机构经过审查发现理由成立，则应当受理并转为可诉补贴案例程序受理。如果 WTO 争端解决机构经过初步审理，认为某成员起诉其他成员不可诉补贴存在虚假事实不能成立，则应驳回申请。如果 WTO 争端解决机构经过审查，发现部分成立，则应要求被诉成员提交说明理由，如果确实存在不可诉补贴不真实情况，但范围不构成不可诉补贴的大部分，则 WTO 争端解决机构应当将此情况通报给反补贴措施委员会，责令被诉成员立即改正，并撤销案件，发出公告。

第 5 部分反补贴措施，其中第 11 条反补贴发起和继续的程序包括书面申请的格式、内容要求、申请主体资格、申请的事实和理由及其证据、因果关系、调查期限。

第12条证据。协定规定应尽可能地给出口商、外国生产者或利害关系成员提供提交反驳事实和理由的机会，如果涉及保密证据，应当注意对该证据材料进行必要关注，调查当局在资料提供者说明理由后应将其作为机密材料对待。原则上所有事实和理由都应提交书面材料给调查当局。被调查方应配合调查当局在其领土调查，否则调查当局可以在已经得到的事实基础上做出决定。调查当局还应对消费者和小规模利害关系方提供资料并尽可能为其提供帮助。在调查当局终裁前，调查当局应当将拟作为裁定的事实要点通知所有利害关系方，让其有充分时间进行辩护，以保证做出公正裁决。

第13条磋商。磋商是国际法上解决当事方之间分歧的一项重要手段。通过磋商，当事方之间了解分歧所在，通过谈判、彼此让步、妥协，在协定基础上达成各方都同意的解决方案。磋商有利于当事方之间争端解决方案的顺利执行，并节省诉讼成本。协定规定在整个调查期间都应当给予各当事方适当的机会进行磋商，但是磋商本身并不影响调查或裁决的继续进行。

第14条以接受补贴者所获利益计算补贴量。这是法律的公平原则在协定中的体现，即法律补救是出现多少偏差就补救多少偏差，既不能矫枉也不能过正。

第15条损害的确定。事实上造成国内企业的损害因素有多种，究竟补贴对其造成多大影响，这本身就是一件难以确定的事。该条试图找出一个标准，求出补贴对损害之间的因果关系的程度；但是用定性的内容来解决定量问题，增大了损害结果产生偏差的可能性。如果计算补贴原因造成的损害结果偏多，就存在将进口国国内企业其他因素造成的一部分损害归因于进口产品的补贴。如果计算补贴原因造成的损害偏少，就存在本来应归因于补贴造成的损害而归因于其他因素。根据这两种结果确定的反补贴税，客观上已经违背了反补贴追求公平存在的目的。

第16条国内产业的定义。国内产业是指国内同类产业全体或者产量总和占生产总量大部分的国内生产者。

第17条临时措施。在调查开始后，在经各方利害关系方充分机会表达意见和提供材料的基础上，因补贴的存在和受补贴的进口导致对国内产业造成损害，能够得出基本肯定初裁，为了防止损害进一步扩大，而采取的临时反补贴措施。协定对临时反补贴措施时间、期限和内容都进行了限制。

第18条承诺。出口商在调查的基础上，自愿接受进口成员当局建议的价格承诺，则可以中止或终止调查程序；反之，价格承诺未达成，则调查程序继续进行。

第 19 条反补贴税的征收。如果反补贴双方经过磋商后，补贴方愿意做出修改价格的价格承诺，主管当局接受此价格承诺，则反补贴调查中止或终止；否则进口当局有权根据反补贴调查的结果，按照补贴的幅度征收反补贴税。反补贴税的征收期限最长不得超过 5 年。

第 20 条追溯力。如果最终裁定确定补贴措施存在，则自裁定生效后开始征收反补贴税。如果已经采取临时反补贴措施，最终裁定补贴存在，则从实施临时措施开始实施反补贴税。如果是以现金存款或收取担保金方式采取临时措施的，最终反补贴税高于现金存款或担保金的，超出部分不再征收；低于现金存款或保证金的，高出反补贴税的部分，则应尽快退款。如果最终裁定补贴不成立，则应尽快退款和解除担保金。在特定条件下，进口当局可以实施追溯性征收反补贴税，但最长不超过实施临时措施前 90 天。

第 21 条反补贴税和价格承诺的期限及复议。调查当局应主动或应利害有关方申请，对继续征收反补贴税以抵消补贴的作用是否必要进行检查和复议。复议期限在 12 个月内。

第 22 条反补贴裁定的公告和解释。发起调查、采取临时措施都应当发出公告，公告的内容和形式必须符合规定。

第 23 条司法审议。成员独立于反补贴调查机构的法庭、仲裁机构，有权依据国内法对反补贴裁定和复议进行司法审议。

第 6 部分组织机构。协定成立补贴与反补贴委员会，并由 5 位独立资深专家组成常设专家组，为 WTO 争端解决机构的专家组解决争端提供帮助。

第 7 部分通知与监督。各成员应在每年 6 月 30 日前提交有关补贴的通知，补贴通知的内容必须包括补贴的形式、单位补贴量、补贴目的、补贴期限、估算影响贸易的统计数字。

第 8 部分发展中成员。反补贴措施对发展中成员的特殊例外规定。由于中国在加入世贸组织时放弃了发展中国家的地位，此处不再详述。

第 9 部分过渡性安排。由于过渡性安排的内容都已失效，此处不再详述。

第 10 部分争端解决。该部分内容适用于 1994 年关税与贸易总协定第 22 条、第 23 条解决《补贴与反补贴协定》的所有磋商和争端，除非另有特殊规定除外。

第 11 部分最后条款。各成员不得对协定的任何条款有保留且应采取一切措施保证国内法律规章符合协定内容。协定委员会有权每年对协定的执行进行检查，并将审查结果报告 WTO 货物贸易委员会。协定的 7 个附件是协定不可分割的部分，其中 7 个附件包括：①出口补贴清单；②关于生产过程中投入消耗的准则；③确定作为出口补贴的替代退费制的准则；④从价补贴总量计算［第 6 条第 1 款（1）子款］；⑤有关严重损害的资料的收集整理程序；⑥按照第 12 条第 8 款规定进行现场调查的程序；⑦第 27 条第 2 款第（1）子款所述及的发展中国家成员方。

5.3.2.2　对《SCM 协定》的评析

《SCM 协定》作为 WTO 货物贸易协定的附件，对所有 WTO 成员均有约束力，对大多数发展中国家及地区有利。其理由很简单：绝大多数发展中国家及地区没有财力给本国产品以出口补贴，而它们对本国幼稚工业的扶持不足以对国际贸易造成扭曲。

在国际贸易中对进行补贴的出口产品征收反补贴税有利弊，在经济学理论界争论甚多。有些经济学家认为，征收反补贴税是不明智的。他们认为，对于进口国而言，如果出口国愿对本国产品出口进行补贴，牺牲的是出口国的纯经济利益。因为所有补贴无论出口补贴还是国内补贴，进行补贴的国家在国民的纯经济福利上都是有所失的，所失去的福利为各进口国所得。进口国的消费者实际上是受益的，虽然有可能对同类产品的产业造成一定损害，但是其国内消费者由此的得益足以抵消该补贴对本国生产人所受的伤害，却不足以抵消出口国生产者的损失。因此，征收反补贴税实际上是损害进口国多数消费者权益，是得不偿失的①。多数经济学家对上述反补贴税制度的观点持反对态度。他们认为，若放眼全球，在探求对全球性纯福利的过程中，会发现限制在国际贸易中使用补贴，减少补贴，从而导致对国际生产与贸易的模式、全球整体效益和世界福利方面的扭曲。在否定反补贴税制或反对国际约制规则这方面，尚未达到如否定反倾销那样的共识。换句话说，还没有达到必须做出相应变动的程度②。

5.3.3　对《中国入世议定书》第 10 条和第 15 条的分析

《中国入世议定书》中涉及补贴与反补贴的条款在其第 10 条和第 15 条。确立中国在 WTO 框架下的反补贴义务，进而确立中澳自由贸易区反补贴法律制度，因此有必要对其进行准确论证分析。

---

① 陈力. 美国贸易救济法之非市场经济规则的理论起源 [J]. 复旦学报（社会科学版），2008（4）：108.

② 曹建明，贺小勇. 世界贸易组织法 [M]. 北京：法律出版社，1999：313.

5.3.3.1 对《中国入世议定书》第 10 条的分析

（1）该条第 1 款①承诺按照《SCM 协定》第 1 条、第 3 条、第 25 条的规定，通知 WTO 补贴与反补贴委员会在关税领土范围内给予和维持的所有补贴。

（2）该条第 2 款②确定对国有企业提供的补贴被视为专项性补贴，特别是在国有企业大量接受补贴或为主要接受补贴的情况下，符合《SCM 协定》第 1 条第 2 款和第 2 条规定的专项性，接受《SCM 协定》对专项性的约定。这款是对中国的特别规定，因为按照《SCM 协定》第 2 条"专项性"第 1 款"……当局专项性地给予管辖范围内的某个企业……"要求，协定禁止或不提倡的是，某个企业或某个特定产业而非对企业的股权性质作为判断基础，而且该款将国有企业划归于不可诉补贴范围。换句话说，如果中国政府在进行补贴的时候是按照产量规模对非国有企业和国有企业进行补贴，国有企业成为补贴的主要接受者或数量和其他性质企业相比差距巨大，则该补贴即使是没有针对特定企业，中国的国有企业也存在依此条款被裁定为可诉补贴的极大可能性。但是，在 2008 年 12 月 9 日 DSB 受理的 WT/DS379 一案中，DSB 的上诉机构否认了美国主张的所有政府控制的实体等同于政府的论调。上诉机构认为，仅以"政府占多数所有权"不足以证明是"公共机构"（但上诉机构在对 OTR 双反措施裁决中肯定了美国提供的进一步证据，表明了中国国有商业银行构成了补贴意义上的"公共机构"）③。

（3）该条第 3 款④确定中国在加入之日起取消《SCM 协定》规定的禁止性补贴。该款明文禁止中国采取禁止性补贴。

5.3.3.2 对《中国入世议定书》第 15 条中有关反补贴条款的分析

中国在加入 WTO 满 15 年后，WTO 成员能否依据其内部法对中国产品计算"正常价值"对中澳自由贸易区贸易救济法律制度影响不大，因为澳大利亚早已在形式上承认中国为市场经济国家，只是认为中国处于市场经济的特殊情况。笔者认为，《中国入世议定书》第 10 条、第 15 条内容中对中国的特殊规定，对确立 CHAFTA 补贴与反补贴法律内容没有任何实质意义。

---

① 参见《中国入世议定书》第 10 条第 1 款。

② 参见《中国入世议定书》第 10 条第 2 款。

③ 龚柏华. 中国入世十年主动参与 WTO 争端解决机制实践述评 [J]. 上海对外经贸大学学报，2011（5）：13.

④ 参见《中国入世议定书》第 10 条第 3 款中的中国应自加入时起取消属《SCM 协定》第 3 条范围内的所有补贴。

5.3.4 CHAFTA 第 7 章第 10 条与《SCM 协定》和《中国入世议定书》第 10 条、第 15 条两者之间的关系

要确定 CHAFTA 第 7 章第 10 条与《SCM 协定》和《中国入世议定书》第 10 条、第 15 条两者之间的关系，就得分别确定它和每一个法律条款之间的关系。

笔者首先分析 CHAFTA 第 7 章第 10 条与《中国入世议定书》第 10 条、第 15 条的关系，通过本书 5.3.3 部分对《中国入世议定书》第 10 条、第 15 条的内容分析可知，其内容对确立 CHAFTA 补贴与反补贴法律内容方面没有任何实质意义。因此，确立 CHAFTA 内容不需要再考虑中国入世议定书第 10 条、第 15 条内容。

其次分析 CHAFTA 第 7 章第 10 条与《SCM 协定》之间的关系，其本质上与 CHAFTA 保障措施和 WTO 的关系是一致的[①]。通过前文 5.3.1 和 5.3.2 的内容，在确立 "CHAFTA 补贴与反补贴措施"法律内容的时候，如果在 CHAFTA 第 7 章第 10 条规定的内容与《SCM 协定》内容不一致，以 CHAFTA 第 7 章第 10 条的规定为准，其他内容以《SCM 协定》作为补充。其主要有两点不同之处，具体如下：

一是 CHAFTA 第 7 章第 10 条第 3 款[②]明确要求了 CHAFTA 成员在收到反补贴调查申请后，必须连同申请书及其支持性证据立即书面通知对方，但应避免发布公告，对申请内容都有保密义务，只有已经决定发起调查时，才能发布公告。《SCM 协定》第 22 条规定的是，当局确信有充分证据表明有必要发起反补贴调查，应通知另一成员，与此同时发布公告。

二是 CHAFTA 创设了反补贴调查的 "正当性规则"。CHAFTA 第 7 章第 10 条第 5 款要求反补贴调查当局必须对证据的准确性和适当性进行认真审查，以确保证据能够证明发起反补贴调查是正当的。这条意义非常重大，不仅避免了无谓调查，浪费大量成本，还避免了 CHAFTA 贸易非关税壁垒形成。

CHAFTA 有关补贴的其他规定与《SCM 协定》没有实质不同。比如，CHAFTA 第 7 章第 10 条第 4 款、第 6 款和《SCM 协定》第 13 条 "磋商"内容大同小异，都强调在调查开始之前整个调查期间都应该给予机会磋商。CHAFTA 表述的是给予合理的 "磋商机会""磋商的合理机会"，《SCM 协定》

---

① 详见本书 "4.2.4 对 CHAFTA 双边保障措施特别约定的合法性论证"的分析。

② 参见 CHAFTA 第 7 章第 10 条第 3 款。

表述的是"适当的机会进行磋商"。笔者并未从中看出"合理的磋商机会"或者"磋商的合理机会""适当的机会进行磋商"这样的文字表述，在法律上能够获取到实体法律利益。

5.4　对 CHAFTA 反倾销、反补贴制度的反思

5.4.1　CHAFTA 反倾销、反补贴法律制度未约定确定产品正常价值的标准

由于澳大利亚已经在 2005 年 5 月 13 日承认中国市场经济体地位，在 CHAFTA 生效后，澳大利亚在对中国进行反倾销时就不能使用《中国入世议定书》第 15 条（a）项规定的"替代国制度"。

但是，澳大利亚还能不能继续适用"特殊市场情况"对来自中国的进口产品计算正常价值，这需要具体情况具体分析。一方面，中国改变政府过分干预市场的习惯做法；另一方面，企业不要一成不变等待中国加入 WTO 15 年后自动获得市场经济地位。但是，也不能任其他国家采取保护主义政策，或者满足国内政治的需要，任意利用其国内法对中国产品恶意进行反倾销调查。

澳大利亚对中国产品采取"特殊市场情况"，部分原因是政治因素，部分原因是经济因素，归根结底还是经济因素，这是由中国与澳大利亚的特殊贸易关系决定的。要改变这种状况，已经不是只进行反倾销规则谈判能够解决的问题了，必须从利益导向上根本上解决问题。既然澳大利亚和中国进出口贸易结构存在问题，如果中澳自贸区贸易利益发生变化，如澳大利亚在与同中国贸易过程中利益存在增大的可能性，那么澳大利亚对解决中澳之间的贸易纠纷积极性更高，反倾销过程中的不正常因素就会容易根除。就像当年，中国改革总设计师邓小平同志采取各种优惠政策鼓励外资进入中国一样，其实际就是让外资进来参与分享高额利益，让敢于到中国投资的外国资本获取在其他地方正常投资情况下无法获取的高额利益，并将其制度化①、法律化②。在投资环境中硬

---

① 法易网. 吉林省人民政府文件：《吉林省鼓励外商投资优惠办法》[EB/OL]. (1992-10-27)[2022-08-17]. http://law.fayi.com.cn/314862.html.

② 1979 年 7 月 1 日，全国人大第二次会议通过并颁布了《中华人民共和国中外合资经营企业法》。1986 年 4 月 12 日，全国人大第四次会议通过并颁布了《中华人民共和国外商独资企业法》。1986 年 10 月 11 日，国务院颁布了《国务院关于鼓励外商投资的规定》（中英文版）。1988 年 4 月 13 日，全国人大第一次会议通过并颁布了《中华人民共和国中外合作经营企业法》。

件基础设施差、投资软环境更是一张白纸、国际结算等总的投资环境非常一般甚至是落后的情况下，使中国长时间成为仅次于美国的外商直接投资（FDI）最多的国家和外商直接投资最多的发展中国家。为什么那么多的外国资本敢于对一个可能存在巨大法律风险的所谓社会主义国家投资？中国的战略家注意到了两点：第一点，资本的逐利性，即是否存在具有诱惑力的利益，利益能否顺利流出。第二点，资本家判断一个风险的底线、标准。发达资本主义国家人们对法律敬畏就是他们判断风险的底线。为此，中国战略家们做到了两点：一是大幅度让利，具体就是税收优惠，减免一系列的税、费，并允许其利益顺利流出；二是以法律的形式将中国投资优惠政策固定下来。这就让资本家有了风险底线，特别是当资本圈内一些勇敢的资本流动到中国投资并安全地赚了一桶又一桶金的时候，圈内其他资本就坐不住了，纷纷到中国"淘金"。

因此，笔者认为，不照眼未来无法成就中华伟业。对于 CHAFTA 反倾销法律制度的障碍，如果能够用战略的方式解决，是所有参与者都愿意为之努力之事。特别是对澳大利亚、美国等老牌资本主义国家以及欧盟来说，经济利益永远是其所有问题背后的问题，也会永远都有问题制约问题。对待国际关系，必须坚持国际关系中"只有永恒的利益，没有永恒的朋友"原则。公认为美国的最亲密的盟友——英国不顾美国的强烈反对，毅然决然地加入中国主导的"亚投行"，这就是明证。分析中澳经贸，澳大利亚出口中国主要是铁矿砂占整个贸易额比重大，特别容易受到经济景气指数影响。澳大利亚的经济实体寡头其实主要由澳大利亚、英国、美国、日本四种资本控制，主要经济为自然资源、农牧业、旅游业等，除了铁矿砂等自然资源外，对中国需求依赖程度低，而铁矿砂等资源又是受到力拓等寡头控制，只有中国市场对澳大利亚产品具有诱惑力时，而且中澳市场存在一定相互依赖关系时，就是澳大利亚与中国自贸区良性发展的开始。与此同时，自然也就不存在澳大利亚在反倾销过程中采取"特殊市场情况"情形，同时 CHAFTA 的完善也会异常顺利且合理。

5.4.2　中国加入 WTO 满 15 年后能否自动获得市场经济地位

根据议定书第 15 条（d）项能不能得出中国加入 WTO 15 年后中国将自动获得市场经济地位，部分学者的回答是肯定的，部分媒体也持有此观点①。笔者认为，由于议定书内容规定存在瑕疵，根据笔者对入世议定书第 15 条（d）

————————
　　① 凤凰网财经. 中国敦促欧盟如期承认中国市场经济地位 ［EB/OL］. （2016-01-20）［2022-08-17］. http://finance.ifeng.com/a/20160120/14179446_0.shtml.

项的理解，无法充分得出到了中国加入 WTO 15 年后将自动获得市场经济体地位的结论。为什么不能充分得出？这是因为如果第 15 条（d）项中的内容规定为"无论如何，（a）项的规定应在加入之日后 15 年终止"，得出上述结论就没有什么问题了。因为，议定书第 15 条（d）的原文是"无论如何，（a）项（ii）目的规定应在加入之日后 15 年终止"，是第 15 条（a）项的（ii）目的规定终止，不是（a）项全部内容的终止。换句话说，中国加入 WTO 15 年后，WTO 成员再也不能依据第 15 条（a）项（ii）目的规定对中国产品进行反倾销调查，但是没有禁止依据第 15 条（a）项（i）目进行反倾销调查，而（a）项（i）的意思是说，在中国加入 WTO 15 年后，中国在遭受反倾销调查过程中，有义务证明其产品的产业在制造、生产和销售该产品方面具备的市场经济条件。在中国加入 WTO 满 15 年后，如果需要继续证明中国产业生产符合市场经济条件，标准怎么确定？是依据进口国法律还是依据中国法律？议定书并未明确规定。

笔者认为应起码适用中国法律，而不应依据进口国法律为依据证明。这是因为，对法律的适用应当从法律条文整体来解释适用。议定书第 15 条（d）项前部分内容的法律意义是，在中国加入 WTO 过渡期内一旦中国依据进口国国内法证明中国是一个市场经济体，则第 15 条（a）项整体不能再适用，而不是（a）项某一目不再适用；第 15 条（d）项最后部分的适用期限和（d）项前面部分应该是一样的，即在中国加入 WTO 之日起就适用，而此部分和（d）前半部分一并解读为：在中国加入 WTO 之日起，如果中国依据进口国国内法证实中国是一个市场经济体，则第 15 条（a）项整体不对中国适用。如果中国国内某个产业或某个部门能够依据进口国国内法证实具备市场经济条件则第 15 条（a）项（ii）目不再适用。换句话说就是，如果是依据进口国国内法证实中国整体是否为市场经济体或中国某个产业或机构具备市场经济条件，就无须再在第 15 条（d）项中部规定"无论如何，（a）项（ii）目的规定应在加入之日后 15 年终止"，而直接持续适用进口国国内法确定中国某产业或机构是否具体市场经济条件。第 15 条（a）项（ii）目的内容恰恰是依据进口国国内法证明中国国内某产业或机构具备市场经济条件，从逻辑上讲，如果需要在中国加入 WTO 满 15 年后仍然继续适用进口国国内法，显然"无论如何，（a）项（ii）目的规定应在加入之日后 15 年终止"的特别约定就失去法律作用了。至此，至少可以确立在中国加入 WTO 满 15 年后，不应再适用进口国国内法确定中国国内产业或机构具备市场经济条件。

然而，在实践中进口国是依据进口国国内法确定中国产业或机构是否具备市场经济条件，根据中国加入 WTO 满 15 年后，无论如何都不需要再依据进口国国内法证明中国产业或机构具备市场经济条件。因此，议定书第 15 条（a）项（i）目也不应再适用，至少不能再依据进口国国内法适用。所以，笔者得出"在中国加入 WTO 满 15 年后，不能充分得出'自动获得市场经济地位'"的结论。

但是如果在中国加入 WTO 满 15 年后，中国产品的企业在遭受外国政府反倾销调查过程中，如果拒绝证明议定书第 15 条（a）项（i）目规定，或者证明不充分，或者证明不被反倾销国政府认可，该怎样确定中国产品的正常价值，反倾销协定没有论及，也没有相应案件论及。因此，为防患于未然，中国一方面应确定"市场经济条件"的国内法，并通报给世贸组织；另一方面还应确立社会主义市场经济法律形态，规范政府及各级部门行为。至于确立市场经济条件的法律形式，可以通过修订现有法律的形式完成，或者着手起草《中华人民共和国市场经济法》。

5.5　本章小结

本章首先对反倾销与反补贴法律制度建立的背景和中国遭受反倾销与反补贴情况进行了分析，其次对影响 CHAFTA 反倾销、反补贴的政治经济原因进行分析。由于 CHAFTA 反倾销制度是完全援引 WTO 反倾销制度，反补贴制度是在主要内容援引 WTO 反补贴制度的基础上对 WTO 反补贴内容进行一定特别补充。为此，确定 CHAFTA 反倾销和反补贴的内容，必须确定 WTO 框架下两国的权利和义务。此外，中国加入 WTO 时是以 NME 国家身份加入，因此确定中国在 WTO 框架下反倾销和反补贴的计算中国产品的正常价值标准，成为确立 CHAFTA 反倾销和反补贴义务的主要任务。

因此，CHAFTA 反倾销和反补贴法律制度的内容，由中国在 WTO 框架下反倾销和反补贴制度的权利与义务，以及 CHAFTA 关于反补贴的特别规定共同构成，即中国在 GATT（1994）的相关条款和《反倾销协定》《中国加入世界贸易组织议定书》内容下的权利和义务。

6 CHAFTA 贸易救济争端解决机制

国际贸易协定的争端在国际法的实践中存在两种内容争端：第一种是不可诉的，指协定签订国对协定条款调整或者废止产生争议，纯粹是条文之争，不涉及具体的利益冲突，这类争议或争端一般通过当事国或者协定本身的机制条款磋商解决。以 CHAFTA 为例，CHAFTA 第 14 章"机制条款"成立的"自贸协定联合委员会"和分章设立的分委员会，如第 2 章的"货物贸易委员会"、第 5 章的"卫生与植物卫生措施委员会"、第 6 章的"技术性贸易壁垒委员会"、第 8 章的"服务贸易委员会"、第 9 章的"投资委员会"、第 11 章的"协商机制—知识产权委员会"，就是为了解决 CHAFTA 协定文本条款的进一步完善。第二种是成员的人（包含自然人和法人）或者政府机构在履行国际贸易协定特定义务过程中发生的争端，是对所签订国际协定条文的理解或者协定义务履行发生分歧而引发的争端，通常是通过外交途径谈判协商寻求一致的解决方案，在协商不成的情况下再求助于协定自带的争端解决机制对争端进行裁决，而不对协定条文进行修订或废存。对第二种争端一般是可诉的，如贸易救济争端就属于第二种争端。相比 WTO 争端解决机制和其他区域贸易协定争端解决机制，CHAFTA 争端解决机制还颇具特色，针对不同问题分别规定七套解决机制：第一套是第 2 章第 15 条成立的"货物贸易委员会"，主要考虑货物贸易、第 7 章（贸易救济）、第 3 章（原产地规则和实施程序）或第 4 章（海关程序与贸易便利化）的实施和运作问题①。第二套是第 5 章第 11 条成立的"卫生与植物卫生措施委员会"，适用于解决 CHAFTA 第 5 章"卫生与植物卫生措施"项下所有争端解决，并排除第 15 章"争端解决"机制②。第三套是第 6 章第 13 条成立的"技术性贸易壁垒委员会"，适用于解决 CHAFTA 第 6 章

---

① 参见 CHAFTA 第 2 章第 15 条第 1 款、第 2 款。
② 参见 CHAFTA 第 5 章第 10 条、第 11 条。

"技术性贸易壁垒"项下所有争端解决①。第四套是第 8 章第 20 条成立的"服务贸易委员会"，适用于考虑 CHAFTA 第 8 章"任何问题"。第五套是CHAFTA 第 9 章第 7 条成立的"投资委员会"、第 10 条至第 25 条规定的程序和该章的 2 个附件，解决投资者与国家投资争端②。第六套是 CHAFTA 第 11 章第 24 条成立的"协商机制—知识产权委员会"，讨论该章"相关的任何问题"③。第七套是 CHAFTA 第 15 章"争端解决"，解决 CHAFTA 另有规定以外所有关于执行、解释和适用 CHAFTA 的争端或履行 CHAFTA 义务纠纷。特别说明，本书所研究的争端是指第二种争端，特指在 CHAFTA 第 15 章"争端解决"框架下各成员方的人或政府机构在履行 CHAFTA 义务过程中产生的争端。

第 12 章"电子商务"没有规定争端解决机制，但是该章明确禁止适用第 15 章"争端解决机制"解决该章的争端；那么，CHAFTA 缔约成员之间的保障措施争端适用哪套争端解决机制？在上述七套争端机制中，第一、第四、第六套机制和 CHAFTA 第 14 章机制是属于国际法上的条约修订或废弃的协调机制，目的是协调成员对 CHAFTA 相应文本的分歧并改善，从广义上讲其争端也是 CHAFTA 争端。前述 CHAFTA 七套机制中第二、第三、第五、第七套机制涉及的是成员所在国民或政府机构在适用条约过程中发生争端的解决机制。

中国与澳大利亚不仅是 CHAFTA 缔约方，而且同属于 WTO 成员。CHAFTA 贸易救济法律制度分布在第 2 章和第 7 章。第 2 章涉及"农产品特殊贸易救济"，第 7 章涉及全球保障贸易救济和双边贸易救济、反倾销措施、补贴与反补贴措施的实体法和程序法内容，但未完整规定贸易救济争端解决机制。由于 CHAFTA 生效时间不长，目前还没有发生一宗被争端当事方提交CHAFTA 争端解决机制的案例。CHAFTA 成员如果因贸易救济发生争端，到底是提交世界贸易组织附件 DSU 框架下的 DSB 解决，还是提交 CHAFTA 第 15 章规定的争端解决机制解决？这存在争端管辖权冲突问题。WTO 框架下的 DSB 和CHAFTA 框架下的"争端解决机制"有何异同，以及它们各自的"主要内容"是什么？这些都是本章需要研究的问题。

需要特别说明的是，根据 CHAFTA 第 15 章争端解决机制并没有常设的一个独立争端解决机构（the dispute settlement body，DSB）或 CHAFTA 贸易救济争端解决机构（trade remedy the dispute settlement body，TRDSB）。因此，本书

---

① 参见 CHAFTA 第 6 章第 12 条、第 13 条。
② 参见 CHAFTA 第 11 章第 7 条、第 10 条至第 25 条。
③ 参见 CHAFTA 第 11 章第 24 条第 2 款。

所论及的 CHAFTA 争端解决机制（dispute settlement mechanism，DSM）包括 CHAFTA 贸易救济争端解决机制均是出于法理分析的结果。CHAFTA 贸易救济 争端解决机制（trade remedy the dispute settlement mechanism，TRDSM）的主要 内容一共包含 17 个条款和 2 个附件。

6.1 TRDSM 的管辖权

中澳同为 WTO、CHAFTA 成员，而 CHAFTA 贸易救济制度和 WTO 贸易救 济制度模式相同，都包括"全球保障措施和双边保障措施救济""反倾销措 施""补贴与反补贴措施"。当发生 CHAFTA 贸易救济争端时，怎样在 TRDSM 和 DSB 中选择一个最合适的争端解决机构，以解决中澳两国之间的贸易救济 争端？能否同时将中澳两国之间贸易救济争端分别向 TRDSM 和 DSB 提交解 决？这涉及 TRDSM 管辖权的确立问题。

6.1.1 管辖权问题的提出

CHAFTA 第 2 章第 16 条"争端解决"规定了"第 15 章（争端解决）中 的争端解决规定应适用于本章下出现的任何事项"。因此，第 15 章"争端解 决"适用第 14 条"农产品特殊贸易救济"和第 15 条内容。第 2 章第 15 条 "货物贸易委员会"第 2 款规定了"委员会举行应举行会议，考虑本章、第 7 章 （贸易救济）……的实施和运作问题"。既然货物贸易委员会应当考虑第 2 章 （包括农产品特殊贸易救济）和第 7 章的"实施和运作问题"，实施和运作包 不包括"实施和运作过程中"的分歧或争端？如果包括，是否可以按照第 2 章 第 16 条的指引，CHAFTA 所有的贸易救济争端都应出 CHAFTA 第 15 章设立的 争端解决机制进行管辖？此外，CHAFTA 贸易救济制度中的主要制度内容大多 都是援引 WTO 相关法律制度，有的贸易救济措施更是直接引用，如"全球保 障措施"和"反倾销措施"就是直接援引 WTO 相关制度；有的是大部分援 引，如"补贴与反补贴措施"就是大部分引用 WTO 有关补贴与反补贴制度。 按照法学逻辑分析，既然实体法和程序法的内容都是全部援引，从法律逻辑出 发，选择援引同一部法律的争端解决机制也应是可行的。因此，CHAFTA 贸易 救济制度在引用的 WTO 条款时能否包括这些条款对应 WTO 争端解决机制条款，对 CHAFTA 相关引用的贸易救济争端进行管辖？同时，中澳同为 WTO 成员，CHAFTA 的贸易救济制度和 WTO 贸易救济制度模式相同，都包括"全球保障措施和双边保障措施救济""反倾销措施""补贴与反补贴措施"。那么，如何在 TRDSM 和 DSB 中选择一个合适的争端解决机构，以解决中澳两国之间的贸易救济争端？能否将中澳两国之间贸易救济争端分别向 TRDSM 和 DSB 提交解决？这涉及 CHAFTA 贸易救济的管辖权问题。

6.1.2　TRDSM 管辖权的确立及其法理分析

6.1.2.1　TRDSM 管辖权的确立

CHAFTA 没有专门规定贸易救济争端的管辖权，除了第 5 章"卫生与植物措施"、第 6 章"技术性贸易壁垒"明确拒绝该两章内容下发生争端在 CHAFTA 第 15 章"争端解决"框架下解决外，第 9 章"投资"内容下的纠纷也有该章规定程序和选择争端解决机构。此外，其余各章内容下在实施过程中发生的争端，都应该属于 CHAFTA 第 15 章"争端解决"机制解决的范围。

CHAFTA 第 15 章第 4 条"场所的选择"第 1 款规定"除非本条另有规定，本章不影响双方使用双方均为缔约方的其他国际贸易协定下争端解决程序的权利"，意思是说除 CHAFTA 第 15 章第 4 条第 2 款规定外，CHAFTA 争端解决在适用 CHAFTA 第 15 章争端解决机制时，可以同时选择在成员澳大利亚和中国同为其他国际贸易协定的争端解决程序解决 CHAFTA 第 15 章框架下的争端。该条第 2 款"如争端既涉及本协定下事项也涉及双方均为缔约方的其他国际贸易协定下的事项，起诉方可以选择解决争端的场所"，这款的意思是如果 CHAFTA 争端同时也违反了澳大利亚和中国签订其他国际贸易协定，CHAFTA 成员的起诉方可以选择 CHAFTA 第 15 章争端解决机制解决，也可以选择澳大利亚和中国同为缔约方国际贸易协定争端解决机制解决。该条第 3 款规定"一旦起诉方已请求设立或者将事项提交给争端解决专家组或仲裁庭，则应使用该被选定场所，且同时排除其他场所的使用"。这款的意思是对第 2 款的限制，即只能选择一次，一旦选择了解决争端的场所，不能更换。第 1 款和第 2 款的区别在于，如果 CHAFTA 贸易救济争端同时违反了澳大利亚和中国同为缔约成员的其他国际贸易协定和 CHAFTA，则起诉方只能在 CHAFTA 和其他国际贸易协定中选择一个争端解决机制解决争议，但是如果 CHAFTA 贸易救济争端不违反其他澳大利亚和中国同为缔约成员的国际贸易协定，则解决 CHAFTA 贸易救济争端时可以同时使用 CHAFTA 和其他国际贸易协定的争端解决程序①。

CHAFTA 第 15 章第 4 条第 1 款和第 2 款都涉及程序问题，两者有何区别？第 4 条第 1 款和第 2 款对争端场所选择的区别在于，如果 CHAFTA 争端同时违反了澳大利亚和中国同为缔约成员的其他国际贸易协定，根据第 2 款规定，则起诉方只能在 CHAFTA 和其他国际贸易协定中选择一个争端解决机制解决争议；但是如果 CHAFTA 争端不违反其他澳大利亚和中国同为缔约成员的国际贸易协定，根据第 1 款规定，则 CHAFTA 贸易争端除了可以在根据第 2 款选择的管辖场所进行有约束力的审理外，还可以利用在包含 CHAFTA 在内的其他国际贸易协定的程序，协助解决争端。应当说如果当事国援引 CHAFTA 第 15 章第 4 条第 1 款适用的解决争端的程序，与 CHAFTA 贸易争端的起诉方通过第 4 条第 2 款选择的争端解决机制没有冲突，根据第 1 款使用其他协定的程序，并不是确定有约束力的管辖机构，其程序仅是为了辅助根据第 2 款选择的管辖场所解决争端。

综上所述，CHAFTA 贸易救济争端可以在 TRDSM 框架下解决。但是，根据 CHAFTA 第 15 章第 4 条规定，如果 CHAFTA 贸易救济争端同时违反了 TRDSM 和中澳两国同为缔约成员的国际贸易协定的争端解决机制，则 CHAFTA 贸易救济争端的起诉方可以在 TRDSM 和其他国际贸易协定争端解决机制中选择一个争端解决场所，解决 CHAFTA 框架下的贸易救济纠纷。比如，CHAFTA 贸易救济争端在违反了 CHAFTA 贸易救济法律制度时，如果同时也违反了 WTO 贸易救济法律制度，则 CHAFTA 赋予了其贸易救济争端的起诉方可以在 TRDSM 和 DSB 选择一个管辖场所解决争端。依据 CHAFTA 第 15 章第 4 条第 2 款、第 3 款，CHAFTA 贸易救济争端的起诉方只能在有管辖权的场所中选择一个对 CHAFTA 贸易救济争端进行管辖，一旦起诉方选定争端管辖场所就丧失了继续选择对 CHAFTA 贸易救济争端选择管辖的权利，必须接受所选择的场所解决 CHAFTA 贸易救济争端。

选择 CHAFTA 争端场所是选择争端的最终仲裁权，但不影响 CHAFTA 争端依 CHAFTA 第 15 章第 4 条第 1 款之规定，使用其他国际贸易协定下争端解决程序解决 CHAFTA 争端。CHAFTA 贸易救济争端中的场所选择需要注意两个事项：一是 CHAFTA 贸易救济争端起诉方只有一次选择权，不能根据重复援引 CHAFTA 第 15 章第 4 条，而反复行使选择权；一旦将争端提交选定的仲裁

---

① 此处的意思是，如果澳大利亚和中国都同属几个国际贸易协定成员时，CHAFTA 争端的事项并没有违反其他国际贸易协定，则 CHFTA 争端方在 CHAFTA 框架下解决争端时可以引用这些国际贸易协定的条文对争端进行解决。

机构或依争端解决机制设立的专家组，选择权就丧失了，该被选择场所的生效裁决对争端双方具有约束力。二是 CHAFTA 贸易救济管辖争端场所的选择权由协定赋予了起诉方，被起诉方不能以国际法争端解决中的"不能强制管辖惯例"抗辩起诉方对 CHAFTA 贸易救济争端的场所选择权，也不能通过所谓的"反诉"对 CHAFTA 成员已经选定场所进行变更。需要说明的是，CHAFTA 第 15 章第 4 条第 1 款中的其他国际贸易协定的争端解决机制对 CHAFTA 争端没有管辖权，也不能对 CHAFTA 贸易救济争端做出裁定，选择 CHAFTA 第 15 章第 4 条第 1 款的前提是 CHAFTA 贸易救济争端并不违反该款约定的国际贸易协定。如果 CHAFTA 贸易救济争端违反了其他国际贸易协定，就必须适用 CHAFTA 第 15 章第 4 条第 2 款，因为适用第 4 条第 1 款的前提是不违反第 4 条的其他规定。

为什么要规定 CHAFTA 第 15 章第 4 条第 1 款呢？在笔者看来，该款主要目的是补充 CHAFTA 第 15 章争端解决机制。既然 CHAFTA 成员同为其他国际贸易协定的成员，也可以利用其他双方都很熟悉的国际贸易协定的争端解决机制的程序解决 CHAFTA 贸易救济争端。该款规定仅是从更加方便快捷地解决 CHAFTA 贸易救济争端出发，对 CHAFTA 贸易救济争端解决并无不利。

6.1.2.2　对 TRDSM 起诉方享有争端管辖场所的选择权的法理分析

TRDSM 赋予起诉方享有管辖场所的选择权，是否具有法理上的正当性？为什么要赋予起诉方这样的选择权？

首先，TRDSM 之所以赋予 CHAFTA 贸易救济争端的起诉方管辖场所的选择权，是由 CHAFTA 贸易救济法律制度的特殊性决定的。中澳两国同为 CHAFTA、WTO 的成员，且 CHAFTA 贸易救济大部分制度都与 WTO 贸易制度存在千丝万缕的关系，无论整体章节结构安排还是 CHAFTA 本身都是根据 WTO 成立的，并且 CHAFTA 贸易救济制度大部分内容都是在 WTO 相关内容基础上建立的。此外，中澳两国都对 WTO 争端解决机制非常熟悉，毕竟 CHAFTA 贸易救济争端解决机制尚未实际运行，赋予协定双方有选择管辖场所的权利，对快速解决 CHAFTA 双方之间的贸易救济争端起到补充作用，且能完善 CHAFTA 贸易救济争端解决机制。特别是 CHAFTA 贸易救济措施和 WTO 贸易救济措施基本相同，使当事方可以在 CHAFTA 争端解决机制和 WTO 争端机制中"合理"选择有利于自己的争端解决机制。因此，TRDSM 赋予 CHAFTA 贸易救济争端的起诉方享有管辖场所的选择权，是 CHAFTA 贸易救济法律制度自身的完善需求所致。

其次，中澳两国都是国际法上的平等主体，任何国际争端解决机制都不能自行决定对中澳之间的贸易争端强制管辖，除非中澳两国共同授权某争端解决机制对其双方的贸易救济争端解决进行管辖。WTO 争端解决机制和 CHAFTA 争端解决机制是否具有强制管辖权？如果有，其合理性如何？在国际上，由于没有一部国际法可以强制对他国进行管辖，因此国际法上的管辖权来源于国家基于国家主权对条约或协定的授权。国家之所以愿意对某国际协定授权管辖，也是基于利益的选择。采用利益分析工具方法分析国家为什么会愿意放弃一部分主权，愿意选择接受某国际协定对其进行强制管辖的根由可知，国家这样做，获取的利益远大于或大于其放弃主权的损失。因此，在国际协定中，特别是在国际贸易协定中，协定成员赋予协定对成员争端的管辖权，是成员自身基于利益需要选择的结果。在 CHAFTA 或 WTO 或其他国际贸易协定的争端解决机制对其成员的管辖权，都是基于当事国在协定中的授权选择，一旦选择确定某争端解决机制，该争端解决机制就具有强制管辖权；同理，一旦 CHAFTA 贸易救济争端的起诉方就贸易救济争端，在 DSB 和 TRDSM 中按照 TRDSM 赋予的选择规则选择了其中一个争端解决机制，该机制就对 CHAFTA 贸易救济争端享有强制管辖权。

再次，中澳两国的法律习惯大相径庭，也决定了在 CHAFTA 贸易救济争端解决中赋予起诉方享有选择争端的管辖场所的权利是合适的。澳大利亚的法律体系属于英美法系，是判例法国家，在法律处理上已经习惯于判例法。而中国属于成文法国家，判例对中国没有法律约束力。换句话说，对判例法国家而言，成文法的效力取决于在案件审理后的裁决，CHAFTA 对澳大利亚而言属于成文法，对澳大利亚政府和国民而言，对 CHAFTA 的效力取决于案例判决，更重要的是国内法院判决。而中国恰恰相反，法院判例甚至国际法院判例对中国仅是对一个具体事件的处理，它不属于中国法律规范，法院判例在以后面对类似法律事实时，不具有强制遵守的法律约束力。因此，如果 TRDSM 不对 CHAFTA 贸易救济争端的起诉方赋予管辖的选择权，中澳两国可能因为由于两国的法律习惯不同，在面临 CHAFTA 争端解决机制不完善的情况下，并且当违反 CHAFTA 争端解决机制的同时又违反其他国际贸易协定争端解决机制时，对中澳两国间贸易救济争端的解决机构的选择各执一词无法达成一致的时候，无法对 CHAFTA 贸易救济争端进行解决。

最后，从法理上讲，如果 TRDSM 不对 CHAFTA 贸易救济争端解决机制赋予起诉方争端管辖的选择权，按照国内法的法理会造成中澳贸易救济争端场所的选择上存在三个方面的法理困惑：①按照国内法"新法优于旧法"法理，中澳两国贸易救济争端时应选择 CHAFTA 争端解决机制。CHAFTA 对两国而言，相比两国加入 WTO，缔结时间更晚①，因此是否可以说 CHAFTA 是"新法"，WTO 是"旧法"？按照国内法的"新法优于旧法"的原则，是否在发生贸易救济争端时两国当然应该选择"新法"？②同样按照国内法的"上位法优于下位法"法理，能否中澳贸易救济争端应选择 WTO 争端解决机制？因为 CHAFTA 是根据 WTO 附件 1A 中 GATT（1994）第 24 条规定授权建立的条约，是否对 CHAFTA 而言，WTO 是上位法，CHAFTA 是下位法？③同样是比照，按照国内法"特别法优于普通法"法理，是否中澳贸易救济争端应选择 CHAFTA 争端解决机制？能否说 CHAFTA 是特别法，WTO 是普通法？显然，国际法和国内法的法理基础不同，国内法的法理不能移植到国际法。但是任何国际法人都是生活在某一特定国家，在建立国际法过程中都会或多或少受到本国国内法理的影响。如果 TRDSM 不赋予 CHAFTA 贸易救济争端起诉方争端管辖权的选择权，争端当事方可能会从各自国内法理上对选择贸易救济争端的管辖机构时产生分歧，导致 CHAFTA 贸易救济争端的管辖机构无法确定。这显然不利于 CHAFTA 贸易救济争端的解决，不符合中澳双方的利益。

综上分析，如果 TRDSM 不就 CHAFTA 贸易救济争端解决赋予起诉方管辖场所的选择权，CHAFTA 贸易救济争端到底该选择 TRDSM 还是该选择 DSB 甚至选择其他贸易协定争端解决机制，CHAFTA 贸易救济争端双方都无从下手。但是当 CHAFTA 贸易救济争端的起诉方一旦自主的依据 TRDSM 赋予的对贸易救济争端管辖机构的选择权，做出了对 CHAFTA 贸易救济争端解决管辖场所的选择，则 CHAFTA 贸易救济争端解决的准据法、程序法和裁判机构就确定了，对中澳双方贸易救济争端解决的解决结果会产生一个基本的预期，有利于中澳双方进一步磋商和谈判解决，也有利于裁决结果的执行。

6.1.3 TRDSM 起诉方选择争端管辖场所的原则

CHAFTA 贸易救济争端的起诉方怎样行使 CHAFTA 第 15 章第 4 条赋予中澳两国在贸易救济争端中的管辖权？怎样选择好一个适合争端解决的场所？不同的当事国选择不同，也可能导致不同的预期结果。因此，怎样利用 TRDSM 赋予贸易救济争端起诉方争端管辖场所的选择权，对解决好 CHAFTA 贸易救济争端非常重要。在国际争端中，不同的争端解决机制对准据法选择和解决争端的程序可能并不相同，国际贸易争端的起诉方在选择争端解决机制时，往往

---

① 澳大利亚是 1995 年 1 月 1 日首批加入 WTO 的国家。中国在 2001 年 12 月 20 日正式成为 WTO 第 143 个成员。而 CHAFTA 的生效时间是 2015 年 12 月 20 日，比中国加入 WTO 也整整晚了 14 年，比澳大利亚加入 WTO 晚了 20 年。

会经常从经验上考虑的一个重要因素，就是判断自身对这个机制的运作模式是否熟悉，专家库中有无熟悉的专家，对其运作机制的内在和外部联系是否充分了解甚至掌握，以及胜诉的可能性等。笔者认为，选择争端解决机制除了要考虑上述问题外，在 CHAFTA 贸易救济争端的起诉方选择争端解决管辖机构时，还应该坚持司法经济原则、效率原则和公平原则。

6.1.3.1 司法经济原则

WTO 争端解决机制专家组在处理"欧共体——数量限制案""加拿大——外资审查法案""美国——进口糖案""美国——制造条款案""日本——半导体贸易案""日本——限制农产品进口案""欧共体——进口部件规则案""加拿大——酒精饮料分销案""美国——拒绝适用最惠国待遇案""澳大利亚——蛙鱼案"的多个案件中，均适用了司法经济原则①。但是，WTO 专家组对司法经济原则的适用主要是对审理时限上的运用。本书之所以在讨论贸易救济争端起诉方场所选择时论及司法经济原则，是因为 CHAFTA 第 15 章第 4 条赋予了争端的起诉方对争端管辖场所的选择权。但中澳同为缔约成员的其他国际贸易协定并不一定和 CHAFTA 一样赋予争端起诉方场所管辖的选择权，且 CHAFTA 在序言指出 CHAFTA 是"以 WTO 和其他多边、区域和双边协定与安排的权利、义务和承诺为基础"。因此，如果出现 WTO 或其他国际贸易协定对中澳贸易救济争端的管辖权约定与 CHAFTA 相冲突的时候，当事成员是依据 TRDSM 管辖，还是依据 CHAFTA 序言和第 15 章第 4 条规定的法理指引去选择 WTO 或其他国际贸易协定的争端解决机制管辖？如何选择管辖 CHAFTA 贸易救济争端的管辖场所，应当从司法经济原则出发考虑。

CHAFTA 第 15 章第 4 条内容实际上就是司法经济原则的体现，对当事国而言，此时应坚持"司法经济原则"对争端管辖的场所进行选择，可以节约确定管辖权上的成本。何为选择争端管辖的场所的司法经济原则？笔者认为，这主要是指在选择争端管辖机构时应考虑对起诉方的经济成本，如诉讼是否便捷、费用是否低廉等经济因素。一个对起诉方起诉很方便的争端解决机制，其司法经济性对解决争端也能得到很好的体现。因此，从这个意义上说，司法经济原则不仅是司法过程的审理时限，还包括当事国进行诉讼的经济成本。

本书用利益分析工具方法对选择争端管辖场所的司法经济原则进行分析。对一个国际经济贸易协定而言，当事国之所以愿意进行诉讼，是因为当事国判

---

① 史晓丽. 北美自由贸易区贸易救济法律制度研究 [D]. 北京：中国政法大学，2007：161-162.

断通过诉讼可能会产生比没有诉讼获得更大的利益，在起诉过程中当事国如果存在过多的诉讼成本，失去 TRDSM 赋予贸易救济争端的起诉方管辖场所的选择权的意义。因此，CHAFTA 贸易救济争端的起诉方在选择争端解决机制时必须考虑司法经济原则。

6.1.3.2 效率原则

在国际贸易救济争端诉讼场所的选择，还必须坚持"效率原则"，这是国际贸易救济争端的经济属性决定的。在发生国际贸易救济争端后，如果起诉方在选择争端解决场所时不考虑该场所处理争端的效率，就有可能出现该争端解决久拖不决的情形，这对经济纠纷争端解决是不利的。因为对经济争端而言，当事方主要考量的是争端本身的经济特性，在乎的是可以预见的经济后果。在贸易救济争端中，贸易救济措施的持续时间长短取决于争端解决机构的效率高低。著名的经济学家萨缪尔森和诺德豪斯教授就认为，"鉴于欲望的无限性，就一项经济活动而言，最重要的事情就是最好地利用其有限的资源。这一点使我们不得不面临效率这一关键概念，因为经济学的精髓碍于承认稀缺性的现实存在，并研究一个社会如何进行组织，以便最有效地利用资源。这一点是经济学独特的贡献"①。萨缪尔森和诺德豪斯的观点在处理贸易救济纠纷时是可以借鉴的，因为对贸易救济争端的解决本身就是一个经济活动。如果一个经济活动没有效率，这个经济活动的收益会受到巨大的影响。追求最大利益才是一个经济活动的最终目标和最高目标，效率则是影响效益的重要因素。

与法学研究的"公平正义"原则不同，本书坚持的效率原则的意思是，如果违约是增益的，它就是有效的。这实际上也可以从经济学的成本角度考虑，任何诉讼都是有成本的，我们称之为"诉讼成本"。"诉讼成本"对争端解决方而言，在诉讼环节整个过程中当事方为实现权利、行使权力、履行义务和承担责任所耗费的人力、物力、财力和时间成本。如果诉讼过程越长，诉讼成本就越高，耗费的人力、物力、财力和时间成本就越大。因此，国际贸易救济争端解决机构的效率，直接影响到起诉方的贸易救济争端战略。从法律经济学观点来看，法律行为必须考虑它的经济性。如果一个当事方，其追求诉讼行为的结果所体现的效益小于或等于自身追求这个诉讼过程中形成的诉讼成本，则此诉讼是无效的，也是没有效率的，是对诉讼资源的一种浪费。可见，诉讼成本和审理成本越高，法律的效率就越低。

在司法活动中，效率原则和司法经济原则目标往往是一致的，只是各自强

---

① 萨缪尔森，诺德豪斯. 经济学：十六版 [M]. 萧琛，等译. 北京：华夏出版社，1999：2.

调的重点不一样，司法经济原则强调的是司法活动中对司法场所的司法过程应考虑的经济性，如审理时限、诉讼费用、诉讼场所位置是否便捷等；而效率原则是指诉讼过程中要注意减少无效的诉讼活动。两者并不矛盾，都是为了追求CHAFTA 贸易救济争端的起诉方最大的经济利益。

6.1.3.3 公平原则

只要涉及诉讼，有一个词是无法避免的，那就是"公平"。由于国际法上没有一个强制的上位法存在，公平就是所有国际法主体在处理国际争端过程中坚持的内心强制。什么是公平？中国古人认为公平就是"公正而不偏袒"。如《管子·形势解》中的"天公平而无私，故美恶莫不覆；地公平而无私，故小大莫不载"，以及《汉书·杨恽传》中的"恽居殿中，廉絜无私，郎官称公平"。公平是个抽象的概念，必须在标准统一的情况下，才能言及公平。但是公平的标准是什么？由谁制定公平的标准？另外，即便是公平的标准被大家公认了，由谁对它进行裁定？由于国际法领域没有一个超乎国家之上的机构存在，就算所谓独立的国际组织也不可能凌驾于所有国家之上，与国家彻底隔离开来。假定国际组织能够从法律人格上与所有国家隔离开，组成它的各个机构里的每一个人也无法与所有国家割裂开来。这些构成各个国际组织具体机构的人，至少在一个具体的国家生长、生活，就一定会受到其成长环境包括价值观标准、生活习惯、知识结构、甚至宗教信仰在内的影响，那么他就做不到不受其居住国一丝一毫的影响，只要有影响存在，在理论上就不可能做到100%的纯粹的客观公正。另外，由谁来对公平进行裁定？当事方关于公平的价值标准与公平的客观标准之间有无差距？这些都是对绝对公平的制约。因此，在国际贸易争端中只能追求相对的公平，对 CHAFTA 贸易救济争端的解决也应是如此。

6.1.3.4 "司法经济原则""效率原则""公平原则"在选择管辖场所中的相互关系

既然是在国际争端只能最大限度地追求相对公平，在考虑公平原则的时候，我们就应该将诉讼效率原则和诉讼经济性原则一并考虑。从当事方来看，司法经济性和司法效率很多时候结果都是等同的，都是追求降低诉讼成本，增加当事方在诉讼中的最大限度获益。因此，在选择贸易救济争端管辖场所时，考虑争端机构公正性的同时，我们也需要考虑该机构诉讼行为的效率和司法经济性高低问题。

那么，如何平衡公平和效率之间的关系，或者说公平和效率究竟哪个优先，是摆在贸易救济争端起诉方在选择争端解决机构面前的问题。对此，经济学界有三种观点，即"效率优先，兼顾公平""公平优先，兼顾效率"和"公平、效率兼顾"。第一种观点认为，自由是天赋权利，没有自由就没有竞争，也没有效率，自然就没有公平。市场通过自由平等竞争实现效率，效率本身意味着公平，公平是效率的自然结果。第二种观点认为，"平等"作为人的一种天赋权利，不能用金钱来衡量或者交换，效率本身不能保证公正，而且它来自不公平①。第三种观点综合第一种观点和第二种观点，把效率和公平平等对待。上述三种观点，笔者都不赞同。笔者认为，上述三种观点都存在它们的局限性，都没有抓住国际贸易争端管辖选择的本质特征。法律就是要优先保证公平和公正，但只能是相对公平公正。第一种观点认为效率本身意味着公平，存在对法律价值挑战的嫌疑，效率本身并不等于公平。之所以坚持司法经济原则和效率原则，也只是从利益角度出发的结果，这并不是说，司法经济和效率就可以代替司法公平。司法公平的意思就是司法机关在执法时应该优先考虑公正和公平。这是因为，对当事国而言很多时候公平是最大的利益，因此在国际争端上，特别是对判例法国家，司法判例就是国家法律渊源之一，可能就此创设一种秩序和规则，这对与其有贸易往来的国家而言是战略利益、核心利益。必须放在首位考虑的是利益，之后才是司法经济性和司法效率层面的利益。第二种观点的问题在于没有抓住公平对一国而言最本质的益处是什么，只是从国内民法的平等角度思考，层级太低。第三种观点的错误在于将公平和效率等同，更未能从利益角度分析，司法实际上是国际贸易救济争端方借助争端解决机构最大限度地维护自身利益。

司法经济原则意味着当事方最大限度地节约司法成本。公平原则是国际贸易救济争端方在坚持司法经济原则和效率原则的前提下，需要追求的司法结果。它是国际贸易救济争端的起诉方追求的最高利益，它贯穿贸易救济争端的起诉方在选择争端管辖机构开始到诉讼终结的全过程。这三者之间相互补充、互相作用，最终为贸易救济争端的起诉方获取最大利益服务。

6.2 TRDSM 的主要内容

CHAFTA 作为中国与老牌资本主义国家签订的第一个自由贸易协定，也是澳大利亚与世界上最具有经济活力且最大的发展中国家签订的经济合作协定，具有跨时代的意义。对中国而言，从此开创了与老牌资本主义大国按照规则合

---

① 史晓丽. 北美自由贸易区贸易救济法律制度研究 [D]. 北京：中国政法大学，2007：165.

作的先例，为进一步与经济规模更大的老牌资本主义国家建立自由贸易区打下了基础。但是毕竟中澳双方都是开创性地创设自由贸易区，在自由贸易协定谈判过程中对很多贸易规则确立存在分歧在所难免，特别是在对协定能否执行的柱石——贸易救济措施（第7章）和争端解决机制条款（第15章）的约定一定是相互妥协的结果。从 CHAFTA 最终达成的条义来看，中澳两国显然对此采取保守策略，对无法达成共识的部分采取援引双方同为成员的 WTO 相应规则处理，表现出一定妥协性。这是一个建立两国良性经贸关系的开端。在国际关系中，国与国之间不存在相互管辖的问题，各国有权独立自主对外开展经贸活动，国与国之间并不总能就每一项合作都能共同获益。国与国最好的关系就是两国在各项交往过程中总的收益是获益，并不是在每一次交往双方都能获益。因此，在一国考虑对他国采取的贸易救济措施时，一定会计算己方会从中获取多少收益，他国能够在措施国中获取多少总收益，而且还必须判断这种收益对他国而言是否不可或缺？如果是他国不可缺少的收益，那他国就有很大可能会对采取贸易救济措施国做出一定的妥协，妥协的程度取决于该措施给他国造成的损害与他国不可或缺收益的差额。

因此，从这个意义上讲，贸易救济争端解决的最终结果取决于两国在对贸易救济措施带来的损害与获取的收益之间差额，这种收益不完全是金钱收入，更多的是两国相关涉及贸易救济措施对整个产业造成的影响，以及对两国整体经济、政治收益的对比。比如，如果甲国对从乙国进口产品采取贸易救济措施，对乙国出口商而言就要判断对甲国所采取的贸易救济措施，依据两国贸易协定诉至争端解决机制后胜诉的可能性。如无胜诉可能，对乙国出口商而言存在两种选择：一种是通过磋商方式协商解决，协商不成，或主动调整对甲国出口产品的价格满足甲国贸易救济措施需要，或者直接接受甲国的贸易救济措施；另一种是如果此时接受甲国的贸易救济措施或调整出口价格都会给乙国的国内产业造成不可估量损失的结果，则乙国出口商只有一种选择就是提起诉讼。乙国出口商在诉讼中会选择磋商，磋商不成，如果牵涉乙国重要产业链，乙国主管贸易救济的机构可能会对甲国发起报复性贸易救济调查，逼迫甲国的主管机构做出符合乙国需要的让步。但是乙国主管机关的这种报复性贸易救济调查选择可能有些冒险，甲国未必会因乙国采取报复性救济措施调查就对乙国让步。甲国会对乙国贸易救济措施调查的后果整体评估，包括诉讼后胜诉的可能性以及对两国产业造成的损害程度，再决定是否与乙国和解。此外，如果乙国任意提起报复性贸易救济措施调查，不仅可能面临诉讼败诉风险，还会面临在国际市场丧失信誉让其国内产品最终被逐出国际市场。

用利益工具方法分析，一国在国际贸易争端特别是贸易救济争端的解决结果，最终取决于双方对于贸易救济措施与否的收益和两国间的整体收益。因此，贸易救济的争端最终能否解决取决于两个因素：一是利益因素；二是解决规则。本节仅对解决规则进行研究。

CHAFTA 第 15 章"争端解决机制"的内容完全涵盖了贸易救济救济争端机制，本节在论述 CHAFTA 争端解决机制和 TRDSM 机制内容完全一致。因此，本书不再单独就贸易救济争端解决机制或争端解决机制进行分论。

根据 CHAFTA 第 15 章规定，TRDSM 所确立解决贸易救济争端的内容主要有三个方面：一是 TRDSM 管辖权的规定；二是磋商与和解程序的规定；三是仲裁规则与仲裁程序的规定。

6.2.1　TRDSM 管辖应具备的条件

根据 CHAFTA 第 15 章第 2 条和第 4 条规定，TRDSM 管辖的案件必须同时符合如下条件：

6.2.1.1　TRDSM 管辖的适格主体

有权将贸易救济争端提交 TRDSM 管辖的主体，只能是 CHAFTA 成员，即中华人民共和国和澳大利亚联邦。对于 CHAFTA 成员贸易救济措施违反 CHAFTA 框架下贸易救济中的义务，受损害产业所属国政府以国家名义对采取贸易救济措施的成员向 TRDSM 提起贸易救济争端诉讼。

6.2.1.2　TRDSM 的管辖范围

根据 CHAFTA 第 15 章第 2 条规定，除了在 CHAFTA 第 5 章"卫生与植物措施"、第 6 章"技术性贸易壁垒"、第 12 章"电子商务"明确拒绝该 3 章项下发生争端在 CHAFTA 第 15 章"争端解决"框架下解决外，第 9 章"投资"项下的纠纷也有该章规定程序和选择争端解决机构。其余各章项下关于执行、解释和适用协定、协定成员一方认为另一方的措施与协定项下的义务不符或另一方未能履行其在协定项下的义务的争端，都应该属于 CHAFTA 第 15 章"争端解决机制"解决的范围。因此，第 7 章"贸易救济"和第 2 章的"农产品特殊保障措施"都应属于 TRDSM 管辖范围。

6.2.1.3　必须选择 TRDSM 作为 CHAFTA 贸易救济争端解决的场所

根据第 15 章第 4 条，CHAFTA 贸易救济争端的起诉方有权选择争端的管辖场所，只有 CHAFTA 贸易救济争端的起诉方选择了 TRDSM，TRDSM 才能对争端进行管辖。按照 TRDSM 规定，CHAFTA 贸易救济争端的起诉方只能进行一次选择贸易救济争端的管辖权，一旦起诉方在符合 TRDSM 第四条规定的前提下选择了管辖场所，按照该管辖场所的要求提交争端给专家组或仲裁机构，选择权立即丧失，CHAFTA 贸易救济争端双方必须接受该场所的管辖。

6.2.2 TRDSM 的程序条款

6.2.2.1 磋商

根据 TRDSM 规定，成员可以就另一国采取的贸易救济措施以递交书面通知的方式向另一方请求磋商。请求磋商的成员在书面通知中说明提出请求的理由，包括指明贸易救济措施争议以及指控事实与法律基础。

CHAFTA 成员受到另一成员提出书面磋商请求后，应立即书面回复对方的磋商请求并开始磋商。在磋商过程中，双方应秉承善意，包括但不限于提供充分的信息，以便全面审查磋商事项可能如何影响本协定的实施和适用；并且以与信息提供方相同的方式对待磋商过程中交换的任何保密或专有信息。如果涉及易腐货物的紧急事项自收到磋商请求之日起 10 日内，涉及其他事项的 30 日内未回复即代表不愿意磋商。如果同意磋商，但是涉及易腐烂货物 20 日内、其他事项 60 日内，未达成双方协商一致的方案，在前述期限届满后，提出磋商的请求方可以请求 TRDSM 设立仲裁庭对磋商过程中涉及的贸易救济措施是否符合 CHAFTA 协定进行仲裁。

6.2.2.2 斡旋、调停和和解

TRDSM 机制还特别规定了斡旋、调停和和解程序。斡旋、调停和和解是一个古老的国际法争端解决程序。《联合国宪章》第 2 条第 3 项、第 33 条第 1 项，《海洋法公约》第 279 条、第 280 条、第 284 条，《和平解决国际争端公约》（1907 年海牙第一公约）等国际条约都在争端解决的机制中规定了斡旋、调停和和解程序是解决争端的重要程序。

斡旋（good offices）。斡旋即周旋，最早见于中国元代，如《宋史·辛弃疾传》中的"经度费钜万计，弃疾善斡旋，事皆立办"，意思是建军的费用达数万钱，而辛弃疾善意协调、筹划，所有的事情都很快办成了。

调停（mediation）。调停的意思和斡旋的意思差不多，是指居间调解、平息争端、调摄养息的意思。中国宋朝苏辙在《颍滨遗老传下》中说："吕微仲与中书侍郎刘莘老二人尤畏之，皆持两端为自全计。遂建言欲引用其党，以平旧怨，谓之调亭。"其对调停的解释就是平息争端。

和解（conciliation）。和解是指当事争端方平息纷争，重归于好。如今，和解在法律上是指当事方约定互相让步，不经法院而终止争执或防止争执发生。国际法上的和解是指两国在发生争端后，经过谈判协商就争端达成的和解

协议，是争端双方从利益角度相互妥协的最佳结果。

按照 TRDSM 规定，TRDSM 争端双方在争端发生后的任何阶段，都可以就斡旋、调停和和解达成协议，请求双方一致认可的第三方（理论上可以是个人、国际组织或国家，但一般是双方都认可的官员或国际法专家）对双方发生的贸易救济争端进行斡旋、调停和促进和解。但是，若任何一方决定不再需要对争端进行斡旋、调停和和解，则已经进行的斡旋、调停和和解程序立即终止。

6.2.2.3　仲裁

如果 CHAFTA 贸易救济争端双方在提出磋商请求之后，磋商未能在规定时间内完成，则请求磋商的一方有权请求 TRDSM 设立仲裁庭，审理争议事项。

由于 TRDSM 仲裁条款是 TRDSM 最主要内容，涉及 CHAFTA 第 15 章第 7 条至第 17 条及 2 个附件，为了全书结构和对强调内容的需要，本书将 TRDSM 仲裁单独作为单独一节在 6.2.3 另论。

6.2.3　TRDSM 的仲裁机制

TRDSM 的仲裁条款是 TRDSM 最为主要的内容，占据 TRDSM 大部分篇幅，是 CHAFTA 贸易救济争端的起诉方是否决定选择 TRDSM 管辖的关键条款，也是决定 TRDSM 解决 CHAFTA 贸易救济争端的决定性条款，是 TRDSM 的生命力所在。

6.2.3.1　TRDSM 仲裁庭的设立

1. 请求设立 TRDSM 仲裁庭的时限

如果 CHAFTA 贸易救济争端方之间的磋商未能在下列期限内解决争端，涉及易腐货物的紧急事项，自贸易救济的争端方收到书面磋商请求之日起 20 日内；任何其他事项，自贸易救济的争端方收到书面磋商请求之日起 60 日内。CHAFTA 提出磋商请求的一方可向 TRDSM 提交书面请求设立仲裁庭审理争议事项。

2. 设立 TRDSM 仲裁庭的特殊要求

（1）设立仲裁庭书面请求应指明：

①具体争议事项；

②起诉的事实与法律基础，包括被指违反的本协定条款以及其他相关条款，以充分清楚地陈述问题。

（2）仲裁庭应在起诉方依照本条第 1 款提出请求时设立。

（3）仲裁庭应当由三名仲裁员组成。

（4）在仲裁庭设立 15 日内，各方应分别指定一名仲裁员，该仲裁员可以是其本国国民。

（5）双方应在仲裁庭设立之日起 30 日内共同一致指定第三名仲裁员。依此方式指定的仲裁员为仲裁庭主席。

（6）如仲裁庭的任一仲裁员未在仲裁庭设立 30 日内得到指定或认命，任何一方可请求世贸组织总干事在请求提起之日起 30 日内指定一名仲裁员。

（7）当根据 CHAFTA 第 15 章第 15 至第 17 条重新成立仲裁庭时，重新成立的仲裁庭应尽可能和 TRDSM 仲裁庭拥有相同的仲裁员，如果仲裁庭因故不能由原仲裁员重新组成，则仲裁员选任应按照本条规定程序进行。

3. TRDSM 仲裁庭对任命仲裁员（包含仲裁庭主席）的特殊要求

（1）具有法律、国际贸易、本协定项下其他事项或解决国际贸易协定项下争端的专业知识或经验。

（2）依据客观性、可靠性及良好判断进行严格挑选。

（3）独立于任何一方，并且不隶属于或听命于任何一方。

（4）未曾以任何身份处理过争端事项，并且遵守本章附件 1 规定的《仲裁员行为守则》。

（5）如根据本条任命的仲裁员辞职或者不能履行职责，继任者应以与任命原仲裁员的相同方式任命，且继任者应享有原仲裁员的所有权力和职责。在任命继任仲裁员期间，仲裁庭的工作应当中止。

（6）仲裁庭主席应：

①不是任何一方的国民；

②不在任何一方领土内拥有常用住所。

TRDSM 通过仲裁庭的设立，要求仲裁员的资质具有相应阅历或专业知识，并且强调仲裁员具有客观性、独立性和中立性。如果合理期限内未就仲裁主席（第三名仲裁员）达成一致意见，则由 WTO 总干事在争端方请求下指定仲裁庭主席，既保证了仲裁庭成立的效率，又保证了仲裁庭的客观公正裁决。

6.2.3.2 组成 TRDSM 仲裁庭的《仲裁员行为守则》

依据 TRDSM 附件 1，TRDSM 仲裁庭的《仲裁员行为守则》主要内容如下：

1. 定义

本守则中的助理是指根据仲裁员任职范围为其开展研究或提供支持的人员；仲裁员是指根据 CHAFTA 第 15 章第 7 条设立的仲裁庭成员；工作人员是指对仲裁员而言除助理之外的接受仲裁员指示与管理的人员。

2. 仲裁员责任

在 TRDSM 仲裁庭成立后，组成仲裁庭的仲裁员应避免不当行为表现或偏见，且还应避免直接或间接的利益冲突，坚持独立和公正，并遵守高标准的行为准则，维护 TRDSM 的诚信和公正。如果 TRDSM 按照规定因 CHAFTA 贸易救济争端需要，按照 TRDSM 仲裁规则重新组成仲裁庭，前任仲裁员应避免出现：①不当言行；②在其履职过程中存在偏见；③会从仲裁报告或决定中获益；④除非宪法和法律要求，泄露在其担任仲裁过程中获得的非公开信息。

3. 仲裁员的披露义务

（1）仲裁员候选人在确定成为本协定仲裁员前，应披露可能影响其独立性、公正性，或者可能在仲裁程序中有理由产生不当行为表现或偏见的任何利益、关系或事项。为此，仲裁员候选人应尽一切合理努力，了解任何此类利益、关系及事项。

（2）当选后，仲裁员应继续尽一切合理努力，了解上述（1）中的任何利益、关系或事项，并应以书面方式向 CHAFTA 自贸协定联合委员会披露，以供 CHAFTA 贸易救济争端双方考虑。披露义务是一项持续的责任，要求 TRDSM 仲裁庭的仲裁员披露在程序任何阶段可能发生的任何此类利益、关系及事项。

4. 仲裁员职责履行

（1）仲裁员应遵守 TRDSM 规定及适用的程序规则。

（2）当选后，仲裁员应在整个仲裁程序过程中，以公正尽责的态度，充分、高效地履行其职责。

（3）仲裁员不得拒绝其他仲裁员参与仲裁程序各个环节。

（4）仲裁员应仅考虑在仲裁程序中提出的、做出决定所必需的事项，不得将决定之职责委派给他人。

（5）仲裁员应采取所有适当的措施，确保其助理和工作人员应披露可能影响其独立性、公正性，或者可能在仲裁程序中有理由产生不当行为表现或偏见的任何利益、关系或事项。为此，其助理和工作人员应尽一切合理努力，了解任何此类利益、关系及事项。仲裁员还应确保其助理和工作人员遵守高标准的行为准则，维护 TRDSM 的诚信和公正；并确保其助理和工作人员在工作过程中避免出现不当言行，存在偏见，从仲裁报告或决定中获益，以及除宪法和法律要求外，泄露在其担任仲裁过程中获得的非公开信息。

（6）仲裁员不得违反进行有关仲裁程序，私下与仲裁任何一方单方面联系。

（7）除为了确定其他仲裁员是否已违反或可能违反 TRDSM 仲裁程序和仲裁员守则规定，仲裁员不得单独私下向 TRDSM 中的一方传播有关其他仲裁员实际或可能违反本附件规定的事项，除非传播是与双方进行。

（8）仲裁员必须保持以下独立性与公正性：

①应独立、公正、公平行事，避免产生不当行为表现或偏见。

②仲裁员不得受到自身利益、外部压力、政治考虑、公众舆论、对一方的忠诚或害怕批评的影响。

③仲裁员不得直接或间接地承担除审理案件本身需要以外的任何义务或者接受任何利益，以致干扰或可能干扰仲裁员职责的履行。

④仲裁员不得利用其在仲裁庭的地位来谋求任何个人或私人利益。仲裁员应避免任何可能产生以下影响的行为，即有他人处于特殊地位，可对其施加影响。仲裁员应尽一切努力，防止或劝止他人处于此种特殊地位。

⑤仲裁员不得允许以往或现有的财务、商业、职业、家庭或社会关系或义务影响其作为仲裁员的行为或判断。

⑥仲裁员应避免在可能影响仲裁员的公正、有理由产生不当行为表现或偏见方面发生任何联系或获得任何经济利益。

（9）特定情形下的职责。

仲裁员或前任仲裁员应避免产生以下行为，即在履行职责过程中存在偏见，或会从仲裁庭报告或决定中获益。

（10）对仲裁员的保密要求。

①除非出于仲裁程序目的，仲裁员或前任仲裁员在任何时候均不得披露或使用与仲裁程序有关的或从仲裁程序中获得的非公开信息，并且在任何情况下均不得披露或利用此类信息以获取个人优势，或为他人获取优势，或对他方利益造成不利影响。

②仲裁员不得在仲裁庭报告公布前，披露报告或其中的部分内容。

③除非宪法和法律要求，仲裁员或前任仲裁员在任何时候均不得披露仲裁庭的审议意见和任何仲裁员的观点。

6.2.3.3 仲裁庭的职权

按照 TRDSM 规定，TRDSM 仲裁庭具有以下职权：

（1）对争端事项做出客观评估，包括：

①案件事实；

②双方援引的 CHAFTA 相关条款的适用性；

③是否存在争议措施与本协定项下义务不一致，或者一方未能履行其在

CHAFTA 项下的义务。

（2）如果中澳两国按照 TRDSM 规定设立仲裁庭之日起 20 日之内未能对仲裁的事项、适用法律、仲裁的范围、仲裁的时限等重新达成协定，则 TRDSM 设立的仲裁庭在设立满了 20 日开始按照 TRDSM 规定的仲裁程序，对争端案件的事实和理由进行裁决。

（3）TRDSM 仲裁庭的职权决定了仲裁庭的仲裁范围和仲裁效力。TRDSM 设立的仲裁庭需要对争议的事实和争端双方认为违反 CHAFTA 条款或应承担义务，做出客观评估。如果争端双方没有在仲裁庭成立的 20 日内对仲裁庭的职权重新约定，仲裁庭有权依据 CHAFTA 规定及庭审评估的事实，对申请仲裁的请求事项进行法律和事实的裁决，该裁决对争端双方具有强制约束力，双方必须在裁决确定的生效之日起执行。

（4）仲裁庭主席有权根据庭审需要，就仲裁庭有关行政性和程序性做出决定。

6.2.3.4　TRDSM 仲裁庭程序

1. 时限的规定

（1）在征求 CHAFTA 贸易救济争端双方意见后，仲裁庭应在最后一名仲裁员确定后 10 日内，确定仲裁程序的时间表。本规则后附的指示性时间表应该作为指引。

（2）一般情况下，自仲裁庭成立之日起至提交最终报告之日止，仲裁程序不应超过 270 日，双方另有约定的除外。

（3）如果仲裁庭认为有必要修改时间表，应将修改提议及修改理由以书面形式通知仲裁双方。

2. 庭审程序

（1）庭审前程序。

除非仲裁庭另有决定，仲裁庭的起诉方应在指定最后一名仲裁员后 14 日内向仲裁庭提交第一次书面陈述。被诉方应在不晚于起诉方提交第一次书面陈述之日起 30 日向仲裁庭提交其第一次书面陈述。

双方应在向仲裁庭提交第一次书面陈述的同时，将副本提供给另一方；各方还应按照仲裁员的人数向每一位仲裁员提供副本。

（2）庭审程序。

①仲裁庭庭审以听证会的方式进行，听证会由仲裁庭主席主持，所有仲裁员必须出席听证会，听取仲裁双方向仲裁庭陈述意见。仲裁庭主席经征求双方意见，助理、译员或指定的书记员也可以出席听证会，以协助仲裁庭的工作。

TRDSM 仲裁庭应至少举行一次听证会，经双方同意，仲裁庭可以追加召开听证会。仲裁庭做出任何此类安排经双方同意可予以变更。

②仲裁庭召开的听证会庭审过程中，应保证能够给予起诉方和被诉方大致相等时间进行充分陈述。仲裁庭应以下列方式召开听证会：起诉方陈述、被诉方陈述、起诉方回应、被诉方再回应。仲裁庭主席可设定口头陈述的时限，以保证每一方有相等的发言时间。

③在庭审前或庭审中或庭审结束时，根据双方提交的书面材料或者庭审情况，就查清事实需要涉及的有关专门性技术问题，仲裁庭可自行决定或应一方请求，可向其认为合适的个人或组织寻求信息和技术建议，只要双方同意且依据双方均同意的权限和条件即可。仲裁庭应将通过此种途径获得的任何信息提供给双方以进行评论。

④TRDSM 仲裁庭听证会庭审应以闭门会议的形式进行。

（3）庭审结束后程序。

①在庭审结束后，仲裁庭可在仲裁程序中的任何时间，就在庭审中或根据双方向仲裁庭提交的书面材料向任何一方提出问题。此时，双方应迅速、充分地对仲裁庭任何关于其认为必要和适当的信息要求给予答复。

当问题是书面形式时，每一方应在向仲裁庭提交其答复的同时，将答复的副本提供给另一方。每一方应有机会就另一方的答复提供书面评论。

②在仲裁庭听证会结束后 20 日内，仲裁的任何一方还可向仲裁庭和对方提交补充书面陈述以回应听证会上提及的任何事项。

3. 仲裁庭审资料提交

TRDSM 仲裁庭庭审程序规定仲裁双方在提交书面文件资料的同时，还应提交相应的电子文档①。任何请求、通知、书面陈述以及其他与仲裁程序相关的其他文件中的轻微笔误可以通过提交新文件的方式予以补正。新文件应明确指出修改之处②。

4. 其他与 TRDSM 仲裁有关的规则

（1）立场披露。

TRDSM 仲裁庭允许仲裁的任何一方将自身的立场向公众披露，但不得将提交仲裁庭听证会的文件包括事实和理由提交公众以诱导舆论，也不得披露对方和仲裁庭中仲裁员的观点。

---

① 参见 CHAFTA 第 15 章第 7 条。
② 参见 CHAFTA 第 15 章第 8 条。

（2）保密条款。

①仲裁庭的听证会以及向其提交的文件应是保密的。每一方应对另一方提交给仲裁庭并指定为保密的信息予以保密。

②当一方指定其提交给仲裁庭的书面陈述为保密时，应另一方请求，应在请求之日起 15 日内向仲裁庭及另一方提供一份可向公众公开的关于书面陈述所含信息的非保密摘要。

（3）工作语言条款。

TRDSM 仲裁程序的工作语言为英语，包括书面陈述、口头辩论或陈述、仲裁庭报告和双方之间以及与仲裁庭之间的所有书面和口头沟通。

（4）庭审地点条款。

仲裁庭听证会的地点应由双方协商一致决定。如果无法达成一致，第一次听证会应在被诉方领土上进行，任何追加进行的听证会应轮流在双方领土上进行。

（5）仲裁费用条款。

①除非双方另有约定，包括仲裁员报酬在内的仲裁费用应由双方平均分担。

②仲裁庭应保存在仲裁程序中发生的所有一般性费用的记录，做出最终账目，包括向助理、书记员及其他听证会需要而雇佣的个人支付的费用。

6.2.3.5　TRDSM 仲裁庭报告

按照 TRDSM 规定，仲裁庭无论是在做初步报告还是最终报告的过程中，遇到对 CHAFTA 条款内容进行解释时，必须坚持的三个原则是：①必须按照解释国际公法的惯例对本协定进行解释，包括 1969 年 5 月 23 日订于维也纳的《维也纳条约法公约》所反映的惯例；②仲裁庭应考虑 DSB 的生效专家组报告和上诉机构的最终裁决中所确立的相关解释；③仲裁庭的裁决和建议不能增加或减少任何仲裁一方在 CHAFTA 中的权利和义务。

1. 初步报告

（1）为使仲裁双方能有机会在仲裁庭最终报告之前审阅报告和提出意见，仲裁庭应在最后一名仲裁员指定之日起 90 日内向双方提交初步报告，提出事实认定和理由，并决定是否存在对争议的贸易救济措施与 CHAFTA 项下义务不一致，以及被诉方是否不履行其在 CHAFTA 项下有关贸易救济措施的义务的情况。仲裁庭初步报告应基于 CHAFTA 相关规定、仲裁双方的书面陈述和主张、听证会庭审的情况，以及根据程序规则获得的任何信息或有关专家的技术性建议做出。应双方共同请求，仲裁庭也可向被诉方提出执行裁决方式的建议。

（2）如果出现例外情况，如 TRDSM 设立的仲裁庭认为案情复杂不可能在规定的 90 日内提交仲裁初步报告，则应书面通知仲裁双方迟延的原因和预计提交报告的期限。除非双方另行商定，任何迟延不得超过 30 日。

（3）仲裁各方可在初步报告提交后 10 日内向仲裁庭提出书面评论意见，供仲裁庭最终报告参考。

2. 最终报告

（1）TRDSM 仲裁庭在考虑仲裁双方的书面评论并做出其认为合理的进一步审查后，除非双方另有约定，应在提交初步报告之日起 30 日内向仲裁双方提交最终报告。

（2）TRDSM 仲裁庭最终报告应在提交仲裁争端双方同意后 10 日内在规定媒体上公告，使公众知晓贸易救济争端的最终裁决结果。

TRDSM 仲裁庭的最终报告对双方具有强制约束力，双方必须履行最终报告赋予的义务。

6.2.3.6　TRDSM 生效仲裁裁决的执行

在 TRDSM 仲裁结束后，如果仲裁庭认定涉案贸易救济措施不符合 CHAFTA 或一方未能履行其在本协定下的义务，被诉方应使该措施符合 CHAFTA。

1. 被诉方立即履行 TRDSM 仲裁庭裁决的最终报告

（1）立即执行。按照仲裁庭最终报告改变贸易救济措施，符合仲裁庭终裁，起诉方认可被诉方执行结果，则 TRDSM 争端圆满结束。

（2）被诉方立即执行，但起诉方认为执行结果不符合 CHAFTA 规定或仲裁庭裁决的义务，不能与起诉方达成一致意见的，则起诉方可以申请 TRDSM 仲裁庭进行"一致性审查"。

（3）"一致性审查"。

①TRDSM 争端双方对履行仲裁裁决产生执行分歧。当 CHAFTA 贸易救济争端方在 TRDSM 仲裁庭仲裁终结后，起诉双方对于被诉方在执行 TRDSM 仲裁庭的最终报告所采取的措施是否与裁决一致，以及对被诉方采取的措施是否与 CHAFTA 相一致存在分歧时，应将执行分歧应提交 TRDSM 仲裁庭。如 TRDSM 仲裁庭已经解散无法完整组成，则将执行分析提交新组成的仲裁庭。

②按照相关规定，若 TRDSM 仲裁庭裁决的合理期限满，或者被诉方已书面通知起诉方其已履行 TRDSM 仲裁庭的最终报告裁决的义务时，双方可以按照本条规定提出"一致性审查"。

③根据本款"一致性审查"需要而成立的仲裁庭，应在执行"一致性审

查"请求提交后尽快重新召集，并应在书面通知提交之日起 60 日内向双方提交报告。

④新成立的仲裁庭应对被诉方为遵守 TRDSM 仲裁庭最终报告而采取的执行行动的事实和被诉方是否已遵守 TRDSM 仲裁庭最终报告裁决的义务进行审议、做出客观评估，并在其报告中就此阐述结论。

2. 被诉方不能立即执行 TRDSM 仲裁庭裁决

（1）在 TRDSM 仲裁庭最终报告提交之日起 30 日内，被诉方应通知起诉方其执行仲裁庭裁决的意向。如果立即执行不可行，被诉方应在合理期限内执行。

（2）执行的合理期限仲裁裁决。

①合理期限应由双方商定。如双方不能在最终报告提交之日起 45 日内就合理期限达成协议，则任何一方可将该事项提交 TRDSM 仲裁庭，由其来确定合理期限。

②TRDSM 仲裁庭应在"裁定合理期限"申请向其提交之日起 30 日内向双方提交决定。在做出决定前，仲裁庭应要求双方提交书面陈述，并在任何一方提出请求时召开听证会，并给予每一方在听证会上进行陈述的机会。作为指导性原则，合理期限自 TRDSM 仲裁庭发布最终报告之日起不应该超过 15 个月。但是，仲裁庭根据双方在听证会陈述和提交证据的实际情况，有权在 15 个月的基础上对被诉方执行 TRDSM 仲裁庭最终报告的合理期限裁决缩短或延长。

③如果仲裁庭认为在收到请求裁决合理期限之日起 30 日内不能提交决定，则应书面通知双方迟延的原因和预计提交决定的期限。除非双方另行商定，任何迟延不得超过 15 日。

3. TRDSM 仲裁庭的被诉方拒绝履行仲裁庭最终裁决

根据 TRDSM 规定，如果被诉方以书面形式表示拒绝履行仲裁庭裁决，TRDSM 起诉方有权采取本款第 5 项下的权利。

4. TRDSM 仲裁庭的被诉方未有效履行仲裁庭最终报告情形

（1）在本款第 2 项第 2 目 TRDSM 仲裁庭裁决的合理期限届满，被诉方未能执行仲裁庭裁决。

（2）通过本款第 1 项第 3 目规定的一致性审查仲裁程序，最终裁定被诉方未遵守 TRDSM 仲裁庭最终报告裁决的义务。

5. TRDSM 补偿、中止减让和义务

（1）补偿。

如果在 TRDSM 仲裁终结，被诉方在执行过程中出现本款第 3 项和第 4 项情形，被诉方应要求与起诉方进行谈判，以期达成双方均满意的对起诉方的必要补偿。

（2）起诉方中止 CHAFTA 下起诉方的减让或义务。

①如果双方未能在 20 日内就补偿达成一致，起诉方可以向被诉方提交书面通知，表明有意对被诉方中止适用 CHAFTA 下的减让或义务，其程度相当于仲裁庭最终报告认定被诉方贸易救济措施不符的范围、程度。CHAFTA 贸易救济的起诉方依据仲裁庭最终裁定向对方发出的中止 CHAFTA 下减让或义务的通知中，应当表明起诉方提议中止减让或其他义务的程度，该中止 CHAFTA 下的减让或义务的程度应限定在起诉方在 CHAFTA 下获得的利益范围内。

②CHAFTA 贸易救济的起诉方可在提出中止 CHAFTA 减让或义务意向通知 30 日后，或仲裁庭依据本条第 6 款发布决定后，开始中止减让和义务。

③CHAFTA 贸易救济的起诉方中止 CHAFTA 减让或义务时，应先寻求对与仲裁庭认定不符 CHAFTA 义务的措施所影响部门相同的部门中止减让和义务。如起诉方认为对相同部门中止减让和义务不可行或无效的，可中止其他部门的减让和义务，但是起诉方宣布此决定的通知中应说明做出该决定的原因。

（3）被诉方对起诉方中止 CHAFTA 减让或义务的异议。

①如果被诉方反对提议的中止水平，或者认为起诉方在中止 CHAFTA 减让或义务未遵守本项第 2 目规定的原则，则可向原仲裁庭提出要求审查的书面请求。仲裁庭应确定起诉方根据本项第 2 目拟中止的减让和义务的水平是否与仲裁裁定的不符水平相当。如果原仲裁庭因故不能继续由原仲裁庭成员组成，可以组成新的仲裁庭。

②原仲裁庭应在根据本目规定提出请求后 60 日内提交决定。如果仲裁庭因故未能由原仲裁庭成员组成，必须组成新的仲裁庭，且应在最后一名仲裁庭成员指定后 60 日内提交决定。仲裁庭的决定应公开，各方均可公开方式获得。

（4）中止减让和义务的结束。

①减让和义务的中止应是临时的，且应只适用到与本协定不符的措施取消或双方满意的解决方法达成之时。

②在根据本项第 3 目行使中止减让和义务的权利的情况下，被诉方如认为其已遵守原仲裁庭最终报告裁定的义务，可书面通知起诉方并描述其如何遵守义务。起诉方如不同意，可在收到该书面通知后 30 日内将该事项提交原仲裁庭裁决。如果原仲裁庭因故无法继续由原仲裁庭成员组成，则可组成新的仲裁庭裁决；否则，起诉方应立即停止中止减让义务。

③仲裁庭应在该事项提交后 60 日内散发报告。如果仲裁庭认定被诉方已

经消除不符之处，起诉方应迅速停止中止减让和义务。

6.2.4　TRDSM 与 DSB 之间的关系

　　说 DSB 是目前世界上最好的多边经济条约争端解决机制之一并不为过，其最具吸引力之处在于它的强制执行力，它也是世界上第一部在多边条约中不允许成员对条款进行保留的条约。DSB 坚持禁止成员对条约的条款进行保留的特色，使得争端解决机制被赋予强制执行力成为可能。可以说，自此以后，开创了国际条约不保留条款的先河，包括中国在内的大多数国家在 21 世纪以来对外签订的双边贸易协定不再坚持保留条款，甚至开始放弃一贯坚持的主权不能被诉的原则，逐渐接受国家作为被告被国际争端机构裁决的新型国际惯例①。DSB 是目前国际贸易法中一项重要而又充满争议和特色的争端解决机制，它常被誉为 WTO 体制"皇冠上的明珠"而受到绝大多数 WTO 成员的重视。而 TRDSM 又是中澳自贸区能否顺利开展执行的关键，两者之间有何异同且有何关联，就是本节的重点研究对象。

　　TRDSM 和 DSB 都是国际贸易协定的争端解决机制。DSB 又是目前国际公认最好的国际贸易争端解决机制之一。其每年受理的案件数量及其专家组或上诉机构的裁决已经被作为国际法渊源之一。CHAFTA 成员又同属 WTO 成员，CHAFTA 成员完全可以借助 WTO 争端解决机制对双方在 CHAFTA 下争端进行裁决，为何还要在 CHAFTA 建立专门的争端解决机制？因此，比较研究 CHAFTA 和 WTO 争端解决机制的相同点和不同之处，可以为 CHAFTA 成员在面临贸易救济争端时选择 TRDSM 还是 DSB 对争端进行管辖提供决策依据。

　　6.2.4.1　TRDSM 和 DSB 的相同之处

　　1. 两者都规定了"磋商"程序为争端解决机制的前置程序

　　（1）TRDSM 规定，如果 CHAFTA 成员在收到其他成员书面磋商请求 10 日内不做任何答复，或者明确拒绝进行磋商请求，磋商的时效为 60 日。如果收到书面磋商请求的一方对此书面请求不予理睬，或者认为根本没有磋商的必要不同意磋商，磋商的时效为 30 日。如果是易腐烂的紧急案件，对书面磋商不予理睬的时效缩短为 10 日，正常磋商时效缩短为 20 日。

　　如果磋商时效届满，争端双方磋商不能，则提出磋商书面请求的一方有权请求 TRDSM 设立专家组对案件进行审理。

---

　　① 《中韩自由贸易协定》第 12 章第 12 条和《中澳自由贸易协定》第 9 章第 12 条都规定，在双方自贸区内投资与东道国之间的投资争端机制就约定了可以接受选择国际投资争端解决中心（ICSID）裁决投资争端。

自收到磋商请求之日起 30 日内双方应寻求达成一致的方案。在前述期限内，磋商不成，在收到磋商之日满 60 日后，提出磋商的请求方可以请求设立仲裁庭对磋商过程中涉及的贸易救济措施是否符合 CHAFTA 进行仲裁。因紧急情况提起的组成仲裁庭的时效为 20 日。

（2）DSB 磋商的规定和 TRDSM 的规定几乎完全一样，唯一不同的是 DSB 设立的是专家组和上诉机构，TRDSM 设立的是仲裁庭。

2. 两者都规定了"斡旋、调停和和解"程序①

（1）在 TRDSM 程序中，争端双方在争端发生后的任何阶段都可以借斡旋、调停和和解达成协议，请求双方一致认可的第三方（理论上可以是个人、国际组织或国家，但一般是在双方都认为有一定公信力和威望的官员或国际法专家）对双方发生的贸易救济争端，进行斡旋、调停和促进和解。但是，如果任何一方决定不再需要对争端进行斡旋、调停和和解时，则已经进行的斡旋、调停和和解程序立即终止。

（2）在 DSB 程序中，对斡旋、调解或调停程序，只要争端方愿意，可以随时开始，也可随时中止或直接结束。DSB 要求争端各方在斡旋、调解或调停过程中所涉及观点和理由应对外保密，任何一方都可以随时中止或直接结束开始的斡旋、调停程序。

3. 两者都规定了强制的执行程序

（1）TRDSM 程序规定，争端在经过磋商或斡旋、调停和和解程序无法达成一致，起诉方申请 TRDSM 设立仲裁庭后，仲裁庭的最终报告对双方均具有约束力，被诉方应当履行或者在合理期限内 TRDSM 仲裁庭的最终报告；否则 TRDSM 赋予起诉方报复的权利。

（2）DSB 程序也同样规定，如果 DSB 的专家组最终报告或上诉机构裁决生效后，对双方以及有利害关系成员具有约束力，各方必须按照生效建议或裁决履行或者在合理期限内履行，否则 DSB 有权依申请赋予起诉方报复的权利。

4. 两者的磋商和"斡旋、调停和调解"的主要内容基本相同

（1）TRDSM 关于磋商和斡旋、调停和和解的内容和 DSB 的磋商、斡旋、调停和调解的时限完全相同。

（2）两者都规定了保密等内容。

---

① WTO 争端解决机制规定的是"斡旋、调停和调解"程序，但是英文版本都一样，都为"good offices, conciliaition and mediation"。

6.2.4.2 TRDSM 和 DSB 的不同之处

1. 必经程序不完全相同

（1）TRDSM 程序只有两个必经程序，即磋商程序和仲裁程序。

（2）DSB 程序可能产生三个必经程序，即磋商程序、专家组程序，以及在这两个程序之后如果任何一争端方对专家组报告不服，都可以向 DSB 提出上诉，此时由 DSB 的常设上诉机构对专家组的最终报告中审理涉及的法律问题和专家组所做的法律解释进行审理。

2. 主体不同

（1）TRDSM 是主体即中、澳两国。

（2）DSB 主体不仅包括争端双方甚至多方，还包括任何自认为与争端有利害关系的第三国，以及无关系的第三国都可以通过 DSB 对争端解决发表意见。

3. 程序中各种时限不同

（1）设立审理机构组成人员的时限不同。

①TRDSM 规定仲裁庭设立之日起 15 日内，各方分别指定一名仲裁员，可以是本国国民，对仲裁庭主席双方在 30 日内共同一致指定，如果无法协商一致，任何一方可请求世贸组织总干事在请求之日 30 日内指定仲裁庭主席。

②DSB 规定专家组设立 20 日内，各方未就专家组成员达成协议，则任何一方可以请求世贸组织总干事，与 DSB 主席和有关委员会主席磋商，决定专家组的组成人员，由 DSB 主席在收到请求的 10 日内通知各争端方专家组的组成人员。

（2）审理的时限不同。

①TRDSM 仲裁庭对确定仲裁庭的职能的时限为仲裁庭成立之日起 20 日内。确定仲裁程序时间表的时间为仲裁庭主席确定之日起 10 日内。一般情况下，自仲裁庭成立之日起至提交最终报告之日止，仲裁程序时限不应超过 270 日，双方另有约定的除外。TRDSM 最长时限为 11 个月，即收到磋商之日起满 60 日，可以请求 TRDSM 设立仲裁庭，仲裁庭设立之日起 270 日之内必须提交最终仲裁报告。

②DSB 对专家组的职权范围时限没有明确约定，只规定了专家组主席可以与争端方磋商专家组的职权范围。确定专家组程序时间表的时限为任专家组及职权范围议定后 7 日内。专家组出具最终报告的时限为 9 个月，如果案情复杂或其他客观原因致使专家组在 9 个月无法完成最终报告，可以最多延长 3 个月期限，此情况下，无论如何专家组也必须向 DSB 提交最终报告。

如果任何一方对专家组最终报告不服，则启动 DSB 的上诉机构的上诉程序，正常情况下，上诉程序的时间为 60 日内。如果案情复杂，上诉机构无法在规定的 60 日内向 DSB 提交裁决报告时，应将无法在规定时间完成报告的客观事实和理由，以书面形式通知 DSB 主席，并提出估计提交报告的期限，但是无论如何最多只能在最长期限基础上延长 30 日，在上诉程序满 90 日后，上诉机构必须向提交最终裁决报告，供 DSB 大会审议。

也就是说，DSB 处理案件的最长时限为 17 个月，具体包括：①提出磋商之日起满 60 日可以提出组成专家组；②组成专家组后一般情况 9 个月，最长可以延长 3 个月必须提交最终报告；③当事方不服可以提出上诉，上诉机构一个情况下 60 日内应当向 DSB 提交最终裁决报告，最长可以再延长 30 日向 DSB 提交最终裁决报告，全部最长的时效相加为 17 个月。然而，无论是 TRDSM 程序还是 DSB 程序，都没有计算组成审理机构的时间，以及当事方采取诉讼行为的时间。对当事方诉讼行为的时限，TRDSM 和 DSB 都规定的不是很完整。比如，WTO 提起专家组的规定是在磋商收到之日起 60 日内未完成磋商，当事方可以向 DSB 提出请求组成专家组。这里并未对当事方提出组成专家组的时限进行约定。WTO 成员对专家组不服的上诉时限同样也没有约定①。

4. 审理方式不同

（1）设立审理机构的审理人员要求不同。

①TRDSM 仲裁庭的仲裁员不仅要求具有法律、国际贸易、解决国际贸易协定争端的专业知识，还要求具有独立性、客观性，以及与争端事项无任何利益或间接利益关系，并严格遵守 TRDSM 仲裁员行为守则等条件。

②DSB 专家组成员仅要求了具有专门的国际法律和专业知识，除对发展中国家的利益进行适当的特殊照顾外，还应具有独立性。

TRDSM 仲裁庭的仲裁员相比 DSB 专家组成员的要求更高，不仅要求具备相应的法律、国际贸易等专业知识，还对职业操守、利益等做了明确的规定。

（2）审理过程不同。

①TRDSM 仲裁庭主要采取以听证会控辩双方口头当面对抗式审理方式为主，以事前和事后对庭审过程中的情况进行补充书面陈述为辅，比 DSB 程序更具有"对抗"性，有利于双方当面对质，搞清分歧，了解彼此观点及其事实和法律依据，使达成最终和解方案的可能性大大增加，更容易减小双方分

---

① 这一点和国内民事诉讼法规定完全不同。比如，当事人在提交诉状 7 日内未缴纳诉讼费，按照撤诉处理。如果当事人对法院一审不服，上诉的时限为 15 日，如果当事人在 15 日内未提出上诉，则丧失上诉权。

歧，加强互利合作。

②DSB 专家组程序和上诉机构程序，都是以书面陈述为主，以会议方式提供当面意见为辅，即使开会也主要是以提交书面陈述意见为主要目的，并不主持当面对质的对抗式审理案件。

TRDSM 仲裁程序的审理方式较 WTO 的 DSB 程序更具有科学性，这是由于 WTO 争端解决程序是第一次把国家正式作为被告进行审理，而且必须对生效结果无条件接受的第一个国际协定，能够做到如此地步，已经属于创举。DSB 程序的成功为 TRDSM 仲裁程序的设立奠定了良好的基础。

6.3　对 TRDSM 的评价

由于 DSB 是当今世界国际贸易领域影响最大、涉及领域最广、效力最高、执行力最强、最为世界各国所接受的解决贸易争端的解决机制，被称为 WTO "皇冠上的明珠"。因此，对 TRDSM 的评价必须与 DSB 进行比较。因 DSB 内容庞杂，出于对全书结构安排的考虑，本书将 TRDSM 制和 DSB 的对比内容放在 6.3 节单独详论，此处仅为了对 TRDSM 进行评价，故对 DSB 做条理性简单比较分析。

6.3.1　TRDSM 的评价

6.3.1.1　TRDSM 与 DSB 关系密切

由于 CHAFTA 和 WTO 的体系大致相同，可以说 CHAFTA 基本上是参照 WTO 为蓝本结合双方贸易的实际情况进行的贸易安排，特别是贸易救济制度的模式或内容更是主要借鉴和援引 WTO 贸易救济制度，其中全球保障措施和反倾销制度更是直接全部援引 WTO《全球保障措施协定》和 WTO《反倾销协定》，而 CHAFTA 双边保障措施和补贴与反补贴措施制度也是在 WTO 部分规则基础上进行调整的结果。因此，违反了 CHAFTA 相关贸易制度的同时也违反了 WTO 相关制度。为此，TRDSM 还规定了争端的起诉方可以在争端同时违反同为缔约成员的其他贸易协定中，选择争端解决的场所。这实际上就是允许 CHAFTA 成员的起诉方在发生争端时，既可以选择 TRDSM 也可以选择 DSB 解决双方发生的争端。

6.3.1.2　TRDSM 比 DSB 效率更高

1. TRDSM 程序更为简单，环节少

TRDSM 具有约束力的强制程序环节，相对于 DSB 而言少一个环节。TRDSM 规定经历必要的磋商环节后，如果需要则进入具有强制约束力的仲裁程序，仲裁庭的最终报告对双方当事国具有强制约束力。而 DSB 经过必要的磋商程序，如有需要则进入专家组程序，如果对专家组程序不服，还必须进入上诉机构程序，对 DSB 而言则有可能进入三个必要的程序。

TRDSM 无论是仲裁庭的仲裁员选择还是仲裁报告的形成，都比 DSB 的专家组程序和上诉程序更为简洁。TRDSM 仲裁庭在确定仲裁员时，双方可以各自选择一名仲裁员，该仲裁员还可以是本国国民，在第三方无法确认的情况下才委托世贸组织总干事代为指定，特别是争端双方各自选择本国国民作为仲裁员，至少可以保证仲裁庭做到不偏不倚；在最终报告之前，TRDSM 仲裁庭只需事前散发给当事国双方审理，无须中间环节。而 DSB 的专家组程序专家的选择原则上只能在专家名册中选择。无论是 DSB 专家组报告还是上诉机构报告，都需要交 DSB 大会审议，如果 DSB 大会一致否决专家组最终报告或上诉机构的最终裁决，则专家组的报告或上诉机构的最终裁决直接归于无效，客观上造成了并不审理案件的案外人对案件的结果具有最终决定权，且程序冗长，影响诉讼效率。

2. TRDSM 最终裁决时间更短

虽然 TRDSM 减少一个环节并不会使处理案件的质量随之下降，但是 TRDSM 仲裁程序最终报告的期限一般情况下在 270 日内，而 WTO 专家组最终报告则为 6 个月。DSB 的专家组报告和上诉机构的审理方式主要是根据利害关系人的书面陈述进行裁决，并没有要求在书面报告的时候同时提交电子文档，通过 DSB 机构对双方多次书面陈述意见往返于当事国之间，耗时更长，而且专家组和上诉机构的报告都需要 DSB 开会讨论一致决定等，均会影响诉讼效率（开会也需要专门程序安排时间）。因此，相对于 TRDSM，DSB 对于专家组和上诉机构实际处理案件的时间并不多。加之 DSB 为了缩短整个处理案件时限，对专家组和上诉机构的处理案件的时间进行了压缩。从这个角度上说，TRDSM 的庭审程序在时间上保证了最终裁决的质量更高，让争端当事方更能信服。

3. DSB 的常设上诉机构局限性让处理案件的效率降低

DSB 出于对专家组报告的上诉过程后的法律问题适用有更为稳定的解释，因而上诉机构的组成人员相对固定，由 7 人组成。DSB 的上诉机构在处理案件

时以轮流方式由其中的 3 人组成。如果 WTO 贸易争端方对专家组报告的上诉案件过多，而组成上诉机构的人数有限，必然出现轮候处理案件的情况。虽然 DSB 对整个争端案件有时限规定[①]，但是由于轮候等待处理案件情况出现，而且这种等待的时间客观上无法确定，如果轮候时间过长，再严格按照 DSU 第 20 条规定的时限对案件进行处理，则可能出现为了满足 DSU 处理案件时限规定，而无法保证案件质量，甚至根本没有可能完成对案件的处理。即便是 DSB 规定了延长期，也无法保证案件一定能够在 DSU 规定的最长时限内完成。TRDSM 则很好地避免了 DSB 的上述问题，TRDSM 通过仲裁员规则和灵活的仲裁员的选择机制，解决了处理案件因人手不足导致案件积压或为了满足处理案件时限需求无法保证案件质量的问题。

虽然处理案件人员不固定，可能出现对 CHAFTA 协定解释规则不统一情况，但 TRDSM 设计了 DSB 专家组和上诉机构关于解释协定的规则作为其解释 CHAFTA 规则的法律渊源之一，以及对仲裁员资格的高要求，尽可能地避免此情况发生。

6.3.1.3 TRDSM 处理案件形式更为科学

对于国际争端案件最为常见的处理方式为外交方式解决或国际仲裁。DSB 在专家组程序基础上设置了上诉程序，形式上有些类似"最多经两级法院审判终审"国内法院审理模式，而非"一裁终局"的仲裁模式；但是 DSB 的专家组程序或上诉程序与真正的法院模式相比，仅是形似而非神似。法院审理案件的实质是通过在案件审理中以对抗式审判方式为主要审理方式，在庭审中让控辩双方对案件事实和法律适用展开辩论；让案件事实通过双方辩论尽可能地接近客观真实，在尽可能查清案件事实的基础上适用法律，让案件尽可能地得到客观公正处理。然而，DSB 的专家组程序和上诉程序都是以书面审理为主，而且处理案件的时间更短，而且上诉程序仅是"专家组报告的法律适用问题和专家组的法律解释"[②]。

反观 TRDSM 仲裁程序，不仅具有仲裁所要求的一裁终局，还在审理过程中采取了抗辩式的听证会审理制度；有利于争端双方面对面对争端提出自己的事实和理由，通过当面辩论弄清楚事实真相和双方对贸易救济措施的理解角度，有助于协商和解，而且还可以在仲裁过程中以及在已经查明的事实基础上进行"斡旋、调停和和解"；有利于争端和平解决，对仲裁庭的最终执行起到

---

① 参见 DSU 第 20 条。

② 参见 DSU 第 17 条第 6 款。

支持作用，避免交叉报复的可能，从而摧毁 CHAFTA 存在的基础。

6.3.1.4 避免因机制原因导致裁决的实质不公平

因为 CHAFTA 贸易救济争端设立的每一个仲裁庭的组成人员并不受任何机构控制，具有随机性，因而在理论上避免出现通过对人员控制而对 CHAFTA 贸易救济争端仲裁的结果进行"实质操控"。而 DSB 的专家组程序和上诉机构都因为 DSB 机构主席在专家组成员和上诉机构人员组成起到决定性作用，理论上存在对争端解决结果出现变相操控可能性。

这是因为，如果在双方发生争端进行诉讼的情况下，很难再就诉讼机构组成人员协商一致，而在此情况下，专家组是由 DSB 主席和世贸组织总干事会同各专门委员会主席协商后对三名或五名专家组成员的指定，DSB 是争端的解决机制，按照惯例，对 DSB 机构争端解决专家的确定应是以 DSB 主席为主，除非世贸组织总干事和争端涉及的专门委员会主席反对。因为世贸组织总干事几乎被当今世界上绝大多数的双边或区域贸易国际贸易协定指定为代为选择其争端解决的仲裁人，世贸组织总干事就仅是按照各个国际贸易协定争端解决机制规则指定仲裁人就会耗费大量精力，还不包括其他重要本职工作，根本没有时间和精力对一个专业的争端解决机制主席的建议进行反对。争端涉及的专门委员会主席的情况也是如此。此外，DSB 的专家组和上诉机构的报告，须经 DSB 大会审查通过才具有法律效力，而 DSB 大会也是在 DSB 主席的主持下开展工作。从此意义上讲，如果 DSB 主席客观上存在偏见，包括但不限于信仰、文化、生活习惯、成长环境等的不同，形成的价值观必然不同，就必然存在指定专家组成员时，刻意主动强调公正，而实质造成不公正结果。

此外，DSB 上诉机构由 7 人组成，每个上诉案件由其中 3 人组成，组成方式采取轮流方式。由于 DSB 运行已经超过 20 年，对其中每一个上诉机构人员在每一个案件的审理过程中表现出来的法律价值观和倾向性，是完全可以根据其裁决说理部分归纳得出的，因而在理论上就可以"主动地根据上诉机构的轮流规律选择"符合自己期待结果的上诉机构成员组成庭审。加之上诉机构是书面审理，庭审人员对案件结果更具有主导作用，就可以利用 DSB 程序漏洞实现各个当事方所需要的结论。这也正是为什么美国违反 WTO 上诉机构法官组成人员惯例，坚决反对 WTO 上诉机构韩国籍法官张胜和连任的原因①。

---

① 凤凰资讯网. 美在 WTO "耍横" 阻止裁判官连任［EB/OL］.（2016-06-02）［2022-08-26］. http://news.ifeng.com/a/20160602/48901240_0.shtml.

6.3.2 TRDSM 有待完善之处

虽然 TRDSM 在机制与 DSB 相比做了一定的完善，特别是在争端解决的最终裁决回归到国际争端解决过程中习惯的仲裁解决方式，并且通过对仲裁裁决过程和仲裁员守则的优化，使公平公正、客观独立地解决中澳之间的贸易救济争端成为可能。但是，由于 CHAFTA 成立时间不长，其争端解决机制尚未发挥过作用，对其可能存在的问题尚无法准确评估。本节仅根据笔者多年来从事法律实务经验和企业经营管理经验，从理论上尝试对其机制提出可善之处。

6.3.2.1 对 TRDSM 场所选择条款的完善建议

如果 CHAFTA 贸易救济争端的起诉方依据 CHAFTA 第 15 章第 4 条 "场所选择" 选择了 TRDSM 设立仲裁庭对争端审理，则 TRDSM 仲裁庭享有排他性地对 CHAFTA 贸易救济争端进行管辖。对 TRDSM 而言，设立仲裁庭是对 CHAFTA 贸易救济争端案件确立排他管辖权的依据。

但是在仲裁庭设立之后，仲裁庭必须确认 CHAFTA 贸易救济争端的起诉方没有向其他有管辖权的仲裁机构提交有效的争端管辖。如果该争端已经有效提交其他争端管辖机构管辖，则 TRDSM 设立的仲裁庭必须撤销已经受理的仲裁申请，解散仲裁庭。但是如果 CHAFTA 贸易救济争端的起诉方在向 TRDSM 提起设立仲裁庭之前或在仲裁庭进行仲裁之前，已经撤销了在其他有权管辖的仲裁机构或争端解决机构的仲裁申请，此时 TRDSM 设立的仲裁庭能否享有对争端的管辖权？

根据前文对 TRDSM 第 4 条第 3 款的字面分析可知，此时 TRDSM 设立的仲裁机构应当丧失管辖权。TRDSM 第 4 条第 3 款的原文是 "一旦起诉方已请求设立或者将事项提交给争端解决专家组或仲裁庭，则应使用该被选定场所，且同时排除其他场所的使用"。意思很明确，只要起诉方已请求设立或将争端交争端解决仲裁庭或专家组，则应适用该选定场所，且同时排除其他场所，排除其他场所的唯一前提就是只要起诉方将解决争端的请求提交到某国际贸易协定的争端解决机构设立的专家组或仲裁庭，而非其他因素。按照 TRDSM 关于管辖权排他性规定，如果起诉方将争端解决请求提交 TRDSM 设立仲裁庭之前，已经将争端提交给其他争端解决机构设立仲裁庭或者专家组，TRDSM 设立的仲裁庭查明此事实后，不管自此之前起诉方有无有效撤回在其他争端解决机构提交设立仲裁庭或专家组的事实，应当驳回起诉方的请求，解散仲裁庭。但是，笔者认为 TRDSM 此项规定值得商榷。

笔者认为，若在向 TRDSM 申请设立仲裁庭之前，起诉方已经有效撤回在其他争端解决机构提交设立仲裁庭或专家组请求的情况，TRDSM 仲裁庭应取得对争端的管辖权。所谓有效，是指其他争端解决机构已经书面同意撤回，或者视为书面撤回，如未在规定时间内缴纳费用等，其法律效力是该机构对 CHAFTA 贸易救济争端不具有管辖权。既然该争端解决机构已经丧失对 CHAFTA 贸易救济争端的管辖权，而依 TRDSM 设立的仲裁庭冉否决对 CHAFTA 贸易救济争端的管辖，不利于对 CHAFTA 贸易救济争端的解决，使 CHAFTA 贸易救济争端将处于无处解决的状态。TRDSM 之所以设立赋予 CHAFTA 贸易救济争端的起诉方对场所的选择权，其目的是更有利于 CHAFTA 贸易救济争端的解决，此时 TRDSM 设立仲裁庭如果依据 TRDSM 的场所选择规则拒绝管辖，就违背了 TRDSM 设立该条款的目的。至于 CHAFTA 的贸易救济争端的起诉方为什么会在向其他争端解决机构设立专家组或仲裁庭提起请求后又撤销该请求，其原因多种多样，有可能是其选择违背了司法经济原则，也有可能是违背了效率原则，还可能是基于司法成本的考虑等，总之出现了 CHAFTA 贸易救济争端的起诉方在提交请求之前没有预料到的情况，且提交 TRDSM 设立的仲裁庭对解决 CHAFTA 贸易救济争端来讲更为有利，也可以说是 CHAFTA 贸易救济争端的起诉方权衡各种利益后，根据利益导向进行选择的结果。只要此时 CHAFTA 贸易救济争端的起诉方已经有效从其他争端解决机构撤回请求，TRDSM 就理应受理其贸易救济争端解决申请。

从国际法角度考虑，对当事国自愿选择的争端解决机制对争端的裁决结果，更有利于当事国执行。因此，笔者认为，TRDSM 第 4 条第 3 款建议修订为"对与 TRDSM 设立的仲裁庭是否取得对 CHAFTA 贸易救济争端的管辖权，取决于仲裁庭成立后，审查有无其他争端解决机构对仲裁请求的有效管辖。若无，则 TRDSM 设立的仲裁庭享有排他的对 CHAFTA 贸易救济争端的管辖权"。

6.3.2.2 增强 CHAFTA 争端解决机制中争端解决的便利性

1. 建议设立机制

若发生违反 CHAFTA 贸易救济的争端，应先由直接利害关系当事方向采取贸易救济措施机关所在地法院诉讼解决，不服法院判决的，可以上诉至 CHAFTA 解决机制机构程序。

中澳两国缔结 CHAFTA 的目的是促进两国经贸交流。通过分析 CHAFTA 可知，其范式和内容已经超出 WTO 相关规定，如增加了"电子商务"章节，而且在和 WTO 范式相近的分协定中，其内容也比 WTO 内容更为深入，同时关税减让和非关税措施取消的程度也大大超过 WTO 程度，如其"投资"内容已经不限于 WTO"与贸易有关的投资"等，因而 CHAFTA 争端不仅限于贸易救济争端，从理论上分析还存在投资争端、国民待遇争端、知识产权争端、与 CHAFTA 义务不符争端等。由于 CHAFTA 是双边 FTA，对于 CHAFTA 贸易救济争端，按照 CHAFTA 争端解决机制设计，通常情况下，成员的外国相关产业从业者只能通过本国政府提出争端解决。在 CHAFTA 争端解决机制中，除了特定争端由专门解决机制进行解决外，其余所有争端都只能由本国政府作为主体提起争端解决，可以想象随着 CHAFTA 生效对关税减让承诺履行时间的推移，中澳两国将不可避免地出现大量进行经贸往来的情况，贸易争端也会随着交易的增加而增加。如果中澳两国所有的贸易争端都需要转化为政府间争端，势必大大降低争端解决效率，违反了诉讼经济性和诉讼效率原则，最终让 CHAFTA 争端解决机制在发挥增强两国福利方面的效用大打折扣。

能否赋予两国政府授权 CHAFTA 贸易争端，特别是贸易救济争端的利害关系方借助两国法院系统，对违反了 CHAFTA 的行为在行为所在地法院先行诉讼解决？该利害关系人直接作为原告，通过行政诉讼对政府措施进行审理，以法院判决方式纠正政府违反 CHAFTA 的行为，对判决不服的一方可以在缴纳一定履行保证金后①，再上诉至 CHAFTA 争端解决机构。这样既避免了所有争端都上升到国家层面解决，也避免了只有两个成员，自己组成机构裁决自己行为的尴尬局面。特别是一些简单的违反 CHAFTA 规则的争端，如国民待遇、投资、各种非关税措施争端、原产地规则、海关程序等方面的争端，由争端所在成员法院管辖更为合适。对于比较复杂且涉及面广的贸易救济措施纠纷则可以起诉 CHAFTA 争端解决机制，贸易救济措施利害关系人也可以选择诉讼至成员法院解决，不服再上诉至 CHAFTA 争端解决机制。特别是澳大利亚属于判例法国家，通过法院判例有助于进一步完善相关法律机制。

2. 完善 CHAFTA 贸易救济争端解决机制的申请程序

（1）CHAFTA 贸易救济争端应向什么机构递交争端解决申请？

如果 CHAFTA 成员发生争端，其争端的起诉方是否应向 CHAFTA 争端解决机制的机构递交申请，寻求 CHAFTA 贸易救济争端的解决？CHAFTA 第 15 章"争端解决"并没有就此问题做出明确规定。我们可以根据 CHAFTA 第 14 章"机制条款"第 1 条第 2 款第 3 项"寻求解决在本协定解释或适用中出现的分歧或争端"，推导出可以将争端提交"自贸协定联合委员会"②。但是 CHAFTA 关于"自贸协定联合委员会"的规定，其并非常设机构，运行规则是"应每年

---

① 此处的履行保证金是笔者设计的一个概念，其目的是通过一定的经济手段避免滥诉。

② 参见《中澳自由贸易协定》第 14 章第 1 条"自贸协定联合委员会的职能"第 2 款。

举行一次例会，此外，任何一方要求时不定期举行会议。自贸协定联合委员会例会应由双方轮流主持"①。显然，"自贸协定联合委员会"仅是一个非常设的会议性质的临时组织。如果将 CHAFTA 贸易救济争端提交自贸协定联合委员会，就相当于让一个会议组织来解决争端。这不是一个明智、合适的选择。这是因为在争端双方事实都没有查清的情况下，通过一次临时会议在时间上无法圆满解决双方业已存在的争端。这仅是 CHAFTA 贸易救济争端在起诉时面临的第一个问题。

（2）CHAFTA 的自贸协定联合委员会联系点能否成为其贸易救济争端的解决机构？

CHAFTA 第 14 章第 3 条规定，其自贸协定联合委员会的联系点为各种主管贸易的政府部门（澳大利亚：外交贸易部，简称"DFAT"；中国：商务部，简称"MOFCOM"）。如果 CHAFTA 的自贸协定联合委员会联系点是其贸易救济争端的解决机构，按照国际惯例提出争端解决主体应是两国的政府。当发生 CHAFTA 贸易争端时，其贸易争端必然由其主管贸易的政府部门（澳大利亚的外交贸易部或中国的商务部）代表本国向自贸协定联合委员会的联系点提起诉讼，由自贸协定联合委员会的联系点根据 TRDSM 程序规定成立仲裁庭解决中澳两国有关贸易救济争端。而自贸协定联合委员会的联系点就是澳大利亚的外交贸易部或中国的商务部，也就是说两国政府部门将两国贸易救济争端提交给自己解决自己与对方的争端，其效力的信服和尴尬是不言而喻的。

（3）为了便于中澳两国贸易救济争端解决，TRDSM 设立一个独立于两国的常设机构势在必行。

基于上述论证分析，为了 CHAFTA 贸易救济争端解决机制的正常运行，笔者建议，TRDSM 成立一个常设的独立争端解决机构。其常设成员由 CHAFTA 成员协商后互派，常设机构的功能可以设置两部分：一是为争端方提供 CHAFTA 争端解决的各种程序性工作，如受理 CHAFTA 争端解决的申请，按照 TRDSM 设立仲裁庭，递交双方的法律文书等；二是整理、分析 CHAFTA 各种争端案例，每一年度向自贸协定联合委员会提供完善 CHAFTA 的建议报告。

---

① 参见《中澳自由贸易协定》第 14 章第 2 条"自贸协定联合委员会的程序规则"。

6.4 本章小结

DSB 作为 WTO 争端解决机制，被誉为 WTO 体制"皇冠上的明珠"。TRDSM 是 CHAFTA 设立的贸易救济争端解决机制。两者之间有何异同，以及两者之间有何关联？本章重点对此进行了分析。此外，本章还对以下问题进行了重点分析：CHAFTA 贸易救济争端的起诉方如果从其他有权管辖 CHAFTA 贸易救济争端的机构中撤回管辖申请后，对 TRDSM 无权管辖的尴尬该如何解决？能否将 CHAFTA 第 4 条第 3 款建议修订为"对于 TRDSM 设立的仲裁庭是否取得对 CHAFTA 贸易救济争端的管辖权，取决于仲裁庭有无成立其他审查争端解决机构对仲裁请求的有效管辖，若无，则 TRDSM 设立的仲裁庭享有对 CHAFTA 贸易救济争端的排他管辖权"？在增强 CHAFTA 争端解决机制中争端解决的便利性方面，能否对违反 CHAFTA 贸易救济的争端，先由直接利害关系当事方向采取贸易救济措施机关所在地法院诉讼解决，不服法院判决的，再上诉至 CHAFTA 解决机制机构程序？

按照 CHAFTA 争端解决机制，如果 CHAFTA 成员发生争端，向什么机构寻求帮助解决 CHAFTA 争端，CHAFTA 第 15 章"争端解决"并没有做相应规定。为了 CHAFTA 的争端解决机制的正常运行，CHAFTA 能否成立一个常设的独立争端解决机构？其常设成员由 CHAFTA 成员协商后互派。常设机构的功能可以设置两部分：一是为争端方提供 CHAFTA 争端解决的各种程序性工作，如受理 CHAFTA 争端解决的申请，按照 TRDSM 设立仲裁庭，递交双方的法律文书等；二是整理、分析 CHAFTA 各种争端案例，每一年度向自贸协定联合委员会提供完善 CHAFTA 的建议报告。

7 完善 CHAFTA 贸易救济法律制度的构想

WTO 建立的目的就是扩大组织成员间自由贸易，促进成员经济发展，提高成员人民的福祉。为了吸引广大发展中国家加入 WTO，WTO 在成立之初也在很多条款采取了一定妥协或适当照顾发展中国家的策略。因此，WTO 在 1995 年 1 月 1 日成立之初的成员除了美国、英国、德国、法国、澳大利亚、加拿大等发达资本主义国家外，更主要的是巴林、安提瓜和巴布达、巴巴多斯、文莱、智利、哥斯达黎加、圭亚那、洪都拉斯、印度尼西亚等发展中的中小经济规模国家。

WTO 是世界贸易发展史上前所未有的多边贸易协定，不仅成员众多，规模巨大，而且在设立之初就强调协定的非保留色彩。经过参与谈判的各成员的反复博弈，WTO 最终在最大可能地满足发达国家和发展中国家的利益的情况下，成为一个各成员对内、对外，在政治、经济方面相互妥协的产物。WTO 对世界经济的最大贡献在于该协定的宗旨是在加强自由贸易的同时，也允许一定程度的贸易救济措施存在，并要求成员在加入该组织时放弃对协定的保留，赋予了协定的强制执行力。事实上，从 WTO 建立到"金融危机"前，WTO 客观上极大地促进了各成员间经济贸易的往来，加速了商品等各生产要素在国际的流动。

WTO 以整个成员的市场为国际市场，在这个庞大的国际市场中，发达国家掌握高科技、金融服务、高端消费市场，发展中国家主导生产和部分低端消费市场。但是，当西方发达国家发生严重金融危机后，经济严重下滑，社会购买力严重下降，使很大一部分原来的中产阶层跌落至贫民阶层，国际市场大幅度萎缩，原来发展中国家赖以出口拉动经济的手段已经无法在短时间实现。以中国为代表的国家急速进行经济转型，将原来的"中国生产出口，西方消费经济"的模式改为"出口""扩大内需"和"投资"三驾马车共同拉动中国经济的发展，但是"扩大内需"与城镇化比例提高的关系密不可分①，提高城镇化就不可避免会扩大房地产行业，但是中国用地模式并未发生改变②，导致土地价格连年翻番，继而导致商品房价格居高不下，产生了大量房地产泡沫。由于对美国次贷危机的警惕，中国政府又转过来大力打压房地产行业，手段多样，从限购到限制银行发放开发贷款，再到提高个人信贷首付比例，最后到限制个人贷款。出于对美国次贷危机的恐惧和美国经济的不确定性，在相当长的时间内，政府非常谨慎地对待"扩大内需"，扩大房地产市场策略。拉动经济发展的三驾马车就只剩下"投资"和"出口"。由于当前国内产能已经严重过剩，被房地产打压的资本由于市场导向不可能再转向生产领域，通过股市和民间借贷市场，最终形成股灾和民间借贷的乱象。显然，二级市场的"投资"也是政府必须压缩和严管的对象。对政府而言，投资就只剩下直接投资可以鼓励，但是鼓励直接投资，即大力发展实体经济对一个产能已经严重过剩的市场来说是一个合适的选择吗？答案是不言而喻的。"扩大内需"和"投资"对中国经济的发展而言，政府显然都很谨慎，就只剩下"出口"是无论如何也必须鼓励的因素。

笔者认为，面对拉动经济的"出口"因素可能会更不乐观。一方面，中国长期以来比较依赖出口拉动经济，随着中国的经济体量逐年增大，中国产品在国际市场的份额已经进入饱和状态；另一方面，由于金融危机的影响，国际市场购买力严重萎缩，在相当长的时期内难以恢复到金融危机前的水平，还寄希望继续扩大在国际市场份额难度可想而知。此外，随着中国的国际市场的份额逐年增加，早在 2010 年被各国采取贸易救济措施的案件数量已经成为世界第一③。被进口国频繁采取贸易救济措施及其"羊群"效应不可避免地成为中国产品出口的严重阻碍。因此，不应该将经济发展完全寄希望于出口，应当转为扩大内需和出口并举，并借扩大国内市场对外国卖家的吸引力。俗话说，谈判是需要筹码的。利用国际贸易伙伴对中国市场的需求，一方面以此促进中国经济转型升级；另一方面利用贸易伙伴急于进入中国市场之筹码，调整不利于

---

① 中国传统农业经济是自给自足的小农经济，消费占比低。

② 中国为了保护耕地 18 亿亩（1 亩 ≈ 666.67 平方米，下同）的红线，国土资源部在 2002 年 5 月 9 日出台《招标拍卖挂牌出让国有土地使用权规定》（国土资源部第 11 号令，2002 年 7 月 1 日施行），严控土地出让流程，同时土地出让金归地方政府所有，在执行过程中，各地方政府往往采取委托土地整理公司对土地进行整理后分批次一点点向市场供应，导致各地地王的价格不断被刷新，部分新闻机构也为地王产生弹冠相庆，摇旗呐喊，为地王公司做隐形广告。

③ 刘爱东，杨轩宇. 国外对华贸易救济案件聚焦分析及应对 [J]. 会计之友，2012（11）（下）：10.

中国的包括贸易救济制度在内的国际贸易规则。扩大中国内部市场，就必须扩大内需，扩大内需就必须调整城镇人口结构和农村经济模式，势必应对土地供给市场主导的房地产经济进行改革。只有增加了城市人口，才能扩大内需；有了需求，才有市场；有了市场，实体经济生产的产品才有销路；产品有了销路，实体经济才有可能发展。当前，中国各地方政府的一个重要工作就是招商引资，如果全部都招实体经济，不可避免会最终导致整个中国产品继续过剩、浪费资源。产品大量积压势必产生对外国进行倾销，会增加外国对中国产品的敌意，使反倾销措施数量攀升。与 WTO 成员结构相比，中澳两国都属于世界经济中的"G20"成员。中国是发展中大国①，但没有一个发展中国家能够像中国这样：具有全球投资能力、具有巨大的生产能力、部分领域高科技全球领先实力以及拥有超强实力的跨国集团，人口众多市场潜力巨大，且人民群众吃苦耐劳，喜欢储蓄，重视对子女的教育，喜欢稳定的政治生活环境；因而不仅经济具有强大活力，而且政治稳定。因此，笔者认为，中国被称为具有巨大潜力的"新型国家"更为适宜②。澳大利亚是老牌资本主义大国，国家自然资源丰富，人均受教育水平高，人均国民 GDP 居发达国家前列，长期受英美文化、法律制度和生活方式、价值观、宗教影响，老百姓生活水平高，追求英美式民主和价值观，并具有老牌资本主义国家百姓骨子里对第三世界国家及民众具有的"天然心理优势"，政治紧紧追随英美，经济上与英、美、日、欧盟等交织在一起，由于利益集团斗争或国外势力干涉，政局经常变换。因此，笔者认为，澳大利亚作为老牌资本主义大国，实际上是被几个或多个利益集团通过"民主选举"方式操控的高度发达国家。换句话说，中国和澳大利亚同为CHAFTA 成员，一个是渴望持续发展最终实现民族复兴的新兴大国，另一个是老牌帝国思维的资本主义大国，其结构与 WTO 完全不同。因此，主要援引WTO 贸易救济制度作为 CHAFTA 贸易救济制度没有政治经济基础，是不合适的法律行为。

从上文分析可以进一步得知，澳大利亚等老牌资本主义国家之所以能与中国建立自贸区，无非是因为双方互为看重，澳大利亚看重的是中国市场，中国看重的是澳大利亚等西方国家对中国工业转型换代升级及对中国梦的推动作用。如果对澳大利亚而言，中国市场对其的吸引力进一步下滑甚至消失，

---

① 按照 WTO《SCM 协定》附件 7 规定，享受 WTO 发展中国家的待遇的标准为人均国民GDP 低于每年 1 000 美元。

② 搜狐网.2015 中国 GDP 世界第二 人均不如发达国家［EB/OL］.（2016-01-19）［2022-09-07］. http://mt.sohu.com/20160120/n435165526.shtml.

CHAFTA 对其利益不大，势必在对中国产品采取贸易救济措施和政治决策时顾忌就很少；反之，如果澳大利亚一味地对政治立场以及中国产品采取贸易救济措施等毫无顾忌，中国产品对其市场的依赖度降低，澳大利亚对中国而言也没有多少利益可言；到了这种地步，CHAFTA 就离形同虚设不远了。

本章内容分为三个部分对此进行较为详细的论述：一是对 CHAFTA 现有贸易救济制度进行一个总体评价；二是借鉴、学习与中澳有关的其他重要自由贸易协定的贸易救济制度；三是从利益工具分析方法出发，提出对现有CHAFTA 贸易救济制度进一步完善的构想。

7.1　对 CHAFTA 现有贸易救济制度的评价

进入 21 世纪后，特别是 2010 年以来，谈判达成的双边自贸协定的内容早已超过以自由贸易为核心的传统双边自由贸易协定范畴。新近达成的双边自由贸易区内容不仅包括传统"货物贸易关税减让""服务贸易关税减让""海关便利措施"等，投资和知识产权领域已经从 WTO 规则下"与贸易有关投资协定"和"与贸易有关的知识产权协定"扩展到所有领域的投资、知识产权领域①。有的双边自由贸易协定还特别增加了新型商业模式"电子商务"，甚至涉及"环境保护""劳工条件""经济合作"等已经属于经济主权范围的内容。显然，自由贸易协定已经远非仅"自由贸易"协定，而实际已经发展成为两国或多国间的政治经济协定。如何保障一个区域政治经济协定正常进行，其核心就是通过协定的运转，保证所有缔约成员从协定中获利大于受损，当然这个"利"是指在这个国家占主导地位的利益集团总体。特别说明的是，笔者这里所指的"在国家占主导地位的利益集团"并非是指"紧密型"利益集团，而是某个具有特别利益的集合体的统称。自由贸易协定的谈判已经由传统的纯粹以自由贸易为核心的区域贸易协定，发展到国家间政治、经济关系和贸易关系共同决定的区域国际政治经济协定。CHAFTA 就是在这种背景下，由中国与澳

---

① 参见《中国与韩国自由贸易协定》第 12 章"投资"和第 15 章"知识产权"《中国与澳大利亚自由贸易协定》第 9 章"投资"和第 11 章"知识产权"，已经谈判结束的《泛太平洋伙伴关系协定》第 7 章"投资"、第 9 章"金融服务"、第 12 章"电子商务"、第 14 章"竞争政策"、第 15 章"知识产权"、第 16 章"劳工"、第 17 章"环境"、第 19 章"合作与能力建设"、第 21 章"中小企业"、第 22 章"发展"、第 23 章"透明度和反腐败"、第 24 章"争端解决机制"和第 25 章"管理和机制条款"。

大利亚谈判达成的新型自由贸易协定，不仅是世界上首个新兴大国与老牌资本主义国家之间建成的双边自由贸易协定，还是中国与老牌发达资本主义大国之间达成的首个政治经济关系协定。其在老牌资本主义国家占主导地位的国际贸易领域中，开创了一种新兴大国与发达国家之间的新型经贸关系，对国际贸易发展史而言，无疑具有跨时代的里程碑意义，特别是对新型发展中国家与发达国家如何开展紧密经济合作起到示范作用。

示范作用的效果如何，取决于 CHAFTA 对两国经济是否具有强有力的推动作用。CHAFTA 对中澳两国经济推动的最终效果，主要取决于两国间政治经贸关系，在具体的很多因素中，影响面最大、最广、最重要的因素是 CHAFTA 贸易救济措施制度的良莠。因为贸易救济措施制度不仅涉及两国政治和经济关系，还是进口国对外国可能发动贸易保护主义措施的一个重要借口。因此，对 CHAFTA 现有贸易救济制度进行完善，使之从可能成为两国贸易的绊脚石变成推动中澳两国经济合作发展的垫脚石，成为促进两国政治关系密切、文化交融、建立新型伙伴关系的重要保障因素。自 21 世纪以来，从世界各国纷纷寻求通过建立国际双边或区域自由贸易协定满足自身经济发展需要的实践来看，WTO 机制本身已经不能满足世界各国经济发展的客观需要。此时，CHAFTA 贸易救济制度继续援引 WTO 贸易救济制度的合理性，取决于 WTO 贸易救济制度的目的是否满足 CHAFTA 需要。自从 1995 年 1 月 1 日 WTO 成立以来，全球绝大多数经济体都加入 WTO 这个全球最大的多边贸易组织，WTO 规则有效地推动了各国的经贸发展，极大地推动了全球经济一体化运动，但是正是世界经济经过数十年的快速发展，其经济基础和经济水平与 WTO 成立时相比已经发生了根本性改变，导致 WTO 的各种规则已经无法适应各成员的经济发展客观需要，因而各成员纷纷寻求建立新型区域或双边自由贸易协定，以满足本地经济发展的客观需要。

7.1.1 CHAFTA 贸易救济制度概述

根据前面各章的分析，CHAFTA 主要贸易救济制度仍然是继续援引 WTO 贸易救济制度，在理论上存在进一步完善需要。对于 CHAFTA 贸易救济制度怎样进行完善，是继续保持一成不变援引 WTO 部分规则作为 CHAFTA 的相关贸易救济规则，全部重新制定双边贸易救济制度作为双边自由贸区重要组成部分；还是根据中澳两国的经济发展需要对现有 WTO 贸易救济规则中不适应中澳两国经济发展的部分进行调整，需要结合建立双边自贸区的总体目的，对 WTO 相关贸易救济措施规则的利益导向、经济基础与中澳自由贸易区的经济基础以及利益需要进行对比综合分析，进而判断主要或全部援引 WTO 相关贸易救济法律制度条文是否符合中澳双方建立自贸区的目的，并在此基础上做出改进和完善。

由于 CHAFTA 成员中，中国的经济基础及水平和中国加入 WTO 时相比发生了翻天覆地的变化，中国不仅从一个进出口中等规模的国家一跃成为世界上头号贸易大国[①]，而且经济能力和发展水平还大大超出当初加入 WTO 的水平。应该说加入 WTO 之初，WTO 的规则对中国是非常适合的，不仅有力地促进了中国经济的腾飞，还让中国迅速发展成为世界第二经济大国和世界第一货物进出口大国。但是中国成为世界第一货物贸易大国，也使中国成为世贸组织中遭受贸易救济措施最多的国家。如果继续援引不变的 WTO 贸易救济制度或主要制度作为中国与外国建设自贸协定的贸易救济制度，可以设想中国将不可避免会频繁成为自贸区贸易救济措施对象国，不仅会大大损害中国的经济利益，还会对中国与外国建成的自贸区的发展造成严重阻碍。从理论上讲，任何一个与经济有关的制度都有它存在的经济基础。如果一个经济制度的基础已经发生了实质性变化，对其做出调整应势在必行。

WTO 等多边贸易协定基本上是以促进国际自由贸易为核心，对自由贸易给进口国带来的损害则通过贸易救济的方式进行解决的一揽子协定，即通过"两反一保"方式限制自由贸易带来的损害发生。中韩、中澳达成的新型自由贸易协定与 WTO 等传统国际贸易协定内容并不完全相同，其内容不仅包括货物贸易、服务贸易等传统贸易内容，还包括投资、知识产权等经济领域范畴。在新型自由贸易协定组成的自贸区内，两国间经济合作不仅包括自由贸易领域，还通过投资、知识产权、经济合作等措施实现两国经济互补，即通过优势产业对外国相关产业采取合资、合作、投资、转移知识产权等经济手段，增加对外国就业，发展外国相对落后产业，这不但不会给外国产业造成损害，甚至还会提升该外国产业的整体水平。笔者认为，在新型自由贸易区内成员的福利不仅是自由贸易带来的福利，还包括投资等带来的福利，在考虑贸易救济时不能只考虑自由贸易带来的利弊，还需要综合分析两国间包括自由贸易、投资等整体经济合作产生的利弊。因此，CHAFTA 贸易救济法律制度采取大量援引"旧式" WTO 贸易救济制度的做法，值得商榷。

根据前述分析我们知道，当下中澳两国双边自由贸易协定已经发展成为两国间政治经济合作协定，其内容与形式取决于两国间政治、经济、经贸关系发

---

① 中国自 2013 年起取代美国成为世界第一货物进出口大国。

展的客观需要。在任何双边贸易协定中，贸易救济制度因具有更强的政治、经济属性，是否采取贸易救济措施往往取决于一国对他国的政治态度变化，以及与两国国内的政治经济利益集团力量对比变化。在当今世界，希望通过故意降低出口价格妄图摧毁他国相关产业，最终取得垄断地位获取高额回报，无疑是痴人说梦。因为，在当今世界除了极少数高科技产品在特定时间内在世界市场属于独家供货，具有相对垄断地位外，没有任何产品是只有一国或少数几个国家生产出的，特别是劳动密集型产品由于技术含量低，几乎大多数发展中国家都能很好地生产。因此，一旦某一国故意降低某型产品生产价格，其结果是它与全世界同类生产厂家为敌，无论如何它也不可能是全世界同类产品所有厂家（除进口国外，主要指出口型生产厂家）的对手。当某一国出口企业故意降低出口产品价格时，它本身也需要承担巨大经济损失。在其故意降低产品价格的情况下，根据市场的作用，其他竞争对手也会随之降价，在这种情况下就看谁的实力足以支持到最后。如果其中某一国某产业集团相比全球所有同类产业一枝独秀，就有可能发生该企业集团挤垮所有其他同类产业生产厂家，特别是进口国内同类生产企业。此时，进口国有权采取反倾销措施对该企业出口到本国的产品予以惩戒。除非该故意降低价格出口产品的厂家受到一国政府的支持，在这种情况下，为了维护整个市场的公平秩序，进口国政府会采取反补贴措施抵销出口政府的支持。如果这种故意降价既包括政府支持，又包括企业故意行为，则应根据调查的结果，对该企业同时采取反倾销与反补贴双重措施。

根据本书第二部分贸易救济制度理论基础发现，贸易救济制度起源于19世纪的新兴资本主义国家美国和德国。由于美国和德国相对于英国发展稍晚，其国内各种工业产业刚刚起步，而此时的英国经过工业革命后，生产力得到极大解放，美、德两国为了应对来自英国产品强有力的竞争而相继出台保护本国幼稚工业的措施，被称为早期的贸易救济保护。WTO贸易救济措施制度集国际贸易救济制度之大成，当下所称的贸易救济制度都是指与WTO相同或相似的贸易救济制度，主要内容包括保障措施制度、反倾销措施制度、补贴与反补贴措施制度。WTO根据进口国因自由贸易受到严重损害的原因不同，设计了不同的贸易救济措施对进口国国内产业进行保护，但是不论进口国对外国进口产品是采取哪种贸易救济措施制度，其实质都是增加对进口产品高额关税，增加其成本，使其丧失竞争优势。这种贸易救济措施制度来源于旧的贸易体系，已经严重阻碍国际经贸发展，必须对其进行改革。

7.1.2 CHAFTA 保障措施法律制度的评价

CHAFTA 保障措施法律制度分别在两个章节中进行了规定，其中农产品特别保障措施法律制度规定在"货物贸易"一章，全球保障措施和双边保障措施法律制度内容规定在"贸易救济"一章。农产品特殊保障措施和双边保障措施主要内容援引 WTO 相关规定，全球保障措施内容全部援引 WTO 规定。

CHAFTA 成员和 WTO 成员结构明显不同，CHAFTA 完全照抄照搬 WTO 全球保障措施并大部分借鉴双边保障措施法律制度，缺乏科学性。在当下，没有一份国际协定是一国强加给另一国的不平等条约，任何一个国际协定都是谈判国间相互妥协、互谅互让的结果。如果某一国认为某利益是核心利益必须保护，则必须让出一个对等利益给对方。就 CHAFTA 中国农产品特殊保障措施而言，其实际是对澳大利亚农产品中的羊毛和牛肉向中国的出口进行限制，而且随 CHAFTA 过渡期结束而结束。贸易救济措施往往是发生在外国与本国相比具有比较优势的产业，分析 CHAFTA 成员比较优势产业发现，在中澳两国产业中，中国在劳动密集型产业、部分电子产品等领域具有优势地位，澳大利亚在采矿业和农牧业等领域具有比较优势地位。可以想象，在 CHAFTA 谈判过程中，中国谈判者担心澳大利亚农牧业冲击中国农牧业，澳大利亚谈判者担心中国劳动密集型产品冲击其低收入者就业或与中国国有企业集团竞争中处于劣势地位。也许相互妥协、互惠互利的结果就是中国在过渡期内对澳大利亚农产品实行特殊保障措施，换取澳大利亚可以继续使用 WTO 贸易救济措施保留采取不合理的贸易救济措施权利。对澳大利亚而言，中国实施的农产品特殊保障措施是有期限的，但是其仍然保持与 WTO 一样水准对中国产品采取贸易救济措施。对中国而言，保住了农业的暂时安全①，CHAFTA 中只有中国单方面才享有的特殊保障措施待遇；且 WTO 本身也是中国对外签订的最为重要的贸易协定，而中国此前签订的任何贸易协定都未对 WTO 贸易救济措施规则发起过任何挑战，况且在对澳大利亚在世界范围看都是优势产业中的农业、采矿业采取特殊保障措施，对中国谈判代表而言应视为一个巨大的胜利。

7.1.2.1 对 CHAFTA 农产品实施保障措施的评价

CHAFTA 规定的对中国农产品采取特殊保障措施，在笔者看来完全没有存在的必要，反而因此中国还得按照国际惯例在其他领域做出对等让步。这是因为，中澳两国农产品贸易在中澳进出口贸易中所占比例不到 1%（特别说明：由于无法获取中国从澳大利亚 2014 年进口的农产品进口额，但是相关资料分析，包括根据 CHAFTA 农产品特殊保障措施触发水平，可以大致计算出整体

---

① 参见 CHAFTA 第 2 章"货物贸易"附件 1 和附件 2 规定，所谓中国农产品特殊保障措施，实际上是农牧业中的牧业产品中的羊毛、牛奶、牛肉进行附期限的限额进口特殊保障措施。

贸易额与中国从澳大利亚整体进口而言，相对比例较小)①。澳大利亚农产品对中国的出口贸易额占中澳贸易比例不大②，CHAFTA 保障制度只对澳大利亚出口到中国出口额很小的农产品中的部分鲜活产品采取特殊的保障措施，对中国而言没有多少实际意义。反过来，对澳大利亚而言，则完全相反，一方面保留了 WTO 中对中国的歧视性贸易救济法律制度，保持了对中国产品采取贸易救济措施的法律优势地位，增加获取更大福利和谈判的筹码；另一方面又讨好了中国对仅占中澳贸易额很小比例的农产品（不是针对澳大利亚所有的农产品）中部分鲜活产品（如牛肉等）安全方面的担心，采取特殊保障措施。而中国对澳大利亚农产品采取特殊保障措施只能在过渡期内实行。超过过渡期，如果需要继续采取特殊保障措施，必须经 CHAFTA 货物贸易委员会每 6 年审议一次。货物贸易委员会成员由 CHAFTA 双方对等派出人员构成，因此从理论上讲，存在审议继续采取农产品特殊保障措施不能通过的情形。在此意义上，CHAFTA 规定对中国农产品采取特殊保障措施毫无必要，反而因此丧失对贸易救济制度中中国产品正常价值标准的约定，使得中国必须为此付出更大代价才能换取澳大利亚对中国计算正常价值标准的核心原则的重新约定。

7.1.2.2　对 CHAFTA 全球保障措施评价

根据 CHAFTA 第 7 章第 8 条"全球保障措施"规定，CHAFTA 全球保障措施制度全部援引《1994 年关税与贸易总协定》第 19 条和《保障措施协定》项下的权利与义务③。根据 GATT（1994）规定，实施保障措施的 4 个条件为：①某项产品的进口激增（包括绝对增长和相对增长）；②进口激增是由于不可预见的情况和进口成员履行关贸总协定义务的结果；③进口激增对国内生产同类产品或直接竞争产品的产业造成了严重损害或严重损害威胁；④进口大量增加与国内产业损害有着因果关系④。根据 WTO《保障措施协定》规定，保障措施的期限为 200 天；正常情况下保障措施一般为两年内，特殊情况下最长可以延长至 8 年⑤。现代工业电子产品更新换代频率一般为 1 年，机器设备不过 3～5 年，全球保障措施时间太长，一旦对某产品实施最长期限保障措施，实质

①　中华人民共和国国家统计局国家数据库.2014 年中国从澳大利亚进口总额为 976.3 亿美元 [EB/OL].（2016-11-07）[2022-09-07]. http://data.stats.gov.cn/search.htm? s=%E4%B8%AD% E5%9B%BD%E6%BE%B3%E5%A4%A7%E5%88%A9%E4%BA%9A.

②　李慧燕，魏秀芬.中澳自由贸易区的建立对中国乳品进口贸易的影响研究 [J]. 国际贸易问题，2011（11）：81.

③　参见《中澳自由贸易协定》第 7 章第 8 条"全球保障措施"。

④　参见 GATT（1994）第 19 条。

⑤　参见 WTO《保障措施协定》第 7 条。

上就宣布该产品的所有外国产品失去进入实施措施的进口国的可能性。如果企业产品竞争实力强，是因为采取了新工艺、新技术导致产品成本大幅度降低且环保，功能丰富还非常实用，对改善我们生活质量可提供更多、更好的帮助。进口这样的产品导致进口国内产业濒临倒闭，如果不对其采取全球保障措施或双边保障措施，国内企业将在劫难逃。但是如果对其采取全球保障措施，将导致新技术、新工艺、性价比高的环保产品的发展受到阻碍，保护本国落后的产业的后果。比如，因大量采用新技术的苹果智能手机面市导致诺基亚、爱立信等手机巨头濒临倒闭，是保护诺基亚等落后产业，还是鼓励苹果等新型产业扩大产能，是摆在当时很多国家政治家面前的难题。事实上，多数国家选择了后者，放弃了保护落后产能企业。这种因新技术对人类生存、发展有利的高科技环保产品导致的挤垮同类产品绝大部分生产厂家，包括进口国同类产品厂家，进口国该做何处理？整个 CHAFTA 全文也没有涉及。因此，CHAFTA 作为一个双边协定，应当对全球保障措施做出进一步完善，完全没有必要全部移植 WTO 全球保障措施制度，必须对顺应人类发展、生存需要基于环保和新技术的产品取消采取全球保障措施制度。

　　7.1.2.3　对 CHAFTA 双边保障措施法律制度的评价

　　由于 WTO 保障措施协定对双边保障措施实施条件过于宽泛，因此 CHAFTA 双边措施保障制度实体内容由双边保障措施 GATT（1994）第 19 条、WTO《保障措施协定》的双边保障措施、CHAFTA 有关双边保障措施特殊规定组成。

　　CHAFTA 双边保障措施规定的实施期限比 WTO 双边保障措施的最长期限更短[①]，也是历年来中国所有建立的自贸协定中最短的。CHAFTA 双边措施保障制度规定，过渡期结束后禁止采取双边保障措施，因此过渡期是 CHAFTA 双边保障措施法律制度中一个最为重要的概念。CHAFTA 第 7 章第 1 条"定义"明确了 CHAFTA 贸易救济制度中的"过渡期"是指就某一特定产品而言，自本协定生效之日起 3 年。但对根据该协定附件 1 中［第 2 章第 4 条（关税取消）减让表］关税取消过程超过 3 年的产品，过渡期应为该产品关税取消的时间。其意思就是说，CHAFTA 双边保障措施的过渡期分为两种情况：第一种是 3 年；第二种是附条件的。正常情况下，中澳双方对绝大多数产品发起双边

────────────────

　　① 根据 CHAFTA 第 7 章第 3 条第 1 款，CHAFTA 双边保障措施制度最长期限为 3 年内。比如，根据《中华人民共和国政府和新加坡共和国政府自由贸易协定》第 6 章"贸易救济"第 43 条"双边保障措施"第 5 款"保障措施最初实施期限不应超过 3 年，最多可延长 1 年……"可知，中国和新加坡的双边保障措施最长期限为 4 年。

保障措施的期限都只能在 2018 年 12 月 20 日前。根据 CHAFTA 附件 1 的特殊规定，中方可以对产于澳大利亚的部分羊毛产品在 2024 年 12 月 20 日附条件发起双边保障措施。

CHAFTA 双边保障措施的过渡期的规定很科学，除了稍微对澳大利亚极少数产品有些不利外，绝大多数产品的过渡期很短，仅为 3 年，比起中国与堪称"巴铁"① 的巴基斯坦签订的《中华人民共和国政府和巴基斯坦伊斯兰共和国政府自由贸易协定》第 5 章"贸易救济"第 27 条第 1 款第 5 项"过渡期指降低或取消关税第一阶段的 5 年期间"的 5 年都短。因 CHAFTA 过渡期很短，在过渡期给予特定产品进行双边保障措施特别保护，可以促使中国部分相对劣势产业尽快转型升级和整合。由于中澳两国都有明显相对于对方的比较优势产业部门，规定一定期限过渡期，在过渡保护和促进两国国内弱势产业加快转型升级符合两国经济的客观现状。

7.1.3 CHAFTA 反倾销措施的评价

根据 CHAFTA 第 7 章第 9 条"反倾销措施"可知，CHAFTA 反倾销措施的实质内容全部援引 WTO 反倾销措施制度，由《1994 年关税与贸易总协定》第 19 条以及《保障措施协定》《中国入世议定书》中的反倾销措施部分共同组成。《中国入世议定书》并没有承认中国的市场经济地位，对中国产品的正常价值计算采取了特殊约定；因此对中澳两国而言，执行反倾销措施中最为核心的元素就是以什么标准计算中国产品的正常价值，然而 CHAFTA 反倾销措施制度并没有对来自中国的产品的正常价值计算标准进行约定，不可避免就会导致中澳两国在执行 CHAFTA 反倾销措施制度时发生分歧。在 CHAFTA 生效前，由于澳大利亚已经在 2005 年 5 月 13 日承认中国市场经济体地位，澳大利亚在对中国进行反倾销时不能使用（a）项规定的"替代国制度"，而转为一直采用"特殊市场情况"，变相适用"替代国制度"对中国产品计算正常价值。

由于 CHAFTA 贸易救济制度中的反倾销措施制度并没有对中国产品的正常价值的计算标准做出明确约定，澳大利亚对中国产品计算正常价值标准变得不清晰，在理论上澳大利亚仍然可以继续援用"特殊市场情况"，变相适用"替代国制度"对中国产品计算正常价值。因为澳大利亚的司法体制是属于英美法系的判例法国家，存在着援引案例的惯例，而澳大利亚此前一直对中国产品采取"特殊市场情况"计算正常价值的惯例。在没有新的规定确定澳大利

---

① 网络词汇，特指巴基斯坦，意为巴基斯坦与中国关系非常密切。

亚不应当对原产于中国的产品计算正常价值的标准适用"特殊市场情况"前，除非中国生产企业能够充分证明其已经是完全市场经济条件下生产的产品，否则正常情况下澳大利亚很难不适用"特殊市场情况"规则。对此，中国不要一成不变等待中国入世 15 年后自动获得市场经济地位，但是也不能任由澳大利亚政府采取保护主义政策，或者满足国内政治的需要，任意利用其国内法对中国产品恶意进行反倾销调查。当然，不排除在 CHAFTA 生效后，澳大利亚也可能出于整个协定考虑或者司法判例，对产自中国的产品计算正常价值时不再适用"特殊市场情况"。

澳大利亚还能不能继续适用"特殊市场情况"对来自中国的进口产品计算正常价值，这需要结合具体情况详细论证分析 CHAFTA 反倾销措施制度。澳大利亚当局对中国产品采取"特殊市场情况"，一部分原因是政治因素，还有一部分原因是经济因素，归根结底主要是经济因素，由中国澳大利亚特殊贸易关系决定的。要改变这种状况，不是仅进行反倾销规则谈判就能够解决问题，还必须从利益导向角度出发，从根本上解决问题。既然澳大利亚和中国进出口贸易结构存在问题，就必须从中澳自贸区利益结构着手进行调整，如加大中国、澳大利亚相互投资的力度，让澳大利亚在同中国经济合作的过程中利益存在增大的可能性，那么澳大利亚对解决中澳之间的贸易纠纷积极性就会更高，反倾销过程中的不正常因素就很容易根除。就像当年，中国改革开放总设计师邓小平同志采取各种优惠政策鼓励外资进入中国一样，其实质就是让外资进来参与分享利益，让敢于到中国投资的外国资本、技术获取在其他国家正常投资的情况下无法获取的利益；并使之制度化、法律化。在投资环境中硬件基础设施差，投资环境非常一般甚至是落后，投资软环境更是一张白纸的情况下，让中国仅次于美国长时间成为外商直接投资最多的国家，在发展中国家中长期排在第一位。为什么那么多的资本敢于在对于一个可能存在巨大"风险"的社会主义国家投资？中国的战略家注意到了两点：一是资本的逐利性，是否存在具有诱惑力的利益；二是资本家考虑风险的底线，经济利益能否顺利流出。在发达资本主义国家，出于对法律的敬畏，有无法律保障就是他们思考投资风险的底线。为此，中国策略家做到了两点：一是让利，具体就是税收优惠，尽可能减免一系列的税、费，并允许其利益正常流出；二是以法律的形式将中国投资优惠的政策固定下来。这就让外国资本家有了底线，特别是当资本圈内其他资本到中国投资安全的赚了一桶又一桶"金"的时候，资本就坐不住了，纷纷到中国"淘金"。在这个过程中，中国悄然通过修订法律的形式，让外国技术和资金流向需要的领域，淘汰了高污染、粗放型产业。在外资们用他们的战略的眼光投资中国，获取其战略利益时，中国也悄然利用对方的战略实现了自己的发展战略。事实证明，中国成功了。

因此，笔者认为，不能只盯着贸易救济措施谈贸易救济法律制度，否则无法从根本上化解中澳贸易救济争端或中澳自贸区争端。特别是对澳大利亚、美国等老牌资本主义国家以及欧盟，经济利益永远是其所有问题后面的问题，也会永远都有问题制约问题。对待国际关系，必须要有"只有永恒的利益，没有永恒的朋友"的理念。被公认为是美国的最亲密的盟友——英国，不顾美国强烈反对毅然加入中国的产品中主导的"亚投行"就是明证。分析中澳经贸，澳大利亚出口中国的产品中主要是铁矿砂占整个贸易额比重大，特别容易受到经济景气指数影响。澳大利亚的经济实体寡头其实由澳大利亚、英国、美国、日本四种资本控制，主要经济为服务业如旅游业等和自然资源产业、农牧业等，除了铁矿砂等自然资源外，对中国需求依赖程度低，而铁矿砂等资源又受到力拓等寡头的控制，只有中国市场对澳大利亚产品具有诱惑力时，而且中澳市场存在一定相互依赖关系时，才是澳大利亚与中国自贸区良性发展的开始。自然也就不存在澳大利亚在反倾销过程中采取"特殊市场情况"的情形，同时 CHAFTA 的完善也会异常顺利。

7.1.4 CHAFTA 补贴与反补贴措施法律制度的评价

CHAFTA 第 7 章第 10 条规定了 CHAFTA 补贴与反补贴措施内容，主要包括《SCM 协定》，CHAFTA 特别规定的成员主管外贸的调查机关在采取反补贴调查应遵循的特别程序，中国入世议定书第 10 条"补贴"、第 15 条"确定补贴和倾销时的价格可比性"的相关内容。

CHAFTA 创设了反补贴调查的"正当性规则"是个了不起的创举。CHAFTA 第 7 章第 10 条第 5 款要求，反补贴调查当局必须对证据的准确性和适当性进行认真审查，以确保证据能够证明发起反补贴调查是正当的。这条意义非常重大：一是避免了无谓调查，节约了大量成本；二是影响了 CHAFTA 贸易非关税壁垒的形成。

CHAFTA 补贴与反补贴措施制度也存在明显问题。比如，何为"正当性"？CHAFTA 协定没有做出明确具体规定，这势必在执行过程中产生分歧。此外，和反倾销制度一样，没有对中国产品的正常价值标准进行约定，确立中国产品是否存在补贴行为因为标准不同，势必产生分歧。

7.1.5 CHAFTA 贸易救济措施制度的总体评价

CHAFTA 贸易救济制度对中澳两国而言，相比 WTO 贸易救济制度有亮点，如双边保障措施对过渡期短于 WTO 标准的规定，补贴与反补贴措施制度关于"正当性规则"对随意采取反补贴措施存在一定的抑制作用等。但是也存在明显需要改善之处：一是过度援引 WTO 贸易救济制度作为其主要内容，在反倾销和反补贴的过程中，由于特殊原因澳大利亚对中国产品正常价值计算标准一直变相采取"代替国制度"，协定没有对此做出专门约定；二是对 CHAFTA 贸易救济措施争端解决过分强调法学逻辑，必须通过复杂的逻辑推理才能得出 CHAFTA 贸易救济措施争端应当选择解决争端场所，没有属于符合中澳特色的解决中澳贸易救济措施争端专门机制；三是没有按照协定惯例设立贸易救济委员会，CHAFTA 贸易救济制度完善缺乏专门机制条款。

7.2　对部分自贸区贸易救济法律制度模式的借鉴

7.2.1　对 CPTPP 贸易救济制度的评析

盛极一时的 12 个 TPP 谈判国①于 2015 年 10 月 4 日在美国亚特兰大市共同宣布 TPP 谈判结束，协定进入各国国内审批程序。因美国特里普政府退出 TPP，TPP 在日本的努力下演变为 CPTPP（全面与进步跨太平洋伙伴关系协定），由于参与 CPTPP 谈判的成员大多是中国的主要贸易伙伴国，其中澳大利亚、智利、秘鲁、新西兰、新加坡五国单独与中国达成自贸区建设，新加坡②、马来西亚、文莱和越南四国还在东盟体系下与中国达成自贸区建设，日本是中国排名前三的贸易伙伴国和投资国，加拿大也是中国重要贸易伙伴国之一，特别是澳大利亚在与中国进行自贸协定的过程中，同时也是 CPTPP 谈判成员。因此，其对 CPTPP 的贸易救济措施制度进行研判，对 CHAFTA 贸易救济制度完善起到最为重要的借鉴作用。CPTPP 的宗旨是促进缔约成员经济增长，增进就业岗位③。因 CPTPP 成员中，既有超级发达的老牌资本主义国家日本、澳大利亚、加拿大，也有新兴发达资本主义国家新西兰、新加坡等，还有待发展国家

---

①　结束 TPP 谈判的 12 个国家为：澳大利亚、文莱、加拿大、智利、日本、马来西亚、墨西哥、新西兰、秘鲁、新加坡、美国和越南。

②　新加坡与中国存在双重自贸区建设，新加坡和中国单独签订自由贸易协定，而新加坡又是东盟成员，东盟与中国签订自由贸易协定也对其存在约束力。新加坡与中国所签订自贸协定的标准高于东盟标准，因此对新加坡不再单独论及东盟标准。

③　搜狗百科. 跨太平洋伙伴关系协议 [EB/OL]. (2016-08-30) [2022-08-30]. http://baike.sogou.com/v103446010.htm.

越南、马来西亚、智利、墨西哥。由于协定并未生效，无法从实际结果分析评判协定实际效果，但是协定能够将不论是在地理、语言还是在历史、幅员和发展水平上都与不同的国家团结在一起，投射出协定共同发展的多样化理念、包容并举的精神。另外，协定的促进就业、增加生活水平和对劳工及环境的保护，以及投资、知识产品、电子商务等条款，已经将 WTO 以来所有的国际贸易协定的内容大大向前推进，早已超出传统国际贸易协定的范畴，说 CPTPP 是一份区域经济协定也不为过。

CPTPP 贸易救济章节没有规定"反倾销措施"和"补贴与反补贴措施"，也没有规定"全球保障措施"和"双边保障措施"，仅规定了一个临时的"过渡性保障措施"，并强调成员在过渡期内实施临时双边保障措施时，必须注意采取措施过程的透明性和采取措施的正当性。

如果该进口国如需申请过渡性保障措施，须按照双方商定的金额提供赔偿金；而且该临时双边保障措施最长期限和 CHAFTA 规定一样，一般情况下最多 2 年，特殊情况下可以最多延长 1 年，但是过渡性保障措施从启动之日起不能一直在保障期间保持不变，必须将保障措施逐渐解除。CPTPP 贸易救济制度规定，任何采取临时双边保障措施的缔约方必须先行"告知"和"磋商"程序，并且只能按照协定附属的最佳实践案例，规定贸易救济进程进行磋商实施措施①。在过渡期内，CPTPP 各缔约方可以享有在 WTO 框架下的权利和义务，但是任一 CPTPP 缔约方不能同时对同一产品采取一次以上的保障措施。

7.2.2 对中韩自贸区贸易救济制度的评析

中韩是近邻，两国官方、民间贸易有上千年的历史，两国共享中华文明的灿烂成果，两国人民勤劳而勇敢，两国都经历过从极度贫困到摆脱贫困，逐步走向富强的过程。可以说如果中韩两国间没有外部因素和政治影响，两国间的经济贸易交流会将比历史上任何一个时期让两国更可能融为一体。这是因为，中韩两国人民有着共同的文化传统、相似的生活习惯。在两国历史上，两国更是唇齿相依的关系。相比两国古代经济发展水平的局限性，两国间距离还对两国交往带来更多不便。今天科技、通信和交通工具的高度发达使在两国间行走如同在国内一样方便，从中国任何一个城市起飞不过几个小时便可到达韩国任何一个城市，中国国内多个城市都有直飞韩国多个主要城市的航班，山东的威

①　实际上就是 TPP 的贸易措施案例法，这体现了美国、加拿大、澳大利亚、新西兰等判例法国家在 TPP 谈判中占据主导地位。

海更是开通免签到韩国的班轮，韩国济州岛对中国游客也同样免签，韩国几乎所有的大型企业集团都在中国存在巨额投资，LG 公司更是将企业总部迁至中国，可以说两国间的经贸关系自中韩建交以来，迅速达到了一个全新的高度。因此，中韩自贸协定的贸易救济制度相对于中国与他国签订自贸协定的贸易救济制度，颇具特色。

中韩自贸区贸易救济制度内容规定在其自贸协定文本的第 7 章，一共 16 条。具体如下：

第 1~4 条是关于保障措施（双边保障措施和临时措施规定）。

第 1 条"保障措施的事实"内容约定的是实施保障措施的实质条件和实施保障措施的最低限度，其内容和 CHAFTA 双边保障措施规定的并无二致。

第 2 条是对双边保障措施的程序要求，主要是通知和磋商义务，必须经《SCM 协定》规定的调查程序，调查时限为 1 年。一般产品的保障措施的最长期限为 4 年，这点比 CHAFTA 规定和中国巴基斯坦贸易救济的最长期限都长①。其他如在过渡期结束不能实施双边保障措施规定和再次实施双边保障措施的期限与 CHAFTA 双边保障措施的规定相同。

由于中韩自贸区规定的贸易救济的过渡期为 10 年以上（含本数），期限很长。第 2 条最后一款规定"终止保障措施后，关税税率应为根据缔约方在附件 2-A（削减或取消关税）减让表中所列在未采取该措施情况下本应适用的税率"。这条规定很有意义。这条说明了终止保障措施后执行的关税税率不是保障措施实施前税率，而是按照关税减让表所列为未采取该措施情况下本应适用的税率。

第 3 条是临时措施规定，该条和 CHAFTA 以及 WTO 保障措施协定规定完全相同。

第 4 条"补偿"的规定和 CHAFTA 规定也完全相同。

第 5 条"全球保障措施"，该条相比 CHAFTA 增加了一项内容，即"应另一缔约方要求，拟采取全球保障措施的缔约方可立即向对方提供临时性的有关发起全球保障措施调查、初裁决定及终裁决定的书面通知"。该条值得商榷，对于已经签订有双边保障措施条款的成员之间是否还应当采取全球保障措施？笔者认为，在签订有双边保障措施协定的成员之间不应当采取全球保障措施。这是因为允许在签订有双边保障措施的成员之间再采取全球保障措施，就可能

---

① 参见《中华人民共和国政府和巴基斯坦伊斯兰共和国政府自由贸易协定》第 27 条"双边保障措施"第 3 款第 7 项。

成为成员不履行双边保障措施条款义务的借口。

第 6 条"定义"中的"国内产业""保障措施""严重损害""严重损害威胁"的定义与 CHAFTA 规定基本相同，但是过渡期的规定和 CHAFTA 不同。中韩保障措施的过渡期为协定生效之日起 10 年，超过 10 年的产品至减让表中所列该产品的关税减让期；而 CHAFTA 规定过渡期为协定生效之日起 3 年，超过 3 年的产品，过渡期和该产品关税取消时间相同。CHAFTA 规定双边保障措施的过渡期更短，减少双边自由贸易的限制，有利于在正常贸易情况下增强双边同类产业的竞争，提高双边同类产业在国际市场的竞争水平。

第 7 条"一般条款"是指中韩自贸区的反倾销和反补贴税的权利义务。该条规定了双方"双反"的权利义务为 WTO 附件《反倾销协定》《SCM 协定》项下权利和义务。该条特别规定了双方在反倾销调查计算倾销幅度时不使用第三国替代计算价值的方法，包括在确定正常价值和出口价格时不使用替代价格或替代成本。这是截至目前在中国所有签订的自由贸易协定文本中，第一次明确表明不适用替代国制度计算正常价值的规定。对中国自贸区建设而言具有里程碑式的意义。该条还约定了正常价值的数学计算方法。

第 8 条"通知和磋商"约定了反倾销和反补贴调查的通知和磋商义务，而该条有意义的地方在于规定了拟发起反倾销调查的一方具体应发出通知的时间为至少 7 天。该条对通知时限进行明确规定有利于反倾销调查程序的顺利进行。

第 9 条"价格承诺"是反倾销和反补贴调查过程中的经常性做法，属于和解和中止调查的一项前提，中韩自贸区反倾销和反补贴制度对此项做专条规定值得 CHAFTA 借鉴。

第 10 条"实地核查"这条规定调查机构必须赴实地调查核实的义务。这条 CHAFTA 也没有规定。

第 11 条"听证会"。该条的设计本身很有意义，但是过于粗泛。到底怎样进行听证会，哪些事项可以进行听证会，听证会由谁组成？是对贸易救济措施进行听证会，还是发起贸易救济措施当局举行听证会？协定没有进一步明确约定，可能只是出于协定的完整性考虑，将此条作为一个条款放在此处，待内容成熟后再在第二次修订协定时再做完善。此条 CHAFTA 没有约定。

第 12 条"复审终止后的调查"。这条是 WTO 贸易救济制度的内容，中韩自贸区将其修改后作为自己协定的文本。

第 13 条"累计评估"和第 14 条"适用于新出口商复审的微量标准"都是 WTO 贸易救济的内容，中韩自贸区将其修改后纳入自己协定内容。这两款一个是进口国角度从竞争条件出发进行评估损害，另一个是对倾销幅度低于《反倾销协定》微量标准时应取消征收反倾销税。

第 15 条"贸易救济委员会"①。此条为中韩贸易救济制度的机制条款，该条款的存在对贸易救济制度的完善很有意义。CHAFTA 没有此条约定。

7.2.3 对 CPTPP 和中韩自贸区贸易救济制度模式的借鉴

7.2.3.1 对 CPTPP 贸易救济制度模式的借鉴

1. CPTPP 的贸易救济规定存在明显抑制贸易救济措施倾向

首先，在救济章节没有规定"反倾销措施"和"补贴与反补贴措施"内容，也没有规定"全球保障措施"和"双边保障措施"，仅规定了一个临时的"过渡性双边保障措施"，并强调成员在过渡期内实施临时双边保障措施时，必须注意采取措施过程的透明性和采取措施的正当性。

其次，CPTPP 成员如需申请过渡性保障措施，须按照双方商定的金额提供赔偿金，而且该临时双边保障措施最长期限和 CHAFTA 规定一样，一般情况下最多 2 年，特殊情况下可以最多延长 1 年；但是过渡性保障措施从启动之日起不能一直在保障期间保持不变，必须将保障措施逐渐解除。在过渡期内，CPTPP 各缔约方可以享有在 WTO 框架下的权利和义务，过渡期结束后应立即结束，且任一 CPTPP 缔约方不能同时对同一产品采取一次以上的保障措施。

笔者认为，各成员间之所以自愿建立自贸区，成员在建立自贸区之前，应当是对自贸区成立后可能产生的各种收益和可能造成的损害进行了充分评估、推演，并为此做了充分准备，并在制度设计上设立了自贸协定的过渡期及对应的产品关税减让时间表。因此，对贸易救济措施采取一定的抑制，对自贸区建设会起到促进作用。但是，CPTPP 取消反倾销与反补贴措施制度还是值得商榷，因为反倾销与反补贴制度反的是不公平的贸易，保留此制度对保障公平贸易方面仍然具有不可取代的作用。

2. 协定附属的最佳实践案例成为 CPTPP 贸易救济措施的法律规范

CPTPP 规定，任何采取临时双边保障措施的缔约方，必须遵守先行"告知"和"磋商"程序，并且只能按照协定附属的最佳实践案例，规定贸易救济进程进行磋商实施措施。

---

① 中国商务部下属自由贸易区服务网官网公布的《中国—韩国自由贸易协定》（中文版本）第 7 章"贸易救济"此处是第 16 条"第 7.16 条 贸易救济委员会"，并没有单独规定第 15 条中文内容；而该官网公布的《中国–韩国自由贸易协定》第 7 章最后一部分英文版是第 15 条"Article 7.15: Committee on Trade Remedies"，笔者采取了英文版第 15 条说法。

笔者认为，中澳自贸协定中，澳大利亚为判例法国家，判例对其具有法律约束力。虽然中国不是判例法国家，但是最高人民法院和各地方法院近年来公布的一系列经典案例，仍然对各地法院具有一定的示范作用，特别是案例对法律条文的解读具有直观效果。在国际贸易救济争端的经典案例的公示，对减少贸易救济争端会对双方贸易救济措施行为起到一定规范作用。因此，CPTPP的此条规定对 CHAFTA 具有一定的借鉴意义。

7.2.3.2　对中韩自贸区贸易救济制度模式的借鉴

中韩自贸区贸易救济制度和 CHAFTA 贸易救济制度规定相比各有优劣。虽然中韩自贸区贸易救济制度在双边保障措施过渡期过长，反倾销和反补贴并没有完全适用统一调查标准，发起听证会程序不清晰，贸易救济委员会职责过于原则化等方面存在明显不足，但是中韩自贸区贸易救济制度在以下方面的规定，仍然值得 CHAFTA 贸易救济制度借鉴：

（1）规定了双方"在反倾销调查计算倾销幅度时不使用第三国替代价值的方法，包括在确定正常价值和出口价格时不使用替代价格或替代成本"①。

这是中国目前建设的所有自贸区中，首次明确自贸区成员反倾销调查当局在计算倾销幅度时不适用"替代国"制度计算正常价值的自贸区。

（2）保障措施结束后应适用何种关税制度的规定。

（3）听证会的构想制度和调查机构的实体核查义务制度。

（4）设立"贸易救济委员会"。

7.3　对 CHAFTA 贸易救济法律制度完善的构想

随着世界贸易争端的解决日益从"实力取向"向"规则取向"发展，是否具备充分的法律手段、是否善于运用各种法律手段，将日益成为有效处理国际贸易摩擦的一个关键②。国家贸易争端的主要内容是国际贸易救济争端，对国际贸易争端的解决，解决争端的经验和诉讼技巧固然重要，但是解决贸易救济争端的关键，应取决于解决争端所适用的贸易救济措施规则能否满足协定成员经济发展需要。纵观前述对贸易救济措施起因和理论基础的分析，各成员采取贸易救济措施的初衷是为了维护本国贸易市场的公平秩序，以及因外国产品

---

① 参见《中韩自由贸易协定》第 7 章"贸易救济"。
② 余敏友. 中国参与 WTO 争端解决活动评述 [J]. 世界贸易组织动态与研究, 2009 (5)：27.

的过度进口让本国企业面临严重损害或受到严重损害威胁时对本国受损企业的挽救。进口国对进口产品限制的主要手段有实行进口配额、增加关税等措施，但是 WTO 贸易救济制度建立后，已经逐渐限制对进行进口配额等非关税措施的贸易救济手段的使用，增加关税已经成为几乎唯一贸易救济手段①。贸易救济制度是因新兴资本主义国家美、德两国为了应对英国产品对本国的大量倾销，在保护本国幼稚产业方面的制度，但是贸易救济制度经过不断发展，早已超出当初只出于贸易保护的初衷，已经成为一国对外政治、经济和贸易的工具。

CHAFTA 贸易救济制度对中澳而言，维护的应当是中澳两国的经济和贸易利益，以及有利于中澳两国人民长远发展的政治经济秩序。因此，笔者结合前述各章分论、对部分重要贸易救济制度借鉴和 CHAFTA 两国政治经济实际情况，对 CHAFTA 贸易救济制度的完善提出相应的原则和构想。

7.3.1 完善 CHAFTA 贸易救济法律制度的原则

7.3.1.1 坚持降低政治因素对 CHAFTA 贸易救济措施影响的原则

我们要尽可能地减少两国的政治因素对 CHAFTA 贸易救济措施的影响，至少不能让 CHAFTA 贸易救济制度成为中澳两国进行贸易保护主义的武器。CHAFTA 生效后，按照协定安排，在过渡期结束后，两国在几乎所有领域关税降至零，在这个过程中，对两国而言，各国优势产业的产品将会大量进入对方市场，两国国内相对处于劣势的企业就面临市场份额下降甚至大幅度下降的危险，此时各成员国内企业出于自我保护提出贸易救济措施的申请的可能性将大大增加。对此，各成员采取什么样的政策，决定了自贸协定的效用和生命力。从纯市场角度来看，只有得到市场认可的产品才有可能在市场上得以生存。换句话说，能够进入对方成员市场的产品，一定是有它存在于对方市场的价值所在，如果销量上升，说明特定消费者的数量在上升，至少对进口国而言这部分消费者的选择面很小，选择外国产品也是不得而为之的事情。

优胜劣汰是自然法则，在经济领域更应如此。确立好市场经济领域价值观标准，让不利于人类共同发展、没有竞争力的产品退出市场符合市场规律，但是需要淘汰大部分产品往往是低水平的劳动密集型产品，涉及大量低收入家庭将大量失业，会导致严重的社会问题。尽管大多数国家都实行了社会保障制

---

① WTO 仍然允许经双方同意情况下在贸易救济措施中可以使用非关税措施，如出口节制、进出口许可制、强制性进口卡特卡等。参见 WTO《保障措施协定》第 11 条第 1 款（b）。

度，但其社会保障水平很低，仅能够勉强满足个人温饱。因而低收入行业的产品大量进口时，各国都有可能面临两难境地，要么是保护落后的产能，要么是面临大量低收入者失业，造成社会问题，甚至可能在民主选举中失利，导致失去执政机会。

出现这样的情况，一方面是因为部分国家在早期教育的时候就悄悄进行社会分流，大量普通家庭的孩子从受教育的第一天起接受的低层次教育水平就注定其只能成为一名简单劳动者；另一方面是因为西方各国超级利益集团利用所掌控的媒体控制舆论导向，为了转移国内经济发展不力的矛盾操控选民情绪，利用所谓的民主对外国产品采取歧视性贸易救济措施。因而，对 CHAFTA 而言，必须弄清楚澳大利亚利益集团在 CHAFTA 中能够获取什么样的利益，它们的远期利益目标和最大期望值是什么；中国对 CHAFTA 的利益期待是什么，双方利益期待有无交集，存在的主要障碍是什么；主要障碍是外部因素为主，还是国内因素为主；两国重叠产业有多少；重叠产业之间有无比较优势，且比较优势的幅度大小；能否通过其他诸如投资和知识产权转移或者兼并、整合或入股等经济方法解决；等等问题。

在上述问题的解决过程中有多少政治障碍，能否通过对 CHAFTA 贸易救济制度的完善，减少政治因素对上述问题的影响？

7.3.1.2 CHAFTA 贸易救济措施必须坚持有利于人类发展的新技术和环保产品推广的原则

如本章开头分析，CHAFTA 成员在计划采取贸易救济措施时，必须坚持有利于人类共同发展的新技术产品在 CHAFTA 市场上推广。任何新技术之所以能够被消费者接受，不外乎是具有非常实用的新功能、新技术给消费者带来极大的便利，或因环保而被广大环保爱好者追捧。事实上具有革命意义的新技术产品，就算进口国政府当局打算保护本国同类产品，也不一定保护得了。还是以苹果手机为例，由于全新的设计理念和使用方便，苹果手机在面世的时候就采取了极其高的价格销售，但仍然是一机难求。显然，通过贸易救济手段提高关税增加进口产品销售价格的办法，对高新技术产品并不怎么奏效，同时还牺牲了本国消费者的利益，使本国消费者不得不付出更大的成本去购买性能更能满足需求的产品。与其这样，还不如顺应市场发展的客观规律，放弃对有利于整个人类生存的高新技术和环保产品采取贸易救济措施。

7.3.2 完善 CHAFTA 贸易救济法律制度的构想

为此，在坚持上述原则并结合本书第 2 章至第 6 章的分析，以及借鉴

CPTPP 和中韩自贸协定贸易救济制度的基础上，笔者对 CHAFTA 贸易救济制度完善提出了部分构想，其目的是希望通过对 CHAFTA 贸易救济法律制度的完善，促进 CHAFTA 为中澳两国经济发展贡献力量，为两国人民增加更多福祉。

7.3.2.1　对完善 CHAFTA 保障措施制度的构想

对 CHAFTA 保障制度，增加有利于人类生存及发展的新技术和环保产品推广的原则，对这部分产品的进口，原则上不采取保障措施，包括双边保障措施和全球保障措施。如果确实因为该部分产品的大量进口已经使进口国相关产业处于可能濒临倒闭的危险境地，进口国应和出口国进行商议通过相应的经济手段解决方案。如进口国可以对出口国企业提出要么向进口国相关产业转让相关技术，要么在进口国境内设立合资或独资企业，要么兼并进口国企业协商。出口国政府也可以和国内优势产业部门商议选择其中的一项或几项与进口国企业合作，合作条件以市场规则为标准，对兼并的股份等参照 CHAFTA 其他章节条款执行。合作期限根据市场的紧急情况和正常情况由两国政府进行约定，在约定前由进口国政府根据国内企业的受损情况给进口国企业提供一个选择期限。如果出口国企业在规定期限提出合理条件，进口国相关产业不予配合，进口国政府有权放弃采取贸易救济措施权利。如果相关企业对合理条件和合理期限发生分歧，向进口国政府所在地法院提出管辖，进口国法院的终审判决应当执行，但是对法院终审不服的一方企业，可以在向本构想设计的协定常设争端解决机构缴纳执行保证金和仲裁费后，对判决申请仲裁，由协定常设争端解决机构按照 TRDSM 规定设立仲裁庭进行裁决。如果 TRDSM 设立的仲裁庭裁定上诉方败诉，仲裁费和保证金不予退还。

7.3.2.2　对完善 CHAFTA 反倾销措施和补贴与反补贴措施制度的构想

1. 进口国政府采取反倾销和反补贴措施调查时，必须满足调查的正当性要求

将 CHAFTA 补贴与发补贴措施中的正当性原则，推广至反倾销措施，并对正当性原则的含义进行明确约定。"正当性"是个哲学的抽象概念，法国波当斯基和泰弗诺在两人合著的《论正当性：价值的经济》一书中认为正当性是指"同情心和公正的旁观者构成了个体正当化能力的两个部分，正是它们的驱使个体放弃私利而追求的公共善为基础建立的秩序"[1]。笔者认为，波当

---

① 胡伟，王迪. 从社会学角度构建关于：正义的理论：读《论正当性：价值的经济》［J］. 浙江社会科学，2012（10）：80.

斯基和泰弗诺关于正当性的论述是从人们日常生活实证基础上归纳出来的，涉及市场和生产领域对正当性的表述实际上是生产领域和市场的价值，并不是市场领域和生产领域从业者在从业时必须坚持的正当性原则。笔者认为，正当性就是一种底线，是一种当事方在从事市场经济活动时不能逾越的内心正义底线。这种正义底线应是　种原则，如人权原则中的生存权、发展权，国际法上的国家主权，以及国内宪法规定的规则。

CHAFTA 补贴与反补贴法律制度规定进口国政府应对涉及另一成员的反补贴调查申请中的证据的准确性和适当性进行认真核实，以确定所提供的证据是否足以证明发起调查是正当的①。因此，CHAFTA 反补贴正当性要求是指某一成员在准备对另一成员发起反补贴调查时，一方面应坚持审慎的原则，对证据的真实性和证据所描述的损害事实的关联关系、因果关系进行判断，必要时还需赴现场实地调查真实情况，以及对损害结果的真实程度进行准确判断，是否为受损企业描述那样，有无夸大和弄虚作假成分。另一方面还需对受损企业提交出口国补贴的证据进行初步审查，粗略判断另一成员是否客观存在补贴行为。如果初步判断另一成员不存在补贴行为，则应立即告知准备驳回反补贴调查申请。除非受损企业能够补充提交另一成员足以构成存在补贴的证据，如在规定时间内不能提交又没有申请延期提交的，则应直接驳回反补贴调查申请。同时，该成员政府机构应当将本地企业申请情况和本地政府的处理情况报告给协定常设争端解决机构，并抄送一份副本至另一成员对应主管政府。如果进口成员当局经过前述步骤审查，判断另一成员确实存在补贴的可能性，拟发起反补贴调查时，应立即按照 CHAFTA 反补贴程序进行反补贴调查。

同理，在反倾销过程中，进口成员主管政府在拟对进口成员企业采取反倾销调查前，应当对本地受损企业提交的证据和企业受损害实际情况进行实地核实，在此基础上进行因果关系分析，如果本地企业受损的原因确实是另一成员同类产品过量进口所致，损害已经导致本地企业处于濒临倒闭的边沿。如果进口国政府计划对从协定成员进口的产品采取反倾销措施时，进口成员政府还应当分析，如果假定对另一成员同类产品采取反倾销措施后，有无其他国家同类产品会立即填补另一成员留下的市场份额。换句话说，即使 CHAFTA 另一成员相关企业确实存在倾销情形，但是仅对另一成员产业采取反倾销措施，能否确实有效地保护本地企业免于濒临倒闭？如果仅对另一成员企业采取反倾销措施不能真正有效保护本地相关产业，这个时候进口成员政府有两种选择：一是

---

① 参见 CHAFTA 第 7 章第 10 条第 5 款。

分析本地企业在本地市场份额逐渐缩小的原因是什么，是因为产品性能、质量太差，还是仅因为价格因素，并分析本地商品的成本和技术含量和企业发展趋势，确认经过保护后有无存活可能性或者发展机会，如无存活或发展机会甚微，只能是顺应市场规律对其淘汰，同时寻找新的就业途径。二是试图采取笔者在保障措施构想中设计的用经济手段解决。如出口成员企业对本地投资、转让知识产权、兼并重组、入股等手段对本地企业的转型升级，这样既可以避免无谓的贸易救济争端引发的贸易报复和反报复发生，又可以进一步促进成员间的经济共同发展，还有效解决了就业和生产力提升的问题。如果出口成员企业拒绝进口成员主管政府的合理建议，进口成员主管政府应当把本地受损企业提交的证据和当局调查的情况制作成报告，向本书构想的协定常设争端解决机构报告，并向成员对方主管政府提交副本一份后，正式启动反倾销调查。在正式反倾销调查期间，如果出口成员企业愿意采取兼并、投资、重组进口成员受损企业，则应提出可行性方案经出口成员主管政府转交进口成员政府，同时报告协定常设争端解决机构。此时，如果经进口成员政府审查出口成员企业对本地企业的兼并重组或投资报告后，认为真实、可行，可以中止反倾销调查。在中止反倾销调查过程中，任何一成员相关企业提出恢复反倾销调查，则进口成员政府则立即恢复反倾销调查。如果两成员的相关企业就损害赔偿已经达成和解协议，此时进口成员主管政府应终止反倾销调查，并制作完整报告给协定常设争端解决机构和对方当局。

至此，CHAFTA 反倾销与反补贴措施调查的正当性已经完全得到实践。

2. 在 CHAFTA 贸易救济制度明确产品正常价值的计算标准

在贸易救济制度中，到底采取哪一种贸易救济模式，关键在于对进口成员产品正常价值的计算。如进口成员政府通过计算进口成员国内的进口产品价格没有低于或者略微低于该产品的正常价值，该产品的大量涌现造成本地产品的相关产业受到严重损害或严重损害威胁，进口成员只能采取保障措施。如果进口成员政府计算进口产品的价格远低于正常价值时，则需要进一步审查，该产品的低价有没有获得出口成员政府或政府支持的公共机构对其进行补贴，如果有且该补贴是可诉或禁止性补贴，则进行反补贴措施调查；如果无政府补贴则一般进行反倾销调查；如果政府补贴的幅度远低于进口价格和正常价值之间的幅度，则同时进行反倾销与反补贴调查。可见，进口产品正常价值的计算标准在贸易救济领域是进口成员政府采取何种贸易救济措施的关键。

由于中国在加入 WTO 时，并未以市场经济国家身份加入，因而各成员在计算中国进口产品的正常价值时往往采取"替代国"制度。虽然澳大利亚在

2005年5月13日承认中国市场经济体地位，但是一直对中国产品采取"特殊市场情况"变相适用"替代国制度"对中国产品计算正常价值。虽然WTO《反倾销协定》允许对市场经济国家的"特殊市场情况"可以使用"替代国"计算正常价值①，但是WTO反倾销协定并没确定什么是"特殊市场情况"。事实上，什么是"特殊市场情况"是由各国自行规定。澳大利亚关于"特殊市场情况"的规定出现在其《海关法》第269条第2（a）款第（ii）项当中②。如何对澳大利亚《海关法》第269条第2（a）款（ii）项中的"情形"进行界定，该法并未明确规定，目前也没有相关法院判例存在。仅是澳大利亚海关当局制作的《倾销与补贴手册》对此做了解释，该操作手册列明了"特殊市场情况"从三个方面进行考察。笔者对澳大利亚海关当局的《倾销与补贴手册》的三个考察"特殊市场情况"要件具体分析如下：①对"该国是否严重影响了国内市场的竞争条件"的分析。这个要件主要看中国政府是否有存在只允许特殊市场主体垄断经营的情形，只要政府规定的政策是对不特定的对象进行调整，或者该国某产品市场的经营主体是资格式要求，只要符合特殊市场要求的资格，都可以参加市场竞争，就不能认为中国存在严重影响国内市场的竞争条件。②对"政府持股企业在国内市场当中从事非营利行为，从而导致民营企业的可获价格受到影响"的分析。这句话的意思应该是中国国有企业是否存在故意低价或平价供货给民营企业，其非营利行为让民营企业的可获价格受到影响？事实上，澳大利亚海关守则规定的此类行为在中国属于犯罪行为，属于中国法律明令禁止的行为③。③对"政府影响原材料供应价格"的分析。这要看政府是怎样影响的，如果是根据国家调整经济结构的需要，以针对非特定的市场主体制定的政策，这不属于政府影响原材料供应价格。只有政府对特定企业进行补贴或其他经济性政策扶持，才能构成贸易救济需要调整的行为。通过以上分析可知，当下中国根本不存在特殊市场情况。事实上，中韩自贸协定在贸易救济制度中规定，计算倾销的幅度不采取任何第三国的市场要素计算

---

① 参见WTO《反倾销协定》第2条中的如在出口国国内市场的正常贸易过程中不存在该同类产品的销售，或由于出口国国内市场的特殊市场情况或销售量较低，不允许对此类销售进行适当比较，则倾销幅度应通过比较同类产品出口至一适当第三国的可比价格确定，只要该价格具有代表性，或通过比较原产国的生产成本加合理金额的管理、销售和一般费用及利润确定。

② 《澳大利亚海关法》第269条第2（a）款（ii）项：如果出口国市场存在某种情形，以至于无法据此确定正常价值，则应当适用结构价格。

③ 《中华人民共和国刑法》第169条规定，"国有公司、企业或者其上级主管部门直接负责的主管人员，徇私舞弊，将国有资产低价折股或者低价出售，致使国家利益遭受重大损失的，处三年以下有期徒刑或者拘役；致使国家利益遭受特别重大损失的，处三年以上七年以下有期徒刑"。

双方产品的正常价值，说明韩国已经认可中国根本不存在特殊市场情况。韩国与中国之间每年数千亿美元的贸易额，至少能说明韩国关于中国不存在"特殊市场情况"是经过市场检验和深思熟虑的结果。

为此，笔者建议在 CHAFTA 贸易救济中规定反倾销与反补贴措施调查时，应当借鉴中韩自贸协定有关中国产品的正常价值计算时，不得采取任何第三国市场要素作为中国产品正常价值的计算标准。

7.3.2.3 对完善 CHAFTA 贸易救济争端解决机制的构想

DSB 专家组程序和上诉程序都是以书面审理为主，而且处理案件时间更短，而且上诉程序仅是"专家组报告的法律适用问题和专家组的法律解释"①。对 TRDSM 而言，CHAFTA 贸易救济争端设立仲裁庭组成的每一个人员并不受任何机构控制，而且具有随机性。因而，在理论上应避免出现通过对人员控制而对 CHAFTA 仲裁的结果进行"实质操控"的情况。而 DSB 的专家组程序和上诉机构，都因为 DSB 机构主席在专家组成员和上诉机构人员组成起到决定性作用。DSB 主席如果客观上存在偏见，包括但不限于信仰、文化、生活习惯、成长环境等的不同，形成的价值观必然不同，就必然存在指定专家组成员时，刻意主动地强调公正的过程中，实质造成不公正的结果。此外，由于 DSB 上诉机构由 7 人相对组成，每个上诉案件由其中 3 人组成，组成方式采取轮流方式，因而在理论上就可以主动通过分析上诉机构的轮流规律"选择"自己所需要的庭审组成人员。虽然 TRDSM 相比 DSB 存在上述合理性之处，但是也存在明显待完善之处，对"场所选择"制度设计过于僵化，甚至可能发生不利于解决争端的情形，失去当初为了解决争端的便利而设计此条的初衷。此外，对争端起诉也存在实际操作过程中无所适从的情况。为此，笔者提出如下构想：

（1）对 CHAFTA 第 15 章第 4 条第 3 款的完善建议，建议将该款修订为：对与 TRDSM 设立的仲裁庭是否取得对 CHAFTA 贸易救济争端的管辖权，取决于仲裁庭成立审查有无其他争端解决机构对仲裁请求的有效管辖，若无，则 TRDSM 设立的仲裁庭享有对 CHAFTA 贸易救济争端管辖权。

根据前文对 TRDSM 第 4 条第 3 款的字面分析，此时 TRDSM 设立的仲裁机构应当丧失管辖权。TRDSM 第 4 条第 3 款的原文是"一旦起诉方已请求设立或者将事项提交给争端解决专家组或仲裁庭，则应使用该被选定场所，且同时排除其他场所的使用"。意思很明确，只要起诉方已请求设立或将争端交争端

---

① 参见 DSU 第 17 条第 6 款。

解决仲裁庭或专家组，就应适用该选定场所，且同时排除其他场所，排除其他场所的唯一前提就是只要起诉方将解决争端的请求提交到某国际贸易协定的争端解决机构设立的专家组或仲裁庭，而非其他因素。按照 TRDSM 关于管辖权排他性的规定，如果起诉方将争端解决请求提交 TRDSM 设立仲裁庭之前，已经将争端提交给其他争端解决机构设立仲裁庭或者专家组，TRDSM 设立的仲裁庭查明此事实后，不管自此之前起诉方有无有效撤回在其他争端解决机构提交设立仲裁庭或专家组的事实，应当驳回起诉方的请求，解散仲裁庭。但是，笔者认为 TRDSM 的此项规定值得商榷。

笔者认为，若在向 TRDSM 申请设立仲裁庭之前，起诉方已经有效撤回在其他争端解决机构提交设立仲裁庭或专家组请求的情况，TRDSM 仲裁庭应取得对争端的管辖权。所谓有效，就是指其他争端解决机构已经书面同意撤回，或者视为书面撤回，如未在规定时间内缴纳费用等，其法律效力是该机构对 CHAFTA 贸易救济争端不具有管辖权。既然该争端解决机构已经丧失对 CHAFTA 贸易救济争端的管辖权，而依 TRDSM 设立的仲裁庭再否决对 CHAFTA 贸易救济争端的管辖，不利于对 CHAFTA 贸易救济争端的解决，使 CHAFTA 贸易救济争端将处于无处解决的状态。TRDSM 之所以设立赋予 CHAFTA 贸易救济争端的起诉方对场所的选择权，其目的是更有利于 CHAFTA 贸易救济争端的解决，此时 TRDSM 设立仲裁庭如果依据 TRDSM 的场所选择规则拒绝管辖，就违背了 TRDSM 设立该条款的目的。至于 CHAFTA 的贸易救济争端的起诉方为什么会在向其他争端解决机构设立专家组或仲裁庭提起请求后又撤销该请求，其原因多种多样，有可能是其选择违背了司法经济原则，也有可能是违背了效率原则，还可能是基于司法成本的考虑等，总之出现了 CHAFTA 贸易救济争端的起诉方在提交请求之前没有预料到的情况，且提交 TRDSM 设立的仲裁庭对解决 CHAFTA 贸易救济争端来讲更为有利，也可以说是 CHAFTA 贸易救济争端的起诉方权衡各种利益后，根据利益导向进行选择的结果。只要此时 CHAFTA 贸易救济争端的起诉方已经有效从其他争端解决机构撤回请求，TRDSM 就理应受理其贸易救济争端解决申请。

（2）建议违反 CHAFTA 贸易救济争端的处理，先由贸易救济措施的利害关系方直接向采取贸易救济措施调查当局所在地法院诉讼解决，不服法院的终审判决，可以在向本构想第三条设计的协定常设争端解决机构缴纳执行保证金和仲裁费后，对判决申请仲裁，由协定常设争端解决机构按照 CHAFTA 争端解决制度设立仲裁庭进行裁决。

按照 CHAFTA 争端解决机制设计，除了特定争端由专门解决机制进行解决外，其余所有争端都只能通过本国政府作为主体提起争端解决，可以想象如果随着中澳两国按照 CHAFTA 规定生效时间越长，双方经贸大量增加，若所有的民间争端都需要转化为政府间争端，势必大大降低诉讼效率，违反了司法经济效率原则，最终让 CHAFTA 的作用大打折扣。让利害关系人直接作为原告进行诉讼，对判决不服的可以上诉至 CHAFTA 争端解决机构。这样既避免了所有争端都上升到国家层面，也避免了只有两个成员，自己组成机构裁决自己的尴尬局面。

这里面可能会存在一个诉讼成本的问题，即 CHAFTA 贸易救济争端的利害关系方向采取贸易救济措施调查当局所在地法院诉讼的诉讼成本问题。笔者认为，所谓诉讼成本，不外乎是时间和金钱成本。如果发生贸易救济措施争端，至少是出口国产品已经大量在进口国上市，该产品必然是出口商直接出口到进口国市场或卖给进口商，由进口商再销售到本国市场。换句话说，至少发生贸易救济争端，出口产品的生产商一定会直接或间接与进口国市场存在联系。此处赋予贸易救济利害关系方享有诉权，并不会增加利害关系方成本。这里首先分析中澳两国路途遥远，会不会因诉讼不方便的问题产生额外的诉讼成本？如果是受贸易救济措施调查产品直接出口至进口国，那该出口商一定在进口国内有分支机构，此时该分支机构就是受贸易救济措施调查的利害关系方；如果受贸易救济措施调查产品是出口至进口国的进口商，此时进口商就是受贸易救济措调查的利害关系方，而该进口商本身就在进口国；也就是说如果授予贸易救济措施调查的利害关系方诉权，并不会增加所谓路途遥远的诉讼成本，和在本国进行诉讼一样的方便。其次分析会不会增加时间成本？笔者认为，非但不会存在增加纠纷解决的时间成本，反而会减少时间成本。这是因为，对贸易救济争端最为关心的人来看，没有比利害关系方更为关心贸易救济争端的处理结果了。与其"委托"政府代为处理，还不如自己直接参与处理，在双方都为利害关系方直接参与的情况下，有利于分歧和平解决，同时还回避了国家的主权问题。任何国内法院都有诉讼时效的规定，并不会拖延纠纷的解决，而且法院的判决还具有强制执行力，同时利害关系方如果觉得法院的判决显失公平，还可以诉诸 CHAFTA 的争端解决机制。

（3）建议 CHAFTA 设立一个独立争端解决机构。

CHAFTA 第 14 章第 3 条规定，其自贸协定联合委员会的联系点为各种主管贸易的政府部门。如果 CHAFTA 的自贸协定联合委员会联系点是其贸易救济争端的解决机构，按照国际惯例提出争端解决主体应是两国的政府。当发生CHAFTA贸易争端时，其贸易争端必然由其主管贸易的政府部门（澳大利亚的外交贸易部或中国的商务部）代表本国向"自贸协定联合委员会的联系点"提起诉讼，由"自贸协定联合委员会的联系点"根据TRDSM程序规定成立仲裁庭解决中澳两国有关贸易救济争端。而"自贸协定联合委员会的联系点"就是澳大利亚的外交贸易部或中国的商务部，也就是说两国政府部门将两国贸易救济争端提交给自己解决与对方的争端，其效力的信服和尴尬是不言而喻的。基于上述论证分析，为了CHAFTA贸易救济争端解决机制的正常运行，笔者建议，TRDSM成立一个常设的独立争端解决机构。其常设成员由CHAFTA成员协商后互派，常设机构的功能可以设置两部分：一是为争端方提供CHAFTA争端解决的各种程序性工作，如受理CHAFTA争端解决的申请，按照TRDSM设立仲裁庭，递交双方的法律文书等；二是整理、分析CHAFTA各种争端案例，每一年度向自贸协定联合委员会提供完善CHAFTA的建议报告。

7.3.2.4 对完善CHAFTA贸易救济机制条款的构想

建议CHAFTA"贸易救济"参照中韩自贸区"贸易救济"设计，设立"贸易救济委员会"机制条款。具体如下：

（1）缔约双方成立贸易救济委员会（以下简称"委员会"）监督本章的实施和讨论缔约双方同意的事项。委员会由各缔约方负责贸易救济措施的相关机构的适当级别代表组成。

（2）委员会通常一年召集一次会议，如缔约双方同意可多次召集会议。

7.4 本章小结

本章对现有CHAFTA贸易救济法律制度进行评价。CHAFTA贸易救济制度对中澳两国而言，相比WTO贸易救济制度有亮点，如双边保障措施对过渡期的规定短于WTO标准，补贴与反补贴措施制度关于"正当性规则"对随意采取反补贴措施存在一定的抑制作用等。但是也明显存在需要改善之处：一是除了过度援引WTO贸易救济制度作为其主要内容外，并没有对反倾销和反补贴过程中，由于特殊原因澳大利亚对中国产品正常价值计算标准一直采取"特殊市场情况"变相代替"代替国制度"计算中国产品正常价值的问题，相应的中国产品正常价值标准做出专门约定；二是对 CHAFTA 贸易救济措施争端解决过分强调法学逻辑，必须通过复杂的逻辑推理才能得出 CHAFTA 保障措施争端应当选择解决争端场所，没有属于符合中澳特色的解决中澳保障措施争端的专门机制；三是没有按照协定惯例设立贸易救济委员会，缺乏完善 CHAFTA 贸易救济制度的机制条款。

中国和澳大利亚作为 CHAFTA 的两个成员，一个是渴望持续发展最终实现民族复兴的新兴大国，另一个是老牌帝国思维的资本主义大国。其成员结构与 WTO 完全不同，主要援引 WTO 贸易救济制度作为 CHAFTA 贸易救济制度，没有基础，更是不合适的法律行为。现有 CHAFTA 贸易救济制度是中澳两国政治经济关系的产物，这种贸易救济措施制度来源于旧的贸易体系，已经严重阻碍国际经贸发展，必须对其进行改革。笔者结合本书第 2 章到第 6 章的分析，并在通过对 CPTPP 和中韩自贸区的贸易救济制度借鉴的基础上，提出了完善中澳自贸区贸易救济制度的如下构想：

一是对 CHAFTA 保障制度，增加有利于人类发展的新技术和环保产品推广的原则。对这部分产品的进口，原则上不采取保障措施，包括双边保障措施和全球保障措施。如果确实因为该部分产品的大量进口已经使进口成员相关产业处于可能濒临倒闭的危险境地，进口成员应和出口成员进行商议通过相应经济手段解决方案。如进口成员可以对出口成员企业提出要么向进口成员相关产业转让相关技术，要么在进口成员境内设立合资或独资企业，要么兼并进口成员企业协商。出口成员政府也可以和国内优势产业部门商议选择其中的一项或几项与进口成员企业合作，合作条件以市场规则为标准，对兼并的股份等参照 CHAFTA 其他章节条款执行。合作期限根据市场的紧急情况和正常情况由两国政府进行约定，在约定前由进口成员政府根据国内企业的受损情况给进口成员企业提供一个选择期限。如果出口成员企业在规定期限提出合理条件，进口成员相关产业不予配合，进口成员政府有权放弃采取贸易救济措施权利。如果相关企业对合理条件和合理期限发生分歧，向进口成员政府所在地法院提出管辖，进口成员法院的终审判决应当执行，但是对法院终审不服的一方企业，可以在向本构想设计的协定常设争端解决机构缴纳执行保证金和仲裁费后，对判决申请仲裁，由协定常设争端解决机构按照 TRDSM 规定设立仲裁庭进行裁决。如果 TRDSM 设立的仲裁庭裁定上诉方败诉，仲裁费和保证金不予退还。

二是对反倾销的正当性和成员产品的正常价值标准的构想。

三是对 TRDSM 解决机制的构想：①对 TRDSM "场所选择" 条款完善建议

构想；②如发生 CHAFTA 贸易救济争端，建议由利害关系方向进口成员当地法院诉讼解决，不服法院终审判决，可以在向本构想第三条设计的自贸联系委员会常设机构缴纳执行保证金和仲裁费后，对判决申请仲裁，由自贸联合委员会的常设机构按照 CHAFTA 争端解决制度设立仲裁庭进行裁决构想；③设立一个常设独立争端解决机构的构想。

四是设立 CHAFTA 贸易救济机制条款的构想。

参考文献

弗里德里希·李斯特，1961. 政治经济学的国民体系 [M]. 陈万煦，译. 北京：商务印书馆.

约翰·罗尔斯，1988. 正义论 [M]. 何怀宏，等译. 北京：中国社会科学出版社.

理查德·A. 波斯纳，1993. 法理学 [M]. 苏力，译. 北京：中国政法大学出版社.

施米托夫，1993. 国际贸易法文选 [M]. 赵秀文，译. 北京：中国大百科全书出版社.

张玉卿，1993. 国际反倾销法律与实务 [M]. 北京：中国对外经济贸易出版社.

任烈，1997. 贸易保护理论与政策 [M]. 上海：立信会计出版社.

龚柏华，1998. 欧盟针对中国的反倾销案评析 [J]. 法学评论 (5)：100-103.

王传丽，1998. 国际贸易法 [M]. 北京：法律出版社.

伯纳德·霍克曼，迈克尔·考斯泰基，1999. 世界贸易体制的政治经济学：从关贸总协定到世界贸易组织 [M]. 刘平，等译. 北京：法律出版社.

曹建明，贺小勇，1999. 世界贸易组织法 [M]. 北京：法律出版社.

韩立余，1999. 美国外贸法 [M]. 北京：法律出版社.

对外贸易经济合作部国际经贸关系司，2000. 世界贸易组织乌拉圭回合多边贸易谈判结果法律文本 [M]. 北京：法律出版社.

甘瑛，2000. 国际货物贸易中的补贴与反补贴法律问题研究 [D]. 厦门：厦门大学.

张晓东，2000. 中国反倾销立法比较研究 [M]. 北京：法律出版社.

高永富，张玉卿，2001. 国际反倾销法 [M]. 上海：复旦大学出版社.

刘想树，2001. 中国涉外仲裁裁决制度与学理研究 [M]. 北京：法律出版社.

约翰·H. 杰克逊，2001. 世界贸易体制 [M]. 张乃根，译. 上海：复旦大学出版社.

对外贸易经济合作部世界贸易组织司, 2002. 中国加入世界贸易组织法律文件 [M]. 北京：法律出版社.

梁鹰, 2002. WTO 争端解决机制研究 [D]. 北京：中共中央党校.

米雷·埃德尔玛斯·玛尔蒂, 2002. 克隆人：法律与社会 [M]. 张乃根, 译. 上海：复旦大学出版社.

王佃凯, 2002. 比较优势陷阱与中国贸易战略选择 [J]. 经济评论 (2)：28-31.

薛华勇, 2002. 入世后的中国与替代国制度 [J]. 苏州大学学报 (4)：36-40.

徐麟, 2002. WTO 下的反补贴机制研究 [J]. 西南政法大学学报 (5)：71-76.

冯辉, 2003. 美国海商法案例选评 [M]. 北京：对外经济贸易大学出版社.

黄东黎, 2003. 国际贸易法：经济理论法律案例 [M]. 北京：法律出版社.

卡尔·拉伦茨, 2003. 法学方法论 [M]. 陈爱娥, 译. 北京：商务印书馆.

刘颖, 邓瑞平, 2003. 国际经济法 [M]. 北京：中信出版社.

刘光溪, 查贵勇, 2003. 双层博弈与入世谈判 [J]. 世界贸易组织动态与研究 (8)：1-7.

尚明, 2003. 反倾销：WTO 规则及中外法律与实践 [M]. 北京：法律出版社.

史智宇, 2003. 出口相似度与贸易竞争：中国与东盟的比较研究 [J]. 财贸经济 (9)：53-57, 97.

王贵国, 2003. 世界贸易组织法 [M]. 北京：法律出版社.

王炳书, 龙汉武, 2003. 竞争优势理论与中国外贸策略的选择 [J]. 经济问题探索 (3)：32-36.

雅各布·瓦伊纳, 2003. 倾销：国际贸易中的一个问题 [M]. 沈瑶, 译. 北京：商务印书馆.

埃德加·博登海默, 2004. 法理学：法律哲学与法律方法 [M]. 邓正来, 译. 北京：中国政法大学出版社.

巴曙松, 2004. 中国"市场经济地位"在国际贸易中的"摩擦" [J]. 中国投资 (8)：19.

邓德雄, 2004. 欧盟反倾销的法律与实践 [M]. 北京：社会科学文献出版社.

陈宪, 张鸿, 2004. 国际贸易：理论、政策、案例 [M]. 上海：上海财经大学出版社.

黄文俊, 2004. 保障措施法研究：理论框架与实证分析 [M]. 北京：法律出版社.

盛斌, 廖明中, 2004. 中国的贸易流量与出口潜力：引力模型的研究 [J]. 世界经济 (2)：3-12.

宋新宁, 2004. 欧洲一体化研究的政治经济学方法 [J]. 国际观察 (5)：1-10.

上海市经委课题组, 2004. 美国贸易救济措施对上海工业出口的影响研究 [M]. 上海: 学林出版社.

张守文, 2004. 经济法理论的重构 [M]. 北京: 人民出版社.

蔡庆辉, 2005. 欧盟对华钼铁反倾销案研究 [J]. 国际贸易问题 (4): 116-121.

陈仲常, 余翔, 2005. 欧盟对华贸易逆差问题研究 [J]. 国际贸易问题 (10): 43-48.

甘瑛, 2005. 国际货物贸易中的补贴与反补贴法律问题研究 [M]. 北京: 法律出版社.

罗玉中, 2005. 科技法学 [M]. 武汉: 华中科技大学出版社.

路易斯·亨金, 2005. 国际法: 政治与价值 [M]. 张乃根, 等译. 北京: 中国政法大学出版社.

刘勇, 2005. WTO《反倾销协定》研究 [M]. 厦门: 厦门大学出版社.

莫世健, 2005. 贸易保障措施研究 [M]. 北京: 北京大学出版社.

马珺, 2005. 国外反倾销、反补贴与中国市场经济地位关系分析 [J]. 河南司法警官职业学院学报 (1): 85-88.

马忠法, 2005. 论我国应对反倾销案中"非市场经济地位"之策略: 从"彩电案"的视角来分析 [J]. 上海财经大学学报 (1): 62-68.

曲如晓, 2005. 反补贴: 中国出口贸易的潜在威胁 [J]. 国际经济合作 (3): 35-38.

陶文钊, 2005. 中国入世以来的中美经贸关系简析 [J]. 同济大学学报 (社会科学版) (3): 51-62.

王世春, 叶全良, 2005. "非市场经济地位"与对华反倾销对策性研究 [J]. 财贸经济 (5): 59-64, 76-97.

武长海, 2005. 美国反补贴法的中国应对 [J]. WTO 经济导刊 (9): 18-20.

杨仕辉, 2005. 反倾销的国际比较、博弈与我国对策研究 [M]. 北京: 北京科学出版社.

余盛兴, 2005a. 美国修改对华反倾销政策 中国企业应诉难度增加 [J]. WTO 经济导刊 (5): 68-69.

余盛兴, 2005b. 中国"市场经济地位"认可的进展与前景分析 [J]. 世界贸易组织动态与研究 (5): 5-10.

余劲松, 吴志攀, 2005. 国际经济法 [M]. 北京: 北京大学出版社, 高等教育出版社.

张丽娟, 2005. 美国商务外交策略 [M]. 北京: 经济科学出版社.

张玉卿, 2005. 试论中国为市场经济地位的含义 [J]. 世界贸易组织动态与研究 (4): 5-9.

邹至庄, 2005. 中国经济转型号 [M]. 曹祖平, 译. 北京: 中国人民大学出版社.

张亮, 2005. 单独税率将成镜中花: 美国对非市场经济国家的反倾销政策将出现倒退 [J]. WTO 经济导刊 (6): 68-70.

陈力, 2006. 国际贸易救济法律制度中的非市场经济规则研究: 美国欧盟为视角 [D]. 上海: 复旦大学.

曹昌祯, 2006. 科技法在法律体系中定位问题的再思考 [J]. 上海政法学院学报 (1): 1-8.

郭双焦, 2006. WTO 贸易救济法律制度改革研究 [M]. 长沙: 国防科技大学出版社.

罗宾·保罗·马洛伊, 2006. 法律和市场经济: 法律经济学价值的重新诠释 [M]. 钱弘道, 朱素梅, 译. 北京: 法律出版社.

斯塔夫里阿诺斯, 2006. 全球通史: 第7版 (修订版) [M]. 吴象婴, 等译. 北京: 北京大学出版社.

宋岩, 侯铁珊, 2006. 中国—东盟关税同盟区的贸易效应分析 [J]. 国际商务. 对外经济贸易大学学报 (2): 13-18.

肖伟, 2006. 国际反倾销法律与实务: WTO 卷 [M]. 北京: 知识产权出版社.

于潇, 2006. 东亚地区自由贸易协定进程中的日中竞争 [J]. 现代日本经济 (4): 17-22.

余敏友, 等, 2006. 世贸组织保障措施协定解析 [M]. 长沙: 湖南科学技术出版社.

华晓红, 2007. 国际区域经济合作: 理论与实践 [M]. 北京: 对外经济贸易大学出版社.

刘昌黎, 2007a. 东亚双边自由贸易 [M]. 大连: 东北财经大学出版社.

刘昌黎, 2007b. 日本 FTA/EPA 的新发展与中日 FTA 难以启动的对策 [J]. 世界经济研究 (10): 70-75, 88.

任明, 任熙男, 2007. 日本 FTA 政策的动向、特征及展望 [J]. 现代日本经济 (5): 10-14.

盛斌, 2007. 亚太自由贸易区的政治经济分析: 中国视角 [J]. 世界经济与政治 (3): 10.

单一, 2007. WTO 框架下补贴与反补贴法律制度研究 [D]. 上海: 华东政法大学.

王国安, 王雯亚, 2007. 中韩工业制品比较优势及出口相似性分析 [J]. 商业经济与管理 (6): 51-56.

苑涛, 2007. WTO 贸易救济措施 [M]. 北京: 清华大学出版社.

赵生祥, 2007. 贸易救济制度研究 [M]. 北京: 法律出版社.

冯玉军, 2008a. 美国法律思想经典 [M]. 北京: 法律出版社.

冯玉军, 2008b. 美国法学最高引证率经典论文选 [M]. 北京: 法律出版社.

高濑保, 2008. WTO 与 FTA (世界贸易组织与自由贸易协定) [M]. 边红彪, 陈凯之, 译. 北京: 中国计量出版社.

侯兴政, 2008. 全球与中国反倾销调查特征和影响因素及其对策研究 [D]. 上海: 上海交通大学.

华晓红, 杨立强, 2008. 中国内地与香港 CEPA 效益评价 [J]. 国际贸易 (11): 38-45.

孔庆江, 2008. 入市背景下的中国与国际经济法 [M]. 北京: 北京大学出版社.

林一飞, 2008. 仲裁裁决抗辩的法律与实务 [M]. 武汉: 武汉大学出版社.

刘昌黎, 2008. 日本积极推进 FTA/EPA 的政策措施 [J]. 现代日本经济 (3): 36-41.

李玉举, 2008. 发展中国家参与区域经济一体化: 兼论中国的战略选择和安排 [M]. 北京: 中国市场出版社.

李俊久, 陈志恒, 2008. 试析日本的 FTA 战略: 现状、问题与前景 [J]. 吉林师范大学学报 (人文社会科学版) (2): 65-68.

马雷, 2008. 西方大历史 [M]. 胡祖庆, 译. 海口: 海南出版社.

孙玉红, 2008. 比较优势与轮轴: 辐条结构 FTA 成员的利益分配 [J]. 世界经济研究 (7): 47-53, 86, 88.

王中美, 2008. 对华反倾销的历史演变与中国的非市场经济地位 [J]. 世界经济研究 (9): 11-15, 31, 87.

王洛林, 2008. 日本经济与中日经贸关系发展报告 [M]. 北京: 社会科学文献出版社.

王峰, 2008. 西方关税同盟贸易效应的理论与实证研究 [J]. 经济经纬 (2): 57-60.

周林彬, 董淳锷, 2008. 法律经济学 [M]. 长沙: 湖南人民出版社.

葛丹, 2009. 金融危机下中国如何应对贸易保护主义 [J]. 商业时代 (21): 20-21.

宏结, 2009. 实施贸易保障措施的动因及经济影响研究 [M]. 北京: 中国社会出版社.

贾兵兵, 2009. 国际公法: 理论与实践 [M]. 北京: 清华大学出版社.

刘晨阳, 于晓燕, 2009. 亚太区域经济一体化问题研究 [M]. 天津: 南开大学出版社.

郎永峰, 尹翔硕, 2009. 中国—东盟 FTA 贸易效应实证研究 [J]. 世界经济研究 (9): 76-80, 89.

熊霞, 2009. 浅析新贸易保护主义现状及我国的应对措施 [J]. 知识经济 (2): 107-108.

亚当·斯密, 2009a. 国富论: 上 [M]. 郭大力, 王亚南, 译. 上海: 上海三联书店.

亚当·斯密, 2009b. 国富论: 下 [M]. 郭大力, 王亚南, 译. 上海: 上海三联书店.

朱揽叶, 2009. WTO 争端解决案件概要 [M]. 北京: 法律出版社.

张峰, 2009. 中巴 FTA 的签订与双边贸易展望 [J]. 国际经贸探索, 25 (9): 15-18.

董志勇, 官皓, 2010. 中美贸易顺差的结构性成因分析 [J]. 技术经济与管理研究 (2): 113-117.

卢映西, 2010. 生产过剩: 贸易保护主义的根源 [J]. 马克思主义研究 (1): 51-52.

刘爱东, 梁洁, 2010. 1995—2009 年国外对华反倾销案件统计分析 [J]. 中南大学学报 (社会科学版), 16 (4): 73-78.

马克思, 2010. 资本论 [M]. 朱登缩, 译. 海口: 南海出版公司.

沈铭辉, 2010. 亚洲经济一体化: 基于多国 FTA 战略角度 [J]. 当代亚太 (4): 45-71, 44.

商务部公平贸易局, 2010. 中国首例"双反"案: 电工钢反倾销反补贴案解读 [J]. 中国经贸 (5): 38-39.

盛斌, 2010. 亚太区域合作的新动向: 来自竞争性构想的洞察 [J]. 国际经济评论 (3): 122-137, 5-6.

杨仕辉, 刘江, 2010. 从产业转移看中美贸易不平衡 [J]. 产经评论 (1): 46-53.

张宏乐, 黄鹏, 2010. 从 WTO 协议中"最惠国条款"及其例外看自由贸易区的兴起 [J]. 国际商务研究, 31 (2): 36-43.

赵恩广, 2010. 论区域经济一体化争端解决机制在 WTO 框架下的并存及拓展 [D]. 上海：复旦大学.

蔡宏波, 2011. 双边自由贸易协定的理论重构与实证研究 [M]. 北京：中国经济出版社.

高巍, 等. 中印签订自由贸易协定问题研究 [M]. 北京：北京师范大学出版社.

蒋奋, 2011. WTO《补贴与反补贴措施协定》中的"利益"问题研究 [D]. 上海：华东政法大学.

李翔, 2011. 东亚合作中的日本因素：以日本 EPA 和 FTA 为例分析 [J]. 山西师大学报（社会科学版）（S1）：4.

马双, 林汉川, 黄满盈, 2011. 国外对华贸易救济的新趋势及其应对分析 [J]. 商业研究（7）：150-155.

马尔科姆·N. 肖, 2011a. 国际法（上）：第六版 [M]. 白桂梅, 等译. 北京：北京大学出版社.

马尔科姆·N. 肖, 2011b. 国际法（下）：第六版 [M]. 白桂梅, 等译. 北京：北京大学出版社.

商务部研究院亚洲与非洲研究所, 2011. 东盟对外签订的自由贸易协定比较研究 [M]. 北京：中国商务出版社.

孙志煜, 2011. 区域经济组织争端解决模式研究：以 EU、NAFTA、CAFTA 为中心 [D]. 重庆：西南政法大学.

杨荣珍, 2011. 印度贸易保护新动向及其应对 [J]. 国际贸易（1）：3.

保罗·金斯伯格, 2012. 民主：危机与新生 [M]. 张力, 译. 北京：中国法制出版社.

陈咏梅, 2012. 美国 FTA 范式探略 [J]. 现代法学, 34（5）：145-154.

陈宪, 应诚敏, 韦金鉴, 2012. 国际贸易理论与实务 [M]. 上海：高等教育出版社.

丁乔颖, 王花, 2012. 论我国贸易救济法律制度的完善 [J]. 西部法学评论（3）：128-132.

河合正弘, 加乃山·维格那拉加, 2012. 亚洲的自由贸易协定：企业如何应对 [M]. 王震宇, 等译. 北京：社会科学文献出版社.

胡伟, 王迪, 2012. 从社会学角度建构关于"正义"的理论：读《论正当性：价值的经济》[J]. 浙江社会科学（10）：10.

何艳华, 2012. 区域贸易协定中的反倾销制度研究 [D]. 上海：华东政法大学.

刘素霞, 2012. 美国对华适用反补贴法的实践检视：基于"非市场经济国家"

的考量［J］.国际经贸探索,28（11）:83-97.

刘刚,2012.澳大利亚对华FTA策略分析［D］.上海:上海师范大学.

刘爱东,杨轩宇,2012.国外对华贸易救济案件聚焦分析及应对［J］.会计之友（33）:9-12.

刘德斌,2012.国际关系史［M］.北京:高等教育出版社.

李荣林,赵滨元,2012.中国当前FTA贸易效应分析与比较［J］.亚太经济（3）:110-114.

彭萍萍,2012.欧盟利益集团与政策制定［M］.北京:中央编译出版社.

任媛媛,2012.WTO争端解决机制中的仲裁制度研究［D］.上海:复旦大学.

沈铭辉,2012.推动中日韩自贸区的逻辑［J］.中国远洋航务（6）:33-35,10.

沈万根,2012.韩国外贸发展的经验及其对中国的启示［J］.韩国研究论丛（1）:235-249.

史晓丽,2012.北美自由贸易区贸易救济法律制度研究［M］.北京:法律出版社.

史丹,白旻,2012.美欧"双反"情形下中国光伏产业的危机与出路［J］.国际贸易（12）:15-20.

万点滴,2012.中美贸易救济措施对比分析［D］.沈阳:沈阳理工大学.

王思思,2012.柯里的利益分析理论研究［M］.武汉:武汉大学出版社.

王立升,2012.国际反倾销理论及实证研究文献综述［J］.佛山科学技术学院学报(社会科学版),30（4）:50-57,88.

小约瑟夫·奈,戴维·韦尔奇,2012.理解全球冲突与合作:理论与历史:第九版［M］.张小明,译.上海:上海世纪出版集团.

卜潞,2013.消费者破产法律制度比较研究［M］.武汉:武汉大学出版社.

黄东黎,杨国华,2013.世界贸易组织法［M］.北京:社会科学文献出版社.

李双元,2013.国际法与比较法论丛:第二十二辑［M］.北京:中国检查出版社.

雷敏,（2013-12-03）［2021-12-20］.中方将美13起反倾销措施"打包"诉至WTO 商务部称坚决反对贸易保护主义［EB/OL］.http://finance.people.com.cn/n/2013/1203/c1004-23734103.html.

纳迪尔·E.内奇尔,2013.法律推理、研究与写作方法［M］.王润贵,王林,译.北京:知识产权出版社.

彭德雷,胡加祥,2013.美国贸易救济案例中的裁决准则与新近变化:基于美对华太阳能"双反"案的考察［J］.时代法学,11（4）:85-91.

秦长城,2013.未来中日韩自贸区中我国农业部门经济效益分析［J］.世界经济与政治论坛（1）:150-164.

沈国兵，2013. 美国对中国反倾销的贸易效应及非贸易效应研究 [M]. 北京：中国财政经济出版社.

上海财经大学自由贸易区研究院，上海发展研究院，2013. 2014 中国（上海）自由贸易区发展研究报告 [M]. 上海：上海财经大学出版社.

杨松才，2013. 国际贸易中的劳工权利保障研究 [M]. 北京：法律出版社.

罗伯特·基欧汉，约瑟夫·奈，2014. 权利与相互依赖：4 版 [M]. 门洪华，译. 北京：北京大学出版社.

李璐玲，张娜，2014. 自由贸易区法律问题研究 [M]. 北京：中国政法大学出版社.

李垂孝，2014. 中韩自由贸易协定中的争端解决机制研究：以中韩经济关系史为基础的分析 [D]. 长春：吉林大学.

孙玉红，2014. 多国博弈视角下 TPP 谈判引发的政策互动和中国的战略选择 [M]. 北京：对外经济贸易大学出版社.

孙超逸，（2014-03-02）[2021-12-10]. 中国成为世界第一货物贸易大国 [EB/OL]. http://cpc.people.com.cn/n/2014/0302/c87228-24502124.html.

袁志刚，2014. 中国（上海）自由贸易试验区新战略研究 [M]. 上海：格致出版社，上海人民出版社.

佚名，（2015-12-24）[2021-12-12]. 澳大利亚对华钢筋进行反补贴调查 [EB/OL]. http://trb.mofcom.gov.cn/article/zuixindt/201512/20151201218180.shtml.

赵海乐，2014. 澳大利亚对华反倾销中"特殊市场情况"的滥用 [J]. 国际经贸探索，30（6）：68-79.

褚霞，2015. 贸易救济性质研究 [M]. 北京：法律出版社.

冯寿波，2015.《WTO 协定》与条约解释：理论与实践 [M]. 北京：知识产权出版社.

刘馨，2015. 中澳自由贸易的阻碍及发展前景 [J]. 吉林华桥外国语学院学报（1）：131-135.

王晓川，2015. 中韩自由贸易协议（FTA）争端解决中仲裁制度的构建 [D]. 北京：对外经济贸易大学.

庄芮，等，2015. 中国自由贸易区战略 [M]. 北京：对外经济贸易大学出版社.

李家祥，2016. 美国亚太战略中遏制中国的软实力策略及其应对 [J]. 理论导刊（7）：110-112.

乔小勇，2016. 反补贴政策决策：理论与方法体系 [J]. 经济与管理研究，37

（2）：91-99.

佚名，（2016-04-15）［2022-07-07］. 澳大利亚对华 A4 复印纸发起反倾销反补贴调查 ［EB/OL］. http://gpj. mofcom. gov. cn/article/zuixindt/201604/20160401297159.shtml.

姚枝仲，张宇燕，2016. 步入中低速增长的世界经济 ［J］. 当代世界（1）：16-20.

中国社会科学院世界经济与政治研究所国际贸易研究室，2016.《跨太平洋伙伴关系协定》文本解读 ［M］. 北京：中国社会科学出版社.

佚名，（2017-11-13）［2022-07-10］. 澳大利亚对华钢制托盘货架发起反倾销调查 ［EB/OL］. http://www. mofcom. gov. cn/article/ztxx/gwyxx/201711/20171102669528.shtml.

佚名，（2019-06-04）［2022-07-07］. 已签协议的自贸区 ［EB/OL］. https://www.wenmi.com/article/pski9i03i374.html.

佚名，（2019-08-10）［2022-07-07］. 正在谈判的自贸区 ［EB/OL］. https://www.wenmi.com/article/pw0a8f03i36i.html.

MEADE J E，1955. The theory of customs union ［M］. Amsterdam：North Holland.

TINBERGEN J，1962a. Shaping the world economyauggestions for an international economic policy ［M］. NewYork：The Twentieth Century Fund.

TINBERGEN J，1962b. Shaping the world eeonomy，appendix VI，an analysis of world trade flows ［M］. NewYork：Twentieth Century Fund.

COOPER C A，MASSELL B F，1965. Toward a general theory of customs union for developing countries ［J］. Journal of political economy，73（5）：461-476.

BHAGWATI J，1968. Distortions and immiserizing growth：a generalization ［J］. Review of economic studies，35（104）：481-485.

NUGENT J B，1974. Economic integration in Central America：empirical investigations ［M］. Baltimore：Johns Hopkins University Press.

BALASSA，1975. Trade creation and diversion in the European Common Market：An appraisal of the evidence：In European economic integration ［M］. Ams-terdam：North-Holland.

KEMP M C，WAN H Y，1976. An elementary proposition concerning the formation of customs unions ［J］. Journal of international economics（6）：95-97.

MUELLER D C，1976. Public choice：a Survey ［J］. Journal of economic literature（6）：395-433.

YOTOPOULOS P A, NUGENT J B, 1976. Economics of development: empirical instigations [M]. New York: Harperand Row.

BLADWIN R E, 1985. The political economy of U.S. import policy [M]. Cambridge: MIT Press.

EATON J, GROSSMAN G M, 1986. Optimal trade and industrial policy under oligopoly [J]. The quarterly journal of economics, 101 (2): 383-406.

KENT E, 1988. Calder, Japanese foreign economic policy formation: explaining the reactive state [J]. World politics, 40 (4): 517-541.

SMITH A, VENABLES A J, 1988. Completing the internal market in the european community: some industry simulations [J]. European economic review, 32 (7): 1501-1525.

GATSIOS K, KARP L, 1991. Delegation games in customs unions [J]. The review of economic studies, 58 (2): 391-397.

RIVERA-BATIZ L A, ROMER P M, 1991. International trade with endogenous technological change [J]. European economic review, 35 (4): 971-1001.

FINGER J M, ANN ARBOR, 1993. Antidumping: how it works and who gets hurt [M]. MI: University of Michigan Press.

BLADWIN R E, 1995. A domino theory of regionalism. in richard baldwin, periti haaparanranta and jaakko kiander, ed. expanding member ship of the european union [M]. Cambridge: Cambridge University Press.

GENEM, 1995. Grossman and Elhanan Helpman. The politics of free-trade agreements [J]. The American economic review, 85 (4): 667-690.

BLADWIN R E, 1996. The political economy of trade policy: integrating the perspectives of economics and political science, in R. C. feenstra, G. M. grossman, and D. A. irwin, eds. The political economy of trade policy [M]. Cambridge: MIT Press.

BALDWIN R E, 1997. The causes of regionalism [J]. The world economy, 20 (7): 865-888.

BAGWELL K, ANDSTAIGER R W, 1997a. Multilateral tariff cooperation during the formation of free trade areas [J]. International economic review: 291-319.

BAGWELL K, STAIGER R W, 1997b. Multilateral tariff cooperation during the formation of customs unions [J]. Journal of international economics, 42 (1): 91-123.

DEARDORFF A, 1998. Determinants of bilateral trade: does gravity work in an eoclassical world? The regionalization of the world economy [M]. Chicago: University of Chicago Press.

KRISHNA P, 1998. Regionalism and multilateralism: a political economy approach [J]. The quarterly journal of economics, 113 (1): 227-251.

ANDERSON J, VANWINCOOP E, 2001. Gravity with gravitas: a solution to the border puzzle [J]. American economic review, 93 (1): 170-192.

ELLIS S, 2003. Krauss. The US, Japan, and trade liberalization: from bilateral to regional multilateralism to regionalism [J]. The pacific review (16): 307-329.

PEKKANEN, SAADIA M, 2005. Bilateralism, Multilateralism, or regionalism? Japanes trade forum choices [J]. Journal of east asian studies (5): 77-103.

后记

  不含最新加入的《区域全面经济伙伴关系协定》(Regional Comprehensive Economic Partnership, RCEP)①，截至本书出版之日，我国对外已与 26 个国家和地区签署了 19 个自贸协定②，正在谈判建设的自贸协定有 10 个，正在研究的自贸协定有 8 个。我国在 2021 年 9 月 16 日又正式向《全面与进步跨太平洋伙伴关系协定》(Comprehensive and Progressive Agreement for Trans-Pacific Partnership, CPTPP) 保存方新西兰递交了正式申请加入 CPTPP 的书面信函。此外，2017—2021 年，我国一共新设批准了 16 个自由贸易试验区和 1 个自由贸易港。由此可见，我国加速了自由贸易区建设的步伐，而且比历史上任何时候都更加注重对外改革开放和经济全球化。

  但是，在我国主要经贸伙伴中，美国、德国、法国、日本、英国、意大利（其中德国、法国、意大利属于欧盟主要成员）等 G7 发达国家均未与我国达成高水平的双边自由贸易协定，建成相应自贸区。党的十九大报告明确提出到 21 世纪中叶（2050 年）把我国建成富强民主文明和谐美丽的社会主义现代化强国③的历史任务，这势必要求我国在包括高科技在内的各个领域都应有一个巨大的质变。我国要在短时间内迅速提升科技水平，除了加大自主创新力度外，还要加强与掌握高技术的发达国家合作，这不失为一种颇为有效的途径。

---

  ① 《区域全面经济伙伴关系协定》是 2012 年由东盟发起，历时八年，由包括中国、日本、韩国、澳大利亚、新西兰和东盟十国（东南亚国家联盟）共 15 个成员签署的协定。2022 年 1 月 1 日该协定正式生效。

  ② 中国自由贸易区服务网. 我国已与 26 个国家和地区签署 19 个自贸协定 [EB/OL]. (2022-09-26) [2022-09-28]. http://fta.mofcom.gov.cn/article/fzdongtai/202209/49857_1.html.

  ③ 新华社. 习近平在中国共产党第十九次全国代表大会上的报告（全文）[EB/OL]. (2017-10-27) [2022-09-28]. https://cbgc.scol.com.cn/news/63232.

澳大利亚作为西方发达资本主义国家之一，其国家特征极具代表性。其不仅与美国、英国、日本等 G7 国家是战略盟友，还属于"英联邦"主要成员，是"五眼联盟"核心成员。此外，澳大利亚的法律体系与美国、英国、加拿大等同属于"判例法系"，其在与我国开展自贸协定贸易救济法律制度谈判过程中体现出的老牌资本主义国家的国家利益应然性，必然与美国、英国等其他老牌资本主义国家类似。与此同时，中国在与澳大利亚开展自贸区建设谈判过程中，也必然会借鉴中国已经建成的自贸协定贸易救济法律制度的经验教训。美国、英国、法国、德国、日本等老牌资本主义国家在国体、政体、法律体系、语言文化等方面与澳大利亚相同或相近。因此，本书对中国与澳大利亚间贸易救济法律制度和争端解决机制以及达成制度背后政治经济原因等方面的研究成果，为中国未来与美国、英国、德国、法国、日本等资本主义国家开展自由贸易区建设谈判过程中，对涉及贸易救济和争端解决等相关法律制度的构建具有现实借鉴作用。

　　本书能够得以顺利出版，有幸得到了西南财经大学出版社冯梅老师的悉心指导，同时也离不开编辑老师们的倾力付出，借此机会向冯梅女士及编辑老师们致以我最崇高的敬意和感谢！

　　此外，还要感谢我的家人对我一如既往的支持，懂事的儿子、女儿不仅在学习上不用我操心，在生活上也比较独立，而我的妻子更在生活上对我无微不至地照顾。本书的出版也有他们的贡献，让我时刻感受到家的温暖和家人的陪伴，他们是我不断努力的不竭动力和坚实后盾。

　　由于本人能力水平有限，书中难免有疏漏之处，对一些问题的认识还有待深化，期待各位专家、学者和同行不吝指教。

　　学术之路漫漫，我将不忘初心，在国际法领域不断探索、发现并实践。

蒲杰

2022 年 9 月于龙泉东山